현대일본의 사정

| 이기용 |

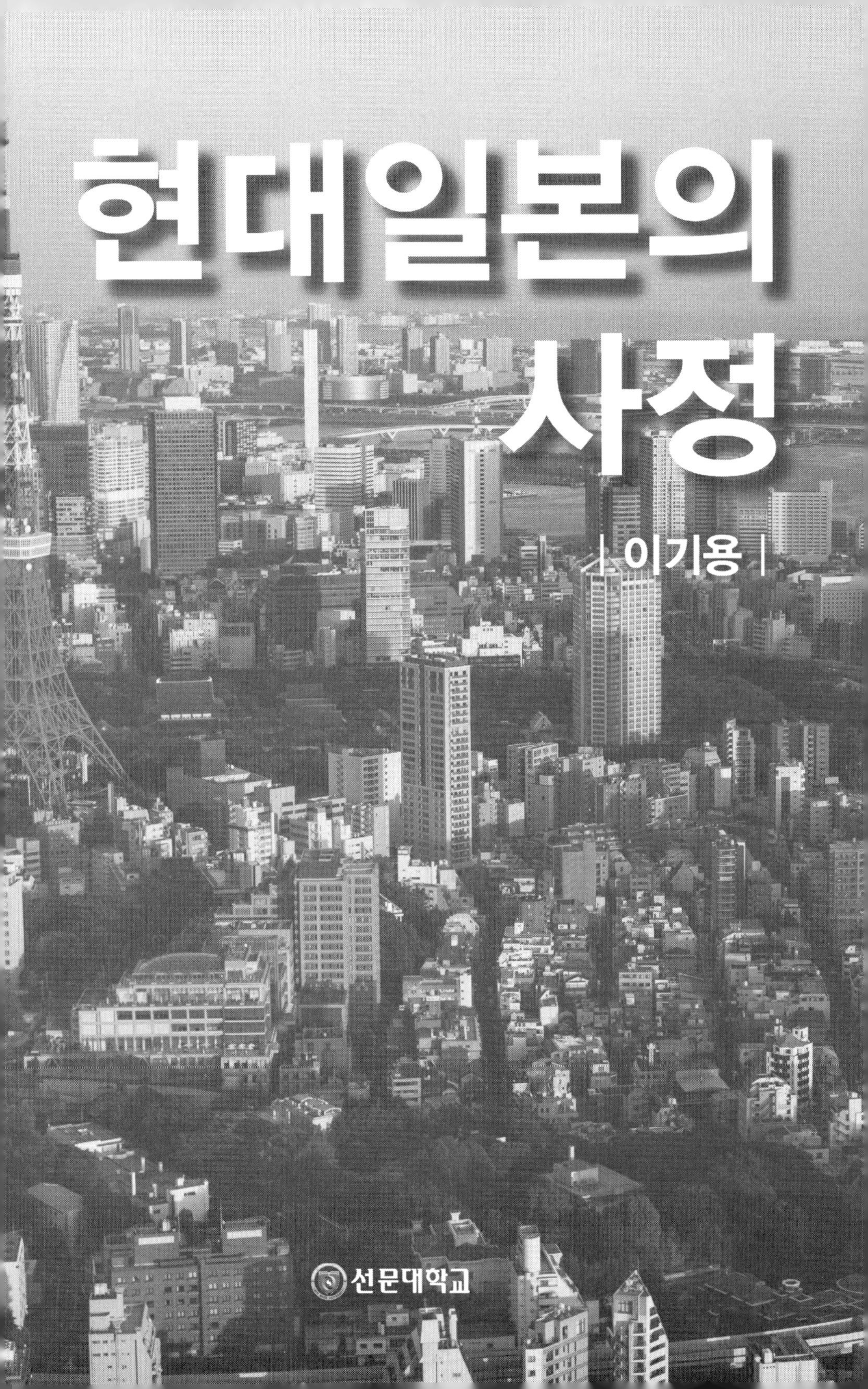

선문대학교

현대일본의 사정

이기용

발 간 사

한국과 일본은 해가 거듭할수록 정치, 경제, 문화, 학문 다방면에 걸쳐서 교류의 밀도가 더욱 높아지고 있다. 반면 아베정권의 우경화속에 일본의 역사왜곡과 부당한 독도 영유권 주장, 종군위안부 합의 이행문제 등 갈등요이 여전하다. 그러나 몇 년 전에 한국에서 먼저 한・중・일 3국 역사를 한 범주로 수용하여 『동아시아사』라는 역사교과서가 채택 되었는데 이는 역사검토를 국가를 초월한 보다 넓은 아시아 단위에서 다루고 앞으로 가야할 방향성도 평화와 '공동체' 실현으로 보기 때문이다.

아시아에 앞서 형성된 EU(유럽공동체)는 독일, 프랑스 등 주요국이 정치, 경제의 통합에 앞서 이웃 간 역사서술의 공유를 먼저 이루어냈다는 점을 직시 할 필요가 있다. 우리가 '동아시아공동체'로 향할 때 역사왜곡을 지속하는 일본 국가주의와 아시아의 맹주를 노리며 동북공정으로 역사왜곡을 자행하는 중국 패권주의가 앞을 가로막고 있다. 그나마 한국이 비교적 가장 균형 있는 역사관과 아시아관을 가지고 '동아시아공동체' 실현을 위한 주도적 역할을 할 수 있는 위치에 있다. 그러려면 우선 우리가 일본과 중국에 대한 전반적이고 객관적인 파악이 요구된다.

그 중 우선 일본을 놓고 볼 때 오늘날 한국 사람의 일본인식은 선입견과 단편적인 이해에 끝이고 있다. 따라서 미래 주도적으로 한일관계를 이끌어 가야할 대학생은 물론 일반인들에게도 현대 일본사정에 관한 정확한 이해가 필요한데 그것을 돕고자 본고를 저술하게 되었다. 현대일본의 정치, 외교, 국방, 경제, 사회, 문화 등 전반에 대해 일본이 놓인 현실과 특성에 대해 소개하였다.

오늘날 일본이 진정 아시아의 일원이 되기 위해 풀어야 할 과제를 제시하였다. 특히 아베정권 등장 이후의 우경화행보는 한일관계는 물론 아시아전반에 큰 위기를 초래하고 있다. 일본의 큰 방향전환이 요구되는 시점에서 일본에 대한 우리의 대응부족도 언급하였다.

2009년에 첫판을 간행하고 2010년에 증보판을 발행했다. 또 2012년 아베정권 재집권 후 일본에 정치적, 경제적 사회적 큰 변화가 일어났으며 한일관계에도 큰 영향을 주었기에 많은 내용 수정작업을 하여 개정판을 출간하였다. 그리고 이번 2017년 8월에 다시 일부 수정작업을 하여 재개정판을 출간하게 되었다.

이 책을 읽는 모든 사람이 현대일본을 더욱 이해하고 앞으로 발전적인 한일관계를 만들어 가는데 큰 도움이 되었으면 하는 바램이다. 아울러 출판과정에서 수고를 아끼지 않았던 선문출판사와 다해출판사 편집실 여러분의 노고에 깊은 감사를 드린다.

2017년 8월 22일

선문대 연구실에서

이 기 용

목 차

현대일본의 사정

근대일본의 발전과 패망

I

I

근대일본의 발전과 패망

일본의 근대는 메이지(明治)유신에 의해 봉건적인 막번 체제가 타파되고 근대국가의 기초를 닦기 시작한 19세기 후반부터 군국주의 일본이 패전하는 1945년까지를 말한다. 일본의 근대화는 대내적인 봉건체제의 동요와 대외적인 서구열강의 위협 속에서 국가주도에 의해 극히 단기간에 걸쳐 급속하게 추진하였다는 데 큰 특징이 있다.

따라서 서구 근대사회에서 볼 수 있는 시민계급의 성장과 민주주의적 발전의 가능성이 극도로 억제되고 천황을 정점으로 한 강력한 중앙집권적 통일국가를 형성하여 정부 주도하에서 위로부터의 근대화가 추진되었다. 이에 따라 입헌정치는 외견적인 형태를 갖추었을 뿐 의회를 중심으로 한 민주주의는 제 기능을 발휘하지 못했다. 또한 정부의 보호 · 육성 하에서 성장한 자본주의도 많은 모순을 안고 있었다.

특히 메이지 후기부터 자본주의의 발달에 따라 식민지 확보를 위해 수행된 대륙침략은 근대일본을 전쟁과 침략의 어두운 역사로 얼룩지게 만들었다. 다이쇼(大正) 시대는 흔히 일본의 민주주의에 커다란 발전을 가져온 시대로 기억되고 있으나 조선인 학살 등 결코 지울 수 없는 어두운 역사를 안고 있다.

일본 근대화가 가지는 이러한 특징은 이윽고 1930년대 군부의 대두와 함께 15년간에 이르는 길고도 지루한 침략전쟁의 길을 걷게 된다. 따라서 근대일본의 역사를 살피고자 할 때, 근대화의 '성공'이라는 측면뿐만 아니라 그 배후에 가려진 어두운 측면에 대해서도 충분한 주의를 기울일 필요가 있을 것이다.

1. 대외적 위기의 심화와 막부의 멸망

에도 시대 막부의 대외자세는 쇄국으로 일관되었다. 그러나 미국의 페리(M. C. Perry)가 이끄는 군함의 위력 앞에 1854년 미일화친조약을 맺으면서 쇄국체제를 고수하던 막부의 외교방침은 붕괴되었다.

이어 1858년에 미국의 총영사 해리스(T. Harris)가 통상을 요구하자 막부는 조정과 다이묘들에게 자문을 구했으나 반대에 부딪치고 말았다. 그러자 막부의 정치적 운영 총책임자인 이이 나오스케(井伊直弼)는 조정의 허가를 받지 않은 채 미일통상조약을 맺고 이어서 영국·러시아·네덜란드·프랑스 등과도 같은 내용의 조약을 체결하고 말았다. (안세이5개국조약:安政五個國條約) 그 내용은 수출입에 관한 관세율을 상호 협정한다는 관세자주권의 상실, 일본국 내 외국인에 대한 영사재판권 승인(치외법권), 그리고 편무적인 최혜국 조항의 계승 등 이른바 불평등조약이었다.

천황의 의사를 무시한 조약체결은 존왕양이파(尊皇攘夷派)들을 자극시켰으며, 막부의 외교에 대한 비난이 극심해지자, 나오스케는 이들을 사형에 처하는 등 철저하게 탄압하여 정치권력의 분열을 막으려 했다. 그러나 나오스케는 이에 격분한 존왕양이파 무사에게 암살되었으며, 오히려 막부의 권위는 크게 저하되고 말았다.

1859년에 요코하마·나가사키·하코다테 등 세 항이 개항되면서 막부의 간섭 없는 자유무역이 시작되었다. 이는 급격한 경제혼란과 물가등귀를 초래했으며, 빈곤해진 하급무사들과 서민들은 불평등조약을 조인한 막부와 무역상대인 서구인에 대하여 강한 적대감을 가지게 되었다. 반면, 조약 조인에 반대의사를 표명한 고메이(孝明) 천황에 대한 지지는 높아져갔다.

이때 사쓰마(薩摩:지금의 가고시마현)와 조슈(長州:지금의 야마구치현)의 하급무사들 사이에 존왕파와 양이파가 결합하여 존왕양이운동이 고조되기 시작했다. 막부는 이러한 상황을 타개하기 위한 전략으로 조정과 협력한다는 이른바 공부합체 운동을 전개했으나 사쓰마와 조슈를 중심으로 하는 존왕양이파의 반대로 좌절되었다.

한편 서구열강의 힘을 인식하면서 존왕양이파는 양이가 불가능함을 인정하지 않을 수 없게 되었다. 따라서 삿초(薩長) 양 번의 무사들은 당장에 양이보다는 막부는 타도하고 천황을 중심으로 하는 새로운 정치형태를 확립하여 서구열강에 대응한다는 방향으로 그 목표를 전환시켰다. 그리고 이들은 신분을 초월한 지원병으로 서양식 군대를 정비하는 등 막부에 대항할 태세를 갖추었다.

실추된 권위를 만회하고 국정의 주도권을 확립하려는 막부는 프랑스의 원조를 받아 두 번에 걸쳐 조슈를 공격했으나 각지에서 패배했다. 여기에다 막부의 군용미 징집은 쌀값을 폭등시켜 각지에서 사회변현을 추구하는 민란이 발생했다. 궁지에 몰린 막부는 장군의 사망을 이유로 1866년 8월에 전투를 중지했으며, 이를 계기로 삿초(薩長)와 조정의 공가(公家) 이와쿠라 도모미(岩倉具視) 등은 제휴를 강화하여 무력으로 막부를 타도하려는 계획을 급속히 추진시켰다.

이 무렵 계속되는 사회불안으로부터 해방과 변혁을 기대하는 민중들의 봉기가 계속되었으며, 이는 금강교·천리교·흑주교와 같은 민중종교를 통하여 표면화되었다. 이러한 가운데 새로이 즉위한 장군은 서양의 군제와 근대적인 관료제를 채용하여 막부강화를 꾀하였다. 그리고 사태를 평화적으로 수습하기 위하여 1867년에 모든 정무를 천황에게 돌려줄 것을 제의했다. 이미 존왕양이파가 주도권을 장악한 조정은 이를 받아들였으며, 천황 중심 정치의 부활을 선언함과 동시에 신정부 수립에 나섰다.

한편 무력에 의한 토막파(倒幕派)는 장군이 정치적 권리와 영치를 포기할 것을 과감하게 주장했는데, 그 이유는 당연히 예상되는 구 막부에 대한 지지파의 반발을 유도하여 전쟁을 치름으로써 막부를 완전히 신정권으로부터 배제하려는 데 있었다. 결국 1868년 1월에 예측대로 구막부군이 거병하였다. 그러나 신정부군은 호상들의 군자금 조달, 서일본 지역의 다이묘와 민병대들의 지지, 그리고 구막부령 농민들에 대한 연공반감 약속을 통한 사회변혁을 기대하는 농민들의 기대를 수렴하면서 유리한 조건 속에서 이를 제압하고 에도성(江戶城)을 점령하는 데 성공하였다. 이로써 약 260여 년간에 걸친 에도 막부에 의한 정치는 막을 내리게 되었다.

2. 근대국가의 형성과 입헌정치

1868년에 신정부는 에도 시대의 마지막 천황이었던 고메이(孝明)천황의 뒤를 이은 메이지(明治) 천황의 이름으로 이제부터 정치는 천황이 여러 다이묘들과 함께 공의여론을 존중하고 개국, 화친한다는 내용을 신에게 맹세하는 5개조 서문을 발표했다. 이는 공무합체(公武合體)노선에 의거한 제 번의 대표자 회의를 부정하고, 무력 토막파가 신정부의 주도권을 쥐게 된 것을 의미하는 것이었다. 또한 만국공법을 준수한다는 내용도 들어 있는데, 이는 양이를 포기하겠다는 선언으로 서구열강의 지지를 얻어내려는 의도에서였다.

메이지 정부는 천황을 중심으로 하는 정치기구를 확립하기 위하여 여러 가지 개혁을 단행하였는데, 이러한 제 개혁들을 메이지유신(明治維新)이라 한다. 신정부는 삿초웅번(薩長雄藩)의 다이묘(大名)를 시작으로 1869년에 다이묘로 하여금 토지와 인민에 대한 지배권을 천황에게 돌려주게 하는 조치를 취하였다. 그리고 1871년에는 번을 폐지하고 전국에 현(縣)을 설치하여 중앙의 지배권을 확립하였다. 내용은 전국의 다이묘들을 도쿄로 이주시키고 새로이 지방관(부지사·현령)을 중앙에서 임명하며, 이전의 3부 302현을 3부 72현으로 정리하는 것이었다. (1888년에 3부 43현으로 됨). 이러한 변혁의 과정을 비교적 순조롭게 진행되었다. 사실 계속되는 내전으로 인한 재정난은 물론 민중들의 사회변혁을 요구하는 운동 등으로 각 지역의 다이묘들은 이미 통치능력이 저하된 상태였으므로 신정부의 요구를 거의 저항 없이 받아들이게 되었던 것이다.

이로 인하여 정부는 전국적으로 세금을 거두어들일 수 있게 되었으며, 관리들은 정부로부터 급여를 받게 되었다. 또한 정부는 천황의 일족을 황족, 공가와 다이묘를 화족, 무사를 사족, 농·공·상을 평민으로 하였으며, 1871년에는 천민을 폐지하고 신분과 직업상 평민과 동일하게 했다.

평민에게는 성을 사용케 했으며, 이제까지 금지되어왔던 거주지 이전과 직업선택의 자유를 인정하는 등 신정부는 사민평등의 실현을 표방하였다. 그리고 정부는 같은 해 호적법을 제정하고, 이듬해인 1872년에 전국적으로 호적을 편성하여 징세와 징병의 기본단위를 확보했다.

메이지 정부의 과제는 서구열강에 필적하는 부국강병을 실현하는 것이었으며, 이를 위해서 안으로는 근대화, 밖으로는 불평등조약 개정을 통한 주권회복이 선결되어야 했다. 부국책이란 정부가 직접 서구로부터 근대적 기술과 기계를 도입하여 다양한 방면의 관영공장을 세우고, 광산을 개발하는 등 근대적 산업을 발전시킨다는 것이었다. 또한 산업화에 필요한 사회간접자본 중에서도 중요한 철도, 전신, 우편 등의 시성 확립은 물론 새로운 화폐제도를 확립하였다. 1882년에는 일본은행이 설립되면서 일본의 근대화는 정부의 손으로 급속하게 추진되었다.

강병책으로는 1873년에 징병령을 발표하여 만 20세 이상의 남자에게 병역의무를 부과하였으며, 이를 전제로 국민군을 조직하였다. 그러나 징집으로 노동력을 빼앗기게 된 농민들의 불만과 징병고유에 명기된 '혈세'라는 표현에 대한 공포감으로 각지에서 반대하는 소동이 벌어졌다. 게다가 병역 면제 규정에 따라 징병을 기피하는 자들이 많아 징병제는 제대로 시행되지 않았다. 국민개병의 원칙이 완전하게 확립되는 것은 1889년에 이르러서였다.

메이지 정부가 계속해서 새로운 개혁을 수행해나가기 위해서는 무엇보다 우선적으로 다량의 자금을 필요로 했다. 정부는 세수입의 안정을 꾀하기 위해 농민으로부터 세금을 취하는 방법을 개혁했다. 1872년에 그 동안 관철되어왔던 토지에 대한 매매를 해금하고, 지주와 자작농에게 지권을 교부하여 토지에 대한 사유권을 보장했다. 그리고 이듬해 지조개정조례를 발표하고 토지 소유자가 지가의 3%를 금납하도록 했다. 이로 인해 신정부의 재정기반은 안정되었으며, 지주와 소작관계가 법적으로 인정되면서 지주제가 발전하는 계기가 되었다.

한편 농민의 부담은 경감되지 않았으며, 지가 산정을 둘러싼 대립과 함께 각지에서 지조개정에 반대하는 소동이 빈발했다. 이러한 상황 속에서 농촌의 빈곤한 자작농의 2·3남은 대부분 농촌을 떠나 도시로 유입되었는데, 이들은 일본의 근대산업 발전에 필요한 노동력이 되었으며, 한편으로는 징병제를 뒷받침하는 중요한 요소가 되었다.

문화적인 면에서도 근대화는 속속 진행되었다. 서구화 정책을 추진하는 데 있어서 국민들을 통합하고, 이들을 자주적인 경제활동의 장으로 유도할 필요가 있었다. 정부는 1872년에 학교제도를 제정하여 소학교 설립을 촉진했다. 즉 학교는 사람들에게 국가를 뒷받침하는 존재(국민)로서의 의식을 배양해주는 장치였으므로, 국민에 대한 의무교육제 실현을 서두르지 않으면 안 되었던 것이다. 그러나 획일적인 학제 시행은 지방의 실정에 맞지 않았으며, 학교 건설과 취학에 드는 비용을 주민이 부담해야 했으므로 이에 해나 반대가 각지에서 발생하였다.

한편 고등교육은 1877년 도쿄의학교, 오쿠마 시게노부(大隈重信)의 도쿄전문학교(현재 와세다대학:早稻田大學) 등이 설립되면서 많은 인재를 사회에 배출시켰다. 이처럼 교육의 충실화와 서구화 정책에 노력하는 한편, 메이지 정부는 1890년에 교육칙어를 발포하여 교육의 기본을 제시하는 등 국가주의를 관철해나갔다.

생활면에서도 서구화 정책은 진행되었다. 서구와의 교류가 활발해지면서 그동안 사용해온 태음력이 부적합성을 띠게 되자 정부는 태양력을 채용했다. 시간도 1일 24시간제로 정했으며, 1주를 7일제로 하는 서구에서 일반화된 근대적인 생활양식을 채용하였다. 이와 함께 국민 휴일도 정해졌는데, 이는 천황을 국가원수로서 국민들의 뇌리에 각인시키기 위한 것으로, 메이지 천황의 생일인 11월 3일을 천장절(天長節), 진무 천황의 즉위일인 2월 11일을 기원절(紀元節:현재 건국기념일)로 정하였다.

한편 왕정복고 이후에 국민교화를 위해 추진했던 신도국교화(神道國教化) 정책도 서구화 정책의 진전 속에서 차츰 후퇴하였는데, 이는 정교분리와 신교의 자유라는 입장과 서구열강의 요구에 의한 것이었다. 따라서 그동안 금지되었던 크리스트교도 인정되었다.

출판기술도 발달하여 1870년에 일본 최초의 일간지인 <요코하마 마이니치신문>을 시작으로 정치와 사회상은 물론 서구의 풍습과 사상 등을 전하는 신문들이 각지에서 발행되었다. 수도 도쿄에서 근대화를 상징하는 서양풍의 벽돌 건축과 넓은 도로에 가스 등이 밝혀진 것도 이 무렵이며, 전통적인 헤어스타일인 상투를 자르고, 복장도 양복으로 바뀌어갔다. 식생활에서도 그 동안 피해왔던 육식이 늘어나는 등 생활 전반에 걸쳐 새로운 서양의 문화와 관습을 받아들이게 되었다. 사상적으로는 자유주의와 개인주의 등이 서구로부터 유입되었으며, 천부인권론을 소개한 후쿠자와의 유명한 저서 <학문의 권함> 등이 널리 읽혀졌다.

정부는 서구와의 외교를 적극적으로 추진하였는데, 그 이유는 부국강병을 위한 국가적 지상과제가 바로 과거 막부가 서구열강과 맺은 불평등조약을 개정하여 주권을 회복하는 것이었기 때문이었다. 따라서 갓 태어난 걸음마 단계의 신정부임에도 불구하고 조약개정의 가능성 여부와 서구의 제도와 문화를 시찰하기 위해 1871년에 대규모 사절단을 서구로 파견하였다. 그러나 조약개정을 위한 교섭은 실패했으며, 대표들은 현실적으로 불가능한 조약개정보다도 산업화를 추진하여 국내의 근대화를 달성시켜 국력을 신장시키는 방향이 지름길임을 서구 각국에 대한 시찰을 통하여 깊이 인식하고 귀국하였다.

이 무렵 정부에서는 삿초 출신의 하급 무사들이 각기 그룹을 만들어 거대한 세력을 형성하여 정치에 임하고 있었다. 국민들 중에는 이러한 정부에 대해 불만을 표하는 자들이 많았다. 특히 개혁으로 인하여 일자리를 잃은 사족들은 대부분이 익숙지 못한 사업수완 탓에 가산을 탕진하여 사회적·경제적으로 몰락의 길을 걷지 않을 수 없었다. 이는 결국 신정부의 개혁정책에 대한 불만으로 이어져, 결국 무력반란 형태로 각지에서 표출되었다.

한편 메이지 신정부는 새로이 조선과 국교를 맺을 것을 요구했으나, 종래의 관계를 무시한 고압적인 일본의 태도와 대원군의 쇄국정책으로 교섭은 진전되지 않았다. 이러한 상황에서 사이고 다카모리(西鄕隆盛) 등은 신정부에 대한 사족들의 불만을 외부로 돌리기 위해 일본에 대하여 쇄국을 견지하고 있는 조선에 대하여 군사적으로 압력을 가하여 교섭을 타개하려 했다.

1873년 '메이지 6년 정변'으로도 불리는 정한논쟁은 메이지정부가 일본의 왕정복고를 조선에 전달하는 문서를 보낸 이후 교착상태에 빠진 대조선교섭에서 '정한' 자체는 동의하면서 실행시기와 방법상의 차이의 논쟁이었다. 이것은 메이지유신 이후 유신 주도세력간의 재편성을 위한 투쟁이라고도 볼 수 있고 '정한론'이 그 단서가 된 것이다.

즉 대외침략론인 '정한론'이 사상적 본질문제 보다 집권 계파간의 파벌싸움의 도구로 인용되는 양상을 띄게 됨으로써 근대 '정한론' 문제를 검토할 때 신정부의 대외론으로서의 사상적 문제와 대내적 집권 파벌싸움으로서의 '정한논쟁을 잘 구분해서 파악해야 한다.

1873년 메이지정부는 사이고를 조선에 파견할 것을 결정했으나, 서구 선진제국의 발전을 직접 경험하고 돌아온 오쿠보 도시미치(大久保利道)와 기도 다카요시(木戶孝允) 등이 내치우선을 주장하면서 반대하였다. 이에 정부 내의 즉시 정한론자들은 사직하였으며, 정부는 분열되었다. 계속해서 신정부에 불만을 품은 사족들은 1874년에 사가에서, 그리고 1877년에는 사이고를 중심으로 가고시마에서 대규모 반정부 무력반란을 일으켰다. 그러나 징병제로 형성된 새로운 정부군이 반년 정도에 걸쳐 반란을 진압하는 데 성공하면서 무력봉기에 의한 신정부 반대 투쟁을 종말을 고하게 되었다.

이렇듯 메이지 정부의 내분을 초래한 정한논쟁은 즉시 '정한'을 주장했던 자나 내치우선 시기상조를 이유로 반대했던 자나 '정한'이라는 대외관의 본질은 동일했기 때문에 이 논쟁의 진상은 권력 내부의 파벌상쟁에 불과했다. 메이지 초기의 '정한론'은 사상적으로는 막말기 도막운동을 전개한 요시다 쇼인의 '정한론'을 계승한 것이었다. 게다가 메이지정부 수립 직후에 정치적 불안이 발생하자 조선을 침략함으로써 시선을 외부로 돌리고 아울러 서양열강에게 정치적, 경제적, 심리적으로 받은 압박과 손해의 보상을 조선으로부터 받으라고 한 쇼인의 주장을 그 제자들이 그대로 실천에 옮긴데서 나온 것이다.

이처럼 국내가 동요하고 있는 동안에도 정부는 가까운 나라들에 대하여 일본의 영토를 확정하기 위한 교섭을 계속하였다. 1875년에는 러시아와 교섭하여 사할린을 러시아령, 지시마(千

島)를 일본령으로 교환·확정하였다. 또한 류큐(琉球)는 1609년 이래 사쓰마번의 지배하에 있었지만, 동시에 청에 조공하여 책봉을 얻는 종속관계에 있었다. 이에 대해 메이지 정부는 동아시아제국과도 서구식의 국제관계를 맺어나가려 했다. 그 결과 1871년에 일본은 청국과 상호 영사재판권을 인정하는 대등한 조약을 맺게 되었다.

1879년에는 군대와 경찰을 파견하여 류규를 해체하고 오키나와현을 설치하면서 청과 대립하였으나, 최종적으로는 1895년 시모노세키조약으로 타이완이 청으로부터 일본에 할양됨으로써 오키나와의 귀속이 확정되었다. 홋카이도(北海道)에 대한 개척과 식민사업도 시작되었는데, 1874년부터는 경제적으로 몰락한 사족들의 생계보장을 위한 수단으로 이들을 홋카이도에 이주시켜 방비와 개척을 담당케 했다.

근대화 정책과 함께 서구의 근대사상이 일본으로 소개되면서 국민들 사이에 자유·평등·민권사상이 확산되었으며, 이를 바탕으로 전제적인 번벌(藩閥)정치에 강력하게 반대하는 움직임이 일어났다. 정한론정변으로 물러난 사족들은 공의여론의 존중을 주장하며, 번벌에 의한 전제를 강하게 비판하였다. 이들은 1874년에 일본 최초의 정당인 애국공당(愛國共黨)을 결성하여 민선의원설립건백서를 정부에 제출했다. 특히 이타가키 다이스케(板垣退助)는 국민의 권리를 보장하는 헌법을 만들고 의회를 개설할 것을 주장하면서 자유민권운동을 시작하였다.

이 시기 민권운동은 정치에서 배제된 사족들의 주도권 회복을 위한 것이었으나, 차츰 주된 납세자인 지주들에게도 영향을 미쳐 그들도 참정을 요구하게 되었다. 1881년 일본에서는 최초의 정당인 자유당(自由黨)이 결성되었으며, 이듬해에는 오쿠마(大隅)가 영국식 의회주의를 주장하면서 입헌개진당(立憲改進黨)을 결성하였다. 이 무렵 중세에 시달리던 농민들이 각지에서 지방관리와 충돌하였으며, 정당의 당원들이 이들 사건을 지원하기도 했다. 이러한 상황 속에서 정부는 1890년에 국회를 개설할 것을 약속하고 정당의 활동을 진정화 시켰다.

1889년 기원절(紀元節)에 메이지 천황은 이토 히로부미(伊藤博文) 등이 독일의 헌법을 모방하여 만든 헌법초안을 대일본제국헌법(메이지헌법)으로 발포하고, 이듬해에 의회(제국의회)를 열었다. 이 헌법은 천황 아래 내각·재판소·의회를 두어, 행정·사법·입법의 삼권분립의 형태를 취하고 있으며, 천황주권의 흠정헌법이었다. 여기서 천황은 국가의 원수로 관리의 임면, 국방방침의 결정, 선전강화와 조약체결, 긴급칙령, 계엄령 포고, 육해군 통수권 등의 관대한 대권을 지닌다는 사항이 명기되었다.

이러한 천황 통치권의 원천은 신화에서 구해졌으며, 인민주권과 군민공치는 부정되어 국가형성에 국민의 의사는 반영될 여지가 없었다. 내각은 천황을 보필하는 행정기관으로 천황에 대해서는 그 책임을 지지만, 의회에 대한 책임은 불명확했다. 의회는 천황의 입법행위를 협찬해주는 입법기관에 지나지 않았다. 따라서 내각은 천황의 광대한 권한을 배경으로 행정권을 장악할 수 있었던 것이다.

국민의 권리와 자유는 법으로 엄격히 통제되었다. 의회는 귀족원과 중의원으로 나뉘는 양원제로 황족·화족·칙선·다액납세자 등으로 구성되는 귀족원은 정부가 제출한 예산안에 대하여 선심의권을 가지는 중의원을 견제하는 정치적 방파제 역할이 기대되었다. 이는 국민의 의견이 국정에 반영되지 않도록 하는 제도적 장치였다.

1890년 7월에 최초로 행해진 제1회 중의원의원 선거에서 선출된 의원들로 11월에는 제국의회가 열렸다. 그러나 이 선거에서는 직접국세 15엔 이상의 납세자인 만 25세 이상의 남자만이 선거권을 가질 수 있었다. 당시 그 수는 전체국민의 1%에 지나지 않는 극히 제한된 선거였다. 총선거 결과 민권파가 의석의 과반수를 차지하면서 초기의회는 적극정책(군비확장)을 추구하는 번벌의 초연주의(超然主義)적 입장과 민력휴양(民力休養:지조경감)을 요구하는 민당이 격렬하게 대립하게 되었다.

3. 청일 · 러일전쟁과 자본주의발전

근대적 국가의 토대를 정비한 메이지 정부는 근대산업의 발달과 함께 해외로의 진출에 관심을 가지기 시작하였다. 우선 조선을 강압적으로 개국시켜 일본 제품의 판매시장으로 삼았는데, 당시 조선은 중국(淸)의 영향권 하에 있었으므로 일본과 청국의 대립은 필연적으로 격화되었다. 1894년에 조선에서 농민이 봉기하자 조선 정부는 청국에 출병을 요청했다. 이 소식을 접한 일본도 출병하면서 양국의 전쟁은 시작되었다.

전쟁은 단기간 내에 일본의 압도적인 승리로 끝났다. 이듬해에

시모노세키조약을 체결하여 배상금 약 3억 엔, 조선에 대한 청국의 종주권 부정, 랴오둥 반도·타이완·펑후제도의 할양, 장장(長江) 유역의 4개 도시 개항 등을 얻어냈다. 그 결과 일본은 동아시아에 제국주의적인 국제질서를 창조하는 측에 서게 되었다.

또한 일본인으로 하여금 청국과 조선에 대한 멸시관을 강화시켰으며, 일본(민족)의 우월성 강조는 이후 대외팽창을 적극적으로 주창하는 사상으로 이어졌다. 그러나 랴오둥반도 할양은 만주진출을 도모하고 있던 러시아를 자극하였다. 일본의 제국주의적 진출에 위협을 느낀 러시아와 프랑스·독일은 랴오둥반도를 청국에 반환할 것을 요구했으며, 일본은 이에 굴복하였다(삼국간섭). 그 후 일본은 러시아를 적대국으로 삼고 와신상담하면서 동아시아의 분할 경쟁에 적극적으로 대응하기 위한 군비확장과 산업진흥을 추진하였다.

한편 청일전쟁에서 드러난 청국의 허약성은 열강들로 하여금 청국에 대한 이권경쟁을 더욱 가열시켰다. 이에 중국에서는 민중들이 '부청멸양(扶清滅洋)'의 기치 아래 의화단운동이 일어났으며, 남아프리카의 보아전쟁에 여념이 없던 영국은 일본을 극동의 첨병으로 삼고 그 역할을 기대했다. 만주에서 조선으로 진출하려는 러시아와 조선을 통하여 대륙으로 진출하려는 일본의 대립은 점차 강화되었다.

영국과 러시아가 아시아에서 대립하고 있었으므로, 일본은 전쟁시 상호 원조한다는 내용으로 1902년 영국과 동맹을 맺었다(영일동맹). 그리고 1904년에 러일전쟁을 시작하였다. 이는 영국과 미국의 이해를 대변하는 일본이 러시아에 의한 만주지역 독점을 배제하고 만주시장의 개방을 겨냥한 전쟁이었다. 러시아에서는 전쟁에 대한 국민의 불만과 함께 러시아 혁명이 격화되었으며, 일본도 전쟁에서는 유리하였으나 더 이상 전쟁을 계속하는 것은 재정적으로 불가능하였으므로 1905년에 양국은 미국 대통령의 중재로 포츠머스조약을 맺고 전쟁을 종결지었다.

전쟁 결과 일본은 한국에 대한 보호·지도권을 러시아로부터 승인받았으며, 뤼순(旅順)과 다이렌(大連)의 조차권, 장춘(長春)과 뤼순 간의 철도권익 양도, 북위 50도 이남의 사할린 영토 할양, 연해주와 캄차카반도 연안의 어업권 할양 등을 획득했다.

그러나 배상금은 없다는 원칙은 '연전연승'이라는 정부와 저널리즘의 선전 하에 증세와 노역 등의 부담에도 참아왔던 국민들로서는 납득할 수 없는 연약 외교행위로 간주되었다. 사실 산업화 과정 속에서 사회로부터 배제된 하층민들은 그 상실감을 국가와 일체감을 강화하는 것에서 치유 받으려는 충동을 지니고 있었다. 그리고 러시아와의 대결을 요구하는 주전론도 이러한 충동의 고조와 전혀 무관하지 않았다. 그러나 강화 내용은 치유는커녕 도리어 생활을 압박하는 결과로 이들 앞에 다가왔던 것이다. 결국 1905년에 도쿄의 히비야(日比谷) 공원에서 강화에 반대하는 국민대집회가 열렸으며, 여기서 표출된 불만이 폭동으로 발전되자 정부는 군대를 출동하여 진압하기는 했으나 책임을 지고 내각이 총사퇴하는 결과를 낳았다.

국민적 총력적으로 국민의 자발성을 환기하면서 치러진 러일전쟁에서 국민은 잠시나마 국가와 일체감을 경험했다. 그러나 그 후 국가와 국민과의 위화감이 의식되었다. 즉 승리는 일본인들에게 세계의 열강에 끼었다는 우월감을 가져다주었으나, 자신들이 국가에 의무를 다한 만큼 돌아오는 것이 없었기 때문이다. 이러한 국민의 국가에 대한 유용성 인식은 결국 국가에 대하여 국민의 권리를 요구하는 계기가 되어 제한선거를 철폐하고 보통선거를 주장하는 운동으로 이어졌다.

한편 정부는 전후 일등국으로서 적극경영에 돌입했으나 경제 발전은 예상만큼 달성되지 못했다. 오히려 재정난이 일본 전국을 뒤덮어 내각은 모도 이 문제를 타개하는 데 고심하는 이른바 암흑시대가 시작되었다. 한편 국민들은 이러한 제국주의 정책에 의문을 품기 시작했으며 사상적으로도 국가주의에서 개인주의로 서서히 전환하기 시작했다. 이러한 움직임은 다이쇼라는 새로운 시대로 접어들면서 잇따른 정변으로 나타났다. 하지만 이러한 과정 속에서 메이지 정부 최대의 외교문제였던 조약개정 중 치외법권이 청일전쟁 직전에 철폐되었으며, 러일전쟁 후에 관세자주권도 회복되었다

일본의 근대산업은 1890년 무렵이 되면서 방적업 · 제사업 · 직물업 등에서 기계화가 진행되었다. 이렇게 해서 생산된 면사와 생사는 주로 중국과 조선, 그리고 미국으로 수출되었으며, 청일 · 러일전쟁으로 획득한 식민지로부터 풍부한 자원도 확보할 수 있게 되었다. 1901년에는 일본에서 최초로 관영 야하타제철소(八幡製鐵所)가 완성되어 중공업 발전을 위한 기초를 확립했으며, 제철 외에도 조선과 기계 등의 제조도 시작되었다.

이러한 산업혁명 결과 자본주의가 발달하면서 봉건사회에서는 볼 수 없었던 새로운 사회 문제가 야기되었다. 농촌에서는 높은

세금을 내기 위해 자신의 토지를 팔고 소작인으로 전락하는 농민들이 늘어났다. 또한 이들은 빈곤한 가계를 보충하기 위하여 자녀를 방적・제사공장에 보내야만 했다. 정부의 규제는 물론 노동조합에 의한 사회적 규제마저도 없는 가운데 경영자는 노동자를 자유로이 혹사시켰으며, 매연과 폐기물은 자연과 인간생활을 닥치는 대로 파괴하였다. 대도시에는 빈민굴과 같은 하층사회가 형성되었으며, 그곳에 거주하는 도시 하층민들은 비위생적인 주거와 노동환경은 물론 저임금에 시달려야 했다.

반면, 광대한 토지를 집적한 지주는 자신이 직접 그것을 경작하기보다는 소작을 주어 소작료로 생활하는 경우가 점차 늘어났다. (기생지주:奇生地主) 그들 중 다액납세의원 자격으로 도시로 진출하는 자들도 있었는데, 일본의 자본주의는 이들의 자금과 소작농의 저임금 노동을 흡입하면서 성장하기 시작했다고 할 수 있다. 당시 이들 대지주나 회사를 경영하던 자본가들은 일본의 정치에도 커다란 영향력을 지니고 있었다.

또한 산업의 발전과 함께 자본이 대기업에 집중하여 유력한 대자본가(재벌:財閥)는 금융・무역・운수・광산 등을 중심으로 다각경영을 하였으며, 1907년 공황 이후 계속되는 불황 속에서 중소자본을 흡수하면서 재벌독점자본을 형성하였다. 그리고 철도는 러일전쟁 이후 대륙진출을 위한 경제적・군사적 필요에 따른 수송의 편의를 도모한다는 명목으로 1906년에 철도국유법이 공포되면서 국유화되었다.

이러한 과정에서 일본에도 사회주의 사상이 확산되어 소작인과 노동자의 생활을 조금이나마 향상시키려는 소작쟁의와 노동운동이 빈번하게 발생하였다. 그러나 정부는 1900년에 치안경찰법을 제정하여 노동조합의 결성과 노동쟁의에 대한 탄압은 물론, 사회주의사상도 금지시켰다. 하지만 러일전쟁의 전비 조달을 위하여 신설한 비상특별세를 정부가 전후에도 폐지하지 않자, 생활이 어려워진 노동자들을 중심으로 각지에서 쟁의가 일어났다.

1906년에는 최초의 합법적인 사회주의 정당인 일본사회당이 결성되었지만, 정부는 이러한 움직임이 도시 민중의 소동과 연계될 것을 우려하여 이듬해에 결사를 금지시켰다. 1910년에는 천황 암살 계획 혐의로 사회주의 중심인물들을 대거 사형하는 등 탄압을 가하였다. (대역사건:大逆事件). 그리고 이듬해에는 사회주의자들을 단속하기 위한 특별고등경찰(특고)을 내무성 경보국에 설치하여 탄압과 감시를 더욱 강화하였다.

4. 제1차 세계대전과 다이쇼데모크라시

영국・프랑스・러시아의 삼국협상과 독일・오스트리아・이탈리아의 삼국동맹의 대립이라는 상황에서 1914년 사라예보사건을 계기로 제1차 세계대전이 발발했다. 이 전쟁은 유럽에서 일어났지만 일본은 영국과의 군사동맹을 구실로 독일에 선전 포고하면서 참전, 동아시아에 점재하는 독일의 군사기지를 점령하였다. 즉 일본은 영일동맹과 러일협약을 축으로 동아시아・태평양 지역에서의 세력 확대를 추구한 것이다.

한편 유럽이 중국의 정세를 살필 겨를이 없는 틈을 타서 일본은 중국에 대한 권익과 지도권 확대를 꾀하였다. 그 예가 중화민국의 대통령 위안스카이(遠世凱) 정권에 대한 '21개조 요구'였다. 중국 민중은 이날을 국치기념일로 정하고 강하게 반발했으며, 그 무효와 폐기에 대한 주장은 대전 후에 강화되면서 5·4운동으로 이어졌다.

전후 일본은 영·미에 다음가는 대국으로서의 지위를 확보했으며, 영·미와 이해대립을 내포하면서도 협조관계를 구축해나갔다. 1919년 파리에서 열린 강화회의에 일본은 전승국으로 출석하여, 이듬해에 성립한 국제연맹의 상임이사국이 되었다. 그러나 1921년 군비축소를 위한 워싱턴 회의에서 미국·영국·일본의 해군력을 5:5:3의 비율로 정하였다. 또한 일본이 대전 중 획득한 중국에 있는 독일의 군사기지도 되돌려주지 않으면 안 되었으므로 일본의 국내에서도 해군과 국수주의 단체(우익)가 불만을 표하였다.

유럽에서의 전쟁은 그 동안 수입초과와 만성적인 불황에 시달리던 일본 경제에 기사회생의 계기를 부여하였다. 그 원인은 유럽제국으로부터 군수품 주문의 증가와 아시아 시장에서의 유럽제국의 후퇴, 그리고 일본과 마찬가지로 전쟁에 직접적으로 관계가 없었던 미국이 전쟁경기로 호황이었다는 점을 들 수 있다. 그 결과 수출이 확대되면서 수입액을 초과했으며, 공업생산이 비약적으로 확대되었다.

구체적으로 면직물의 중국에 대한 수출, 그리고 생사의 미국에 대한 수출 등이 증대한 것이다. 그리고 세계적인 선박 부족현상

속에서 조선업과 해운업이 비약적으로 발전했다. 또한 유럽으로부터의 수입이 감소하면서 국내에서는 그 대체 산업, 즉 화학공업이 자립하기 시작했다. 이 시기의 공업 발전을 뒷받침한 것은 동력이 증기에서 전력으로 교체되었다는 점이다. 중국으로의 자본수출도 증가했으며, 국내에서는 이러한 호경기에 급성장한 기업이 속출했다. 이들을 나리킨(成金)이라 했는데, 스즈키(鈴木)상점과 해운조선업계의 후나나리킨(船成金)이 그 전형이다.

한편 공업화의 진전은 도시의 공업 노동자수를 비약적으로 증대시켰으며, 이들의 임금도 호경기와 함께 상승되었다. 그러나 물가는 그 이상으로 올라 실질임금은 오히려 저하하여 노동자의 생활을 압박했다. 결국 임금인상을 둘러싼 노동쟁의가 증가되었다. 또한 도시인구의 증가에 따라 쌀의 수요도 급증하였는데, 기생 지주제하에서 농업생산이 정체된 가운데 쌀의 공급이 절대적으로 부족하였으므로 쌀값은 치솟았으며, 게다가 시베리아 출병 선언이 있자 지주와 투기적인 상인들이 매점매석에 나서면서 쌀값은 갑자기 폭등하고 말았다.

1918년에 도야마(富山)현의 어촌 주부들이 쌀값 인하를 요구하며 시전을 습격하는 소동이 벌어졌다. (쌀소동:米騷動). 이 소동은 전국적으로 확산되었으며, 노동운동과 농민운동으로 발전하였다. 이 사건이 진정된 후 일본 정치사상 최초의 평민 재상 하라 다카시(原敬)가 본격적인 정당내각을 조각하였다.

한편 쌀 소동으로 시작된 민중운동은 증가한 도시의 엘리트 지식인층을 중심으로 전개된 계몽운동의 영향을 받으면서 점차 조직화되었다. 게다가 러시아혁명도 노동자와 지식인들에게 커다란 희망을 가져다주면서 이들의 행동에 영향을 주었다. 1920년에는 사회주의자들이 모여 사회주의동맹을 결성하였으며, 이듬해에는 여성사회주의자 단체도 성립되었다. 이해 사회주의동맹은 결사가 금지되었으며, 1922년에는 코민테른(세계 단일의 공산당)의 일본 지부로 일본공산당이 비합법 하에서 조직되었다.

한편 일군만민(一君萬民)이라는 천황제의 원리는 철저화 하는 것에서 사회적인 평등을 실현하려는 국가사회주의파도 등장하였다. 기타잇키(北一輝) · 오카와 슈메이(大川周明) 등이 그 주된 인물이며, 기타의 《일본개조법안대강(日本改造法案大綱)》은 후일 국가주의에 경사되어 국가혁신을 추구하는 육군 청년장교(황도파:皇道派)들에게 커다란 영향을 주었다.

1929년 9월 1일에 도쿄와 요코하마의 공업지대를 강타한 대지진으로 일본의 경제는 혼란에 빠져들었다. (관동대지진:關東大地震). 각지에서는 지진에 의한 화재로 가옥이 불탔으며, 사망자는 10만 명에 육박했다. 정부는 치안유지를 위하여 계엄령을 선포하여 행정 · 사법권을 군의 관할 하에 두었다. 이를 계기로 사회주의 침투에 위기감을 느끼고 있던 군대와 경찰은 민중운동을 탄압했다. 그리고 6,000명 이상의 수많은 조선인들이 민족차별 의식을 배경으로 경찰과 군대의 선동과 지시하에 조직된 자경단에게 학살당했다. 그 후 이러한 만행을 은폐하고 정당화하기 위해 일본 정부는 천황암살을 계획했다는 근거 없는 박열사건(朴烈事件) 등 조선인에 의한 '범죄'를 날조하였는데, 이러한 태도야말로 일본의 배외적인 국가의식을 조장하는 토대가 되었던 것이다.

도시 민중의 소동이 계속되자 정계에게도 입헌정치를 철저화하여 민중의 정치 참가와 거국일치를 실현하려는 움직임이 생겨났다. 이러한 가운데 호헌운동(護憲運動)이 일어났으며, 다이쇼 데모크라시 시대는 막을 열었다. 이 시기의 특징은 국가를 지상으로 하는 입장에서 전환하여 자아의 충족을 추구하는 개인주의적 경향이 강화되었다는 점과, 교양주의와 인격주의가 지식인들 사이에 확대되었다는 점이다. 그 예로 사회주의나 시라카바파(白樺派)의 영향하에서 새로운 공동체 형성을 겨냥한 동향이 배태되었다는 점 등을 들 수 있다.

입헌정치의 철저화를 추구하는 움직임을 촉진한 것은 헌법학설로는 도쿄제국 대학의 미노베 다쓰키치(美濃部達吉) 교수에 의한 천황기관설이었으며, 정치이론으로는 같은 대학의 요시노 사쿠조(吉野作造) 교수에 의한 민본주의였다. 전자는 국가(천황과 국민)를 공동의 목적을 지니는 하나의 공동체, 즉 법인으로 보고(국가법인설), 따라서 통치권은 천황의 개인적인 이익을 위한 것이 되어서는 안 되며 국가의 공동목적을 위하는 데 있어야 함을 주장했다. 즉 국가가 통치권의 주체라는 주장으로, 천황의 권력에 한계가 있음을 지적한 것이 그의 헌법해석의 특징이다.

나아가 미노베는 천황의 보필기관인 내각에 행정의 주도권을 인정하고, 내각이 주도권을 발휘하기 위해서는 당수의 강력한 리더십과 당원의 동지적 결속을 전제로 하는 내각의 연대책임이 필요함을 강조하면서 정당 내각제를 지지했다. 여기에 대하여 같은 대학의 우에스기 신키치(上杉愼吉) 교수는 천황주권설의 입장에서 비판했으나, 이후 천황기관설은 확대되어 의회정치를 실현하는 헌법해석상의 근거를 갖추었다.

미노베는 1916년에 잡지 《중앙공론(中央公論)》에 논문 <헌정의 본의를 논하여 그 유종의 미를 거두는 방법을 논함>을 발표했다. 소수의 엘리트들에게 정치를 맡기는 대의제하에서 국의에 민의를 반영하기 위하여 민본주의를 제창한 것이다. 요시노가 데모크라시(democracy)의 역어로 민주주의를 사용하지 않고 민본주의라는 말을 사용한 것은, 그가 주권의 소재는 문제시하지 않고 다만 주권을 운용하는 실질적인 방법을 다음과 같이 논의했기 때문이었다. 즉 민중의 행복과 이익을 정치의 목적으로 삼아야 하며, 민중의 의향을 바탕으로 하는 정책을 결정해야 할 것이라는 점이다. 이상 양자의 공통된 점은 무엇보다도 그 구체적인 목적이 보통선거와 정당 내각제를 실현하는 데 있었다는 점이다.

1890년부터 시작된 제한선거의 자격을 철폐하고, 보통선거를 실시하여 민중들이 정치에 참여하려는 운동은 1925년에 만 25세 이상의 모든 남자에게 선거권이 주어짐으로써 매듭되었다. (보통선거법: 시행은 1928년). 반면, 정부는 소련과의 국교교섭을 계기로 공산주의운동이 확산될 것을 경계하여 치안유지법을 제정, 국체의 변혁과 사유재산제도를 부인하려는 정치운동을 철저하게 탄압하였다.

이 시기 도시에는 고등교육의 보급과 함께 신 중간층이 담당자가 되어 매스미디어를 무대로 대중문화가 등장하였다. 배경은 전력의 보급과 공장의 기계화, 규격화된 상품의 대량생산·대량소비 시스템이 갖추어졌기 때문이었다. 그러나 농촌에는 충분히 보급되지 못했으며, 도시와 농촌 사이에 여러 가지 격차가 생겨나기 시작하는 것도 이 무렵부터의 일이다.

관동대지진 이후, 폐허가 된 도쿄를 중심으로 새로이 고층 건물들이 들어섰으며, 지하철도 부설되었다. 또한 전화도 널리 사용되게 되었으며, 자동차도 새로운 교통수단으로 등장했다. 1925년에는 라디오 방송이 시작되었으며, 100만 부를 돌파한 신문의 등장은 물론, 잡지의 발행 부수도 급격하게 증가했다. 그 밖에도 대중오락으로서의 영화 인기 상승, 레코드의 다량생산으로 인한 유행가의 전국적인 유행 등이 그 예이다. 또한 프롤레타리아 문학의 유행과 저가격 문고판의 등장, 의식주의 양풍화, 여성의 사회진출(직업부인, 신여성)도 이 시기의 모습이다.

5. 제2차 세계대전과 일본의 패망

제1차 세계대전이 끝나자 점차 미국에서는 제품 수요—특히 실크 등을 중심으로 하는 사치품 시장의 수요—가 줄어들었으며, 그로 인한 불경기가 시작되었다. 이는 곧 세계로 확산되었으며, 1929년에 세계공황이 시작되었다. 대전경기로 들떠있던 일본의 경제도 대전 종결 후는 유럽에 대한 수출이 격감하면서 수입 초과국으로 다시 돌아서는 등 연속적인 불황에 시달렸다.

이러한 전후 공황은 1923년의 관동대지진, 1927년의 금융공황이 겹치면서 경제와 인심을 흔들어놓았다. 그리고 1929년의 세계공황으로 일본 경제는 이중의 결정적인 타격을 받게 되었다. (쇼와공황:昭和恐慌). 특히 미국의 사치품 시장의 위축으로 그 동안 일본의 대외수출을 선도해오던 대미 생사수출이 격감하자 제사회사는 조업을 단축했으며, 도시에서는 수많은 노동자들이 실직하였다. 또한 양잠 농가도 극심한 타격을 받았으며, 여기에다 도시에서 실직한 노동자들이 대거 귀농하면서 농촌을 빈곤이 더욱 가속화되었다.

장기적으로 침체화된 경제적 불황 문제가 점차 사회적 불안으로 이어지자, 정부와 군부는 그 위기의 돌파구를 중국대륙으로 진출하는 데서 찾고자 했다. 여기에 전쟁을 통하여 경기의 회복을 꾀하고자 하는 재벌 독점체들이 동조한 것은 말할 필요도 없다. 그러나 만주에서의 권익을 유지·확대하려는 일본의 움직임은 중국의 반제국주의 민족운동을 고양시켰으며, 그 결과 이를 적대시하고 권익을 확보하려는 관동군과의 사이에 충돌이 빈번하게 발생했다.

일본의 내각은 협조외교 노선하에 불확대 방침을 취하고 있었으나, 1931년에 관동군은 이를 무시하고 면밀하게 준비된 만주점령계획하에 만주사변을 일으켰다. 이들이 추구한 것은 장래에 있을 미·소와의 전쟁에 대비하기 위하여 고도국방국가의 전략 거점을 만주에 확보하고, 총력전체제를 위한 국내 국가개조운동의 교두보로 삼는다는 것이었다. 다시 말해 관동군에게 있어서 만주점령은 단순히 남만주의 기득권익을 확보하기 위한 수단으로서가 아니라, 일본의 국방체제(군사적·경제적)를 수립하기 위한 하나의 과정이었던 것이다. 외견상으로는 만주 주민의 자발적인 의사에 기인한 신국가 건설이라는 형식을 취하기 위해 청국 최후의 황제 푸의(溥儀:宣統帝. 1934년에 황제로 즉위)를 국가원수의 집정(執政)으로 하고 1932년에 만주국을 건설하였다. 만주국은 '5족협화(五族協和) · 왕도락토(王道樂土)'의 이상을 내걸었지만, 실권은 관동군 사령관이 가지는 괴뢰국가에 지나지 않았다.

그러나 국제연맹의 조사단이 만주국을 인정하지 않자, 1933년에 일본은 국제연맹을 탈퇴함으로써 국제사회에서 고립되었다. 한편 국내에서는 만몽권익과 중일 간의 분쟁, 그리고 런던군축문제를 계기로 군인과 우익에 의한 국가개조운동(파시즘운동)이 고조되었다. 그 방향은 무능한 정당내각을 타도하고 군 중심의 내각을 수립하여 내외정책을 전환한다는 것이었다.

이러한 움직임은 당시 부패한 정당과 재벌 등 독점자본의 횡포에 불만을 품고 있던 일본 국민들로 하여금 과잉된 기대를 가지게 했다. 1932년에 해군의 청년장교가 수상을 암살하는 사건(5 · 15 사건)을 일으켰으며, 1936년에는 육군 청년장교가 대신을 암살하며 군부내각을 지향한 쿠데타가 발생했다. (2 · 26 사건). 이 사건은 곧 진압되었지만 사회의 불안은 가속화되었다.

자원과 시장의 확대를 위해 일본이 화베이(華北) 지역으로 진출하면서 중국의 주권을 침해하자 중국에서는 항일기운이 고조되었으며, 양국은 선전포고 없이 1937년 전면전쟁에 돌입했다. 난징(南京)을 점령하는 과정에서 일본군은 투항병과 포로는 물론 비전투요원 10만 명 이상을 학살하였으며, 강간 · 약탈 · 방화 등의 잔학 행위는 국제적인 비난을 면치 못하게 되었다. (난징대학살:南京大虐殺). 특히 일본군에 의한 중국 여성에 대한 강간이 다발하면서 일본군의 지시하에 위안소가 개설되었는데, 여기에는 강제적으로 끌려온 조선인 여성이 대부분이었다. 전쟁 중 일본군은 국제법이 금지하는 독가스(화학 병기)를 사용하였으며, 731부대(관동군방역급수부의 통칭)는 세균 병기의 연구 · 제조 과정에서 조선인과 중국인의 생체실험을 자행하였다.

전쟁 개시와 함께 일본에서는 1937년 국민총동원운동이 전개되었다. 거국일치를 강조하며 전쟁을 비판하는 사상 · 학문을 압살하고, '진충보국(盡忠報國)'과 '멸사봉공(滅私奉公)'을 부르짖으며 희생을 정당화했다. 또한 '견인지구(堅引持久)'라는 명목 아래 생활에 대한 규제와 절약 · 저축이 강요되었다. 이러한 운동의 말단조직이 전국적으로 정비되었으며, 노동조합을 해산하는 대신 산업보국회를 조직하여 노자일체(勞資一體)의 전쟁협력체제를 구축하였다. 총력전체제가 본격화되면서 1938년부터 통제경제정책, 즉 군수산업에 대한 물자의 우선 분배를 위한 총동원법을 성립시켜 정부는 의회의 승인 없이 모든 것을 동원할 수 있는 권한을 획득하였다.

한편 식민지에서는 황민화정책을 통하여 조선인과 중국인의 전쟁체제에 대한 동원을 정당화하고자 했다. 조선의 학교와 직장 등에서는 '황국신민서사' 제창과 신사참배, 한글사용 금지와 일본어 상용이 강제되었으며, 특히 1940년에는 창씨개명 실시로 조선의 전통적인 성명과 가족제도(가계중시 · 부부별성)를 일본식 씨명과 '이에(家)' 제도('이에'중시 · 부부동성)로 변경시켰다.

1939년에 독일의 폴란드 침공으로 제2차 세계대전이 시작되면서 일본은 독일 · 이탈리아와 군사동맹을 맺고 동남아시아로 진출했다. 미국은 자국 내의 대일자산을 동결시키고 석유수출을 금하는 등 일본을 경계하면서 만주를 제외한 중국으로부터 일본군의 전면철퇴, 그리고 독 · 이 · 일 군사동맹의 사문화를 요구했다.

1941년 일본군은 하와이의 진주만에 있는 미국의 해군기지를 기습 공격하면서 미국과 영국에 대하여 선전 포고했다. (태평양전쟁). 이 전쟁으로 일본은 홍콩·말레이시아·필리핀·싱가포르·미얀마·인도네시아 등 광대한 지역을 점령하였으며, 1943년 11월에 도쿄에서는 만주국·중국·필리핀·태국·미얀마·인도 등의 대표가 참석한 가운데 침략전쟁의 본의를 둔갑시킨 '대동아공동선언'이 채택되었다.

전쟁이 진행되자 대부분의 남자들은 징집되었으며, 대학생들도 학업을 그만두고 전쟁터로 나서야만 했다. 쌀을 비롯한 모든 생활에 필요한 물자는 극도로 부족하였으며, 배급제가 시행되었다. 중학생들도 공장에 동원되었으며, 대도시의 아동들은 농촌으로 보내졌으며, 방공연습을 통하여 공습에 대비하였다.

1945년에 들어서면서 전쟁은 도쿄 대공습에서 오키나와 전투로 이어졌으며, 일본군의 패배는 명확해지기 시작했다. 일본과 군사동맹을 맺고 있었던 이탈리아와 독일이 항복하면서 연합국은 포츠담 회담을 열어 일본에게 무조건 항복을 요구했다. 그러나 일본 정부가 그 요구에 주저하고 있을 때, 미국은 8월 6일 히로시마(廣島)와 8월 9일 나가사키(長崎)에 원자폭탄을 투하했다. 8월 8일에는 소련도 일본에 대하여 선전을 포고하고 나서면서 정부는 포츠담 선언을 받아들일 것을 결정, 1945년 8월 14일 천황의 라디오 방송으로 전쟁의 패배를 알렸다. 이로써 아시아·태평양의 각지를 전쟁터로 만들어 수많은 생명과 재산을 잃게 한 일본제국주의의 질주는 멈추게 된 것이다.

현대일본의 사정

현대일본의 정치

Ⅱ

II

현대일본의 정치

1. 일본국 헌법

1) 일본국 헌법의 성립과 내용

1945년 8월 15일 일본의 무조건 항복에 의해 일본을 점령통치하게 된 미국은 대일정책의 기본목표를 일본의 비군사화와 민주화로 설정하고 이를 달성하기 위한 방안의 하나로 전전의 비민주적인 헌법을 폐기하고 새로운 헌법을 제정하였다.

1946년 11월 3일 공포되고 1947년 5월 3일부터 시행된 현행 일본 헌법은 전문(前文)과 전 10장 99조, 그리고 4개조의 부칙으로 이루어져 있다. 제정 후 아직까지 한 번도 개정된 적이 없는 현행 헌법은 전전의 대일본제국헌법이 천황주권을 인정하였던 것에 반하여, 일본국 헌법에서는 국민주권이 명기되어 있다. 현행 헌법에 의하면 천황은 "일본국 및 일본 국민의 통합의 상징"으로 기능할 뿐 국정 참여의 권한은 부정되며, 내각의 조언과 승인에 의해 정해진 국사행위만을 행할 수 있게 되어 있다.

국민의 대표기관인 국회는 직접보통선거에 의해 선출된 국회의원으로 구성되는 중의원과 참의원의 2원제를 채택하고, 국권의 최고기관인 동시에 유일한 입법기관으로 인종·신조·성별·신분·재산 등에 의해 선거자격을 차별하는 것이 금지되어 있다.

행정권은 내각에 있고 내각총리대신은 국회에 의해 지명되고 국회에 대해 책임을 지는 의원내각제가 도입되어 의회제 민주주의의 원칙이 확립되어 있다.

국민의 기본적 인권은 영구 불가침한 권리로서 보장되고 있다. 또한 전쟁 또는 무력 사용은 국제분쟁을 해결하는 수단으로서는 영구히 포기하며, 전력을 보유하지 않는다는 조항이 들어 있다.

전체적으로 제1차 세계대전 이후에 제정된 유럽대륙의 신헌법과 유사한 내용으로 구성된 현행 헌법은 미군의 점령체제하에서 제정된 관계로 미국 헌법의 영향을 받은 흔적이 짙다. 즉 형사수속 절차를 상세히 기록한 점이나 대법원의 위헌심사권을 인정한 점 등을 그 예로 들 수 있다.

2) 일본국 헌법의 원칙 및 특징

일본국 헌법의 기본원칙은 국민주권, 평화주의, 기본적 인권의 중시라는 3가지 내용으로 요약할 수 있는데, 그 중 특징적인 것이 헌법 제9조의 평화주의 조항이다. 즉 전쟁의 포기, 전력 보유 금지, 교전권의 부인으로 요약되는 일본국 헌법의 평화주의는 세계적으로 그 예를 찾아보기 힘든 내용이다. 일본국 헌법의 평화주의는 헌법 전문과 제2장 제9조에 명시되어 있다. 즉 일본국 헌법 제9조에는 ① 일본 국민은 정의와 질서를 기조로 하는 국제평화를 성실하게 희구하여 국권의 발동인 전쟁과 무력에 의한 위협 또는 무력의 행사는 국제분쟁을 해결하는 수단으로는 영원히 이것을 포기한다. ② 전항의 목적을 달성하기 위해 육·해·공군 및 기타 전력을 보유하지 않는다. 국가의 교전권은 인정하지 않는다고 규정되어 있다.

이러한 일본국 헌법의 평화주의 원칙은 일본의 주변국에 대한 침략행위를 두 번 다시 허용되지 않겠다는 GHQ의 의지(미국의 의지라고 할 수 있다)가 강하게 반영된 결과이다. 전쟁 포기를 위한 방법을 구체화한 것이 전력을 보유하지 않겠다는 것과 교전권의 부인 조항인데, 최초에 이 헌법조항의 취지는 자위전쟁이나 자위력조차도 인정하지 않는다는 것이었다.

그러나 동서냉전의 진전과 1950년 한국전쟁을 계기로 일본국 헌법의 평화주의는 크게 후퇴하였다. 즉 1950년 맥아더 총사령관이 연두 기자회견에서 일본국 헌법은 자위권을 부정하지 않는다는 취지의 회견을 하였으며, 한국전쟁을 계기로 1950년 7월 경찰예비대가 발족되었다. 이후 1952년 경찰예비대가 보안대로 재편되면서 일본 정부는 헌법 제9조 2항에서 보유를 금지하고 있는 전력이란 근대전쟁을 수행할 수 있을 정도의 장비 및 편성을 갖춘 것을 말하기 때문에 전력이라고 할 수 없는 정도의 실력을 보유하고, 이것을 직접 침략에 대한 방위를 위하여 사용하는 것은 위헌이 아니다라는 견해를 밝혔다. 즉 일본국 헌법 제9조의 전쟁

포기 조항에 관한 해석은 침략전쟁에 한하여 포기한 것이지 자위를 위한 전쟁마저 포기한 것은 아니며, 따라서 자위를 위한 전력의 보유와 자위전쟁은 위헌이 아니라는 것이 현재까지의 일본 정부의 공식견해이다.

3) 헌법개정논의

1994년 11월, 발행 부수 1,000만 부를 자랑하는 《요미우리신문: 讀賣新聞)》이 '헌법개정 시안'을 발표하여 이에 대한 찬반양론이 격돌하였다. 이 신문은 현행 헌법체계로는 새로운 국제질서하에서 발생되는 제반 상황에 대응할 수 없다는 인식 아래 미래지향적인 국민적 헌법 논의를 공론화하기 위한 자료로서 이 시안을 제시한다고 그 취지를 설명하였다. 《요미우리신문》이 발표한 시안의 내용을 요약해보면 ① 침략전쟁의 포기, 징병제의 금지 등을 명확히 한 다음 자위력 보유를 명기한다. ② 새로운 인격권, 환경권을 규정한다. ③ 참의원의 기능을 강화한다. ④ 헌법재판소를 신설한다 등이다.

이를 계기로 일본 국내에서는 헌법 개정 논의가 활발히 이루어지게 되었다. 그러나 1990년대의 헌법 개정의 논의는 자민당 및 신진당 계열의 정치지도자들이 '전후정치의 청산'이나 '보통국가론'을 주장하는 과정에서 이미 강력히 제기되었던 문제들이다. 1947년 시행된 현행 일본국 헌법에 대한 이러한 개헌 논의는 헌법제정 당시부터 현재에 이르기까지 끊임없이 제기되어왔다.

즉 1952년 일본은 연합국과 맺은 샌프란시스코강화조약의 발효와 함께 독립하면서 보수적 정치지도자들을 중심으로 개헌이 주장되었고, 1960년대 말에도 개헌이 심각하게 논의되었다. 그러나 1950년대 이후 계속된 비약적인 경제발전으로 개헌 논의는 일본 국민의 관심을 끌지 못하였고, 80년대까지는 오히려 터부시되는 경향마저 있었다.

개헌에 대한 논의가 본격화되고 공론화되기 시작한 것은 1990년에 들어서인데, 개헌이 공론화된 계기는 1990년 8월에 발발한 걸프전이다. 걸프전에서 일본은 헌법 조항의 제약에 의해 국제사회가 요청하는 자위대 파병을 거부함으로써 130억 달러라는 천문학적인 전쟁비용을 부담하고서도 국제사회로부터 강력한 비난을 받았다. 이를 계기로 개헌 논의는 종래의 내부 문제 중심의 개헌과는 전혀 양상을 달리하는 형태로 전개되기 시작하였다. 즉 걸프전을 계기로 일본은 국제공헌이라는 관점에서 개헌 문제를 논의하게 되었고, 이러한 개헌 논의는 1991년 3월부터 4월에 걸쳐 행해진 각 언론사의 여론조사 결과 개헌지지파가 반대파를 상회하는 결과가 나오면서 더욱 활발히 전개되었다.

또한 종래의 개헌 논의는 자민당이 중심이 되어 행해졌으나, 90년대 이후의 개헌 논의는 자민당뿐만 아니라 야당과 매스컴 등도 이에 가세하여 광범위하게 전개됨으로써 실질적이고 구체적인 논의가 가능해졌다는 점이 이전의 개헌 논의와 다른 점이다.

4) 헌법 개정 움직임과 최종목표

일본국 헌법은 현재까지 단 한 번도 개정된 적이 없는데, 이것은 세계적으로도 유례를 찾아보기 힘든 일이다. 예를 들면 빈번한 헌법 개정으로 유명한 노르웨이의 경우 지금까지 67회의 개정이 행해졌고, 독일 기본법(헌법)은 1993년의 난민규정을 위한 개정을 포함하면 35회, 미국 헌법 5회, 프랑스 제5공화국헌법 5회, 이탈리아 공화국헌법 4회 등 대부분의 국가에서 빈번한 헌법 개정이 이루어졌다.

이렇게 일본 헌법이 단 한 번의 개정도 이루어지지 않은 까닭은 크게 다음과 같은 이유에서이다.

우선은 일본 헌법이 경성헌법(硬性憲法)이기 때문이다. 즉 일본국 헌법의 개정절차는 중·참 양원에서 각각 의원총수 3분의 2 이상의 찬성으로 헌법 개정이 발의되고, 국민투표에 부쳐 총유권자의 과반수의 찬성을 획득했을 때 개정이 이루어지도록 되어 있어 이 조건을 충족시키기가 대단히 힘들다.

다음으로는 동서냉전체제하에서 일본은 굳이 헌법 개정의 필요성을 느끼지 않았기 때문이다. 즉 미일안전보장조약에 의거하여 일본의 안보가 미국에 의해 보장되고 지속적인 경제발전을 이루어온 일본은 국민의 정서에도 맞지 않고 주변국의 경계심을 자극할 뿐이 헌법 개정을 할 이유가 없었다. 그러나 1990년대에 동서냉전체제가 붕괴되면서 개헌 논의에 대한 대내외적인 환경도 크게 달라지게 되었다. 즉 종래의 헌법 제9조 개헌론은 냉전체제하에서 소련의 위협에 대처하기 위한 것이 주된 명분이었다.

그러나 냉전의 종언과 함께 유엔의 세계평화 창조노력이 강화되면서 헌법 개정의 명분을 지금까지의 일본의 국익이나 안전보장에서 '국제공헌'으로 전환함으로써 개헌 논의가 용이하게 되었다.

여기에 걸프전을 계기로 자위대의 해외파병 문제가 제기되었다는 점이다. 개헌논의의 주된 내용 중 하나가 바로 자위대의 위헌시비였다는 점에 비추어볼 때 국제사회로부터의 자위대 파병 요청은 바로 자위대의 지위에 대한 명확한 규정이 필요하게 되었을 뿐만 아니라 자위대의 존재를 명실공히 헌법적 존재로 하지 않을 수 없도록 하였다.

해외파병이 국내외로부터 경계의 대상이 되었던 이유는 그것이 일본의 군국주의화의 부활로 이어질 가능성이 있다는 점 때문이었다. 그러나 냉전체제 이후 유엔의 역할이 강화되고 유엔과의 공동군사 행동이 가능하게 된 시점에서 자위대가 유엔의 일원으로 공동파견의 형식을 취하게 되자 이러한 우려는 상당부분 완화되었고, 이에 따라 자위대 합헌을 명시하는 헌법 개정은 어느 때보다도 용이하게 된 것이다.

개헌 논의가 활발하게 된 또 하나의 요인은 개헌 반대의 최전선을 담당하였던 사회당의 몰락이다. 사회당은 자민당과 연립정권을 구성하면서 자위대 합헌론을 천명하였고, 1996년 소선거구 비례대표 병립제에 의해 치러진 선거에서 군소 정당으로 전락하면서 평화헌법체계를 전면에서 수호할 세력은 사실상 존재하지 않게 되었다. 물론 새로 결성된 민주당이 사회당의 역할을 대신하고 있으나 구사회당의 그것에는 미치지 못하고 있다. 즉 냉전체제의 붕괴에 따른 이데올로기 대립의 소멸은 미국의 국제사회에서의 관리자로서의 영향력 저하와 유엔의 권위상승으로 이어졌고, 그 결과 일본의 헌법 개정을 어렵게 하였던 정치적 요인들이 상당부분 제거된 것이다.

아베는 2012년에 재집권 후 이런 상황을 잘 활용하여 헌법 개정을 적극 추진해 왔다. 그러나 여전히 국회통과 절차 등 그 어려움을 판단하여 2014년 7월 1월에 실질적으로 평화헌법의 근간을 흔드는 헌법해석 변경이라는 변법으로 각의결정을 단행하여 집단자위권 행사를 가능하도록 결정하였다.

그러나 이 헌법해석 변경은 장기적으로 보면 중간단계의 절차다. 자민당이 권력을 가지는 한 언젠가는 현행 헌법을 개정할 것이다. 그러한 의도는 아베의 다양한 발언에서 발견할 수 있다. 2014년 정월 초하루 산케이신문에 나온 2020년 도쿄올림픽 특집기사를 보면 2020에 대한 '미래예상도'에 관하여 아베는 그때는 "헌법개정이 되어 있지요. 그 단계에서 일본은 완전한 지위를 회복하고 지역이나 세계의 평화에 크게 공헌하여 존경의 표본으로 보이는 나라"가 되어 있을 것이라고 했다.

현행의 '평화헌법'을 개정하는 일은 구체적으로 두 조항을 바꾸는 작업이 된다. 하나는 제9조 그 자체이고 또 하나는 그 목표에 도달하기 위한 절차를 다루는 96조이다. 현행 헌법의 별칭은 '평화헌법'이다. 이는 제9조에 부전조항이 들어 있기 때문이다. 헌법개정의 핵심 포인트는 이 9조를 바꾸는 것이다. 그런데 그 목표로 가기 위해서는 헌법개정의 절차를 다루는 조항을 우선 바꾸어야 한다. 그 조항이 96조이다. 이 조항은 헌법개정의 요건으로서 "중의원 참의원 각 의회의 총의원의 3분의 2 이상의 찬성으로 국회가 이를 발의하여 국민에게 제안하여 승인을 받지 않으면 안 된다. 이 승인에는 특별의 국민투표 또는 국회가 정하는 선거에서 행해지는 투표에서 그 과반수의 찬성을 필요로 한다."

결국 '2/3에서 과반수'라는 체계에서 '과반수에서 과반수'로 장벽을 낮추려는 것이다. 그 목적을 유리하게 달성하기 위해 자민당 정부가 국회통과를 추진하여 2016년 참의원 선거 때부터 투표권을 18세로 낮추었다.

이러한 아베의 희망적 구상 속에서 실현하고자 하는 새로운 헌법 9조의 자민당 초안은 다음과 같다.

첫째, 일본의 평화와 독립 그리고 국가 및 국민의 안전을 확보하기 위하여, 내각총리대신을 최고지휘권자로 하는 자위군을 보유한다.

둘째, 자위군은 전항의 규정에 따른 임무를 수행하기 위한 활동을 행함에 있어 법률이 정하는 바에 따라 국회의 승인 및 기타 통제에 복종해야 한다.

셋째, 자위군은 제1항의 규정에 따른 임무를 수행하기 위한 활동과, 법률이 정하는 바에 따라 국제사회의 평화와 안정을 확보하기 위하여 국제적으로 협조를 행하는 활동, 그리고 긴급사태 발생 시 공공의 질서를 유지하거나 국민의 생명 또는 자유를 지기가 위한 활동을 행할 수 있다.

넷째, 상기 두 항에서 정하는 것 이외에 자위군의 조직 및 통계에 관한 사항은 법률로 정한다.

이상이 아베가 가고자 하는 헌법 개정의 최종 목적지다.

포츠담선언 : 포츠담선언에는 일본 군대의 완전무장해제, 민주주의의 부활 강화, 언론·종교 및 사상의 자유, 기본적 인권의 존중, 전 일본 군대의 무조건 항복 등을 명기하고 있다.

GHQ (general Headquarters) : 연합군 총사령부

전쟁포기설에 대한 일본 정부의 입장 : 헌법 제9조의 전쟁포기 조항에 대한 해석은 크게 침략전쟁뿐만 아니라 자위를 위한 전쟁도 포함된다는 '전면 포기설'과 침략전쟁의 포기만을 의미한다는 '한정포기설'로 나뉜다. 학계의 다수설은 전면포기설이나 일본 정부의 공식입장은 한정 포기설에 가깝다.

해석개헌 : 헌법 조항을 개정하지 않고 조문의 해석을 유연하게 함으로써 소정의 목적을 달성하려는 방법을 말한다.

무기수출금지 3원칙 : ① 공산주의 국가, ② 유엔의 결의에 의해 무기수출이 금지된 국가, ③ 국제분쟁지역 또는 그럴 위험이 있는 지역의 국가에 대하여 무기수출을 금지한 규정한 것이다.

비핵 3원칙 : 핵무기를 제조하지 않고, 보유하지 않으며, 수입하지 않는다는 원칙.

경성헌법 : 헌법은 그 개정절차의 난이도에 따라 경성헌법(硬性憲法)과 연성헌법(軟性憲法)이 있다. 일반 법률보다 복잡하고 신중한 수속을 필요로 하는 헌법을 경성헌법이라 하고, 그 개정절차가 일반 법률과 동일한 경우의 헌법을 연성헌법이라 한다.

2. 일본의 국회

1) 국회의 지위와 기능 및 권한

일본의 의회제도는 대일본제국헌법 하에서 구성된 제국의회에 그 뿌리를 두고 있다. 1889년의 헌법제정에 이어 1890년에 구성된 제국의회는 형식적으로는 삼권분립제도를 채택하여 그 지위가 보장되어 있었으나 실제로는 천황의 협찬기관에 불과한 존재였다. 즉 천황주권을 인정한 대일본제국헌법 하에서 천황은 긴급칙령이나 특별명령 등의 형태로 독자적인 입법권을 행사함으로써 의회의 권한을 제약할 수 있었다. 내각과의 관계에 있어서도 내각은 천황의 보필기관으로 천황에게는 책임을 지지만 의회와 국민에게는 책임을 지지 않았다.

이러한 일본의 의회제도는 패전에 따른 신헌법의 제정으로 근본적으로 개혁되었다. 현행 헌법의 국민주권 원칙에 입각하여 국민의 직접·보통·비밀·평등 선거에 의해 선출된 국회의원으로 구성된 일본 국회는 국권의 최고기관이며 국가의 유일한 입법기관으로 되어 있다. 법률은 원칙적으로 국회에서 가결되지 않으면 성립되지 않으며, 천황이 국사행위의 하나로 행사하는 법률 공포권은 전혀 구속력을 갖지 못하는 형식적인 권한에 불과하다. 국회는 법률 제정권 이외에도 예산안의 의결, 조약의 승인, 헌법 개정의 승인 등 중요한 권한을 갖고 있다. 또한 헌법상 입법부인 국회는 행정부와 사법부에 의해 우월적인 지위가 인정된다. 물론 일본 헌법에는 삼권분립과 삼권 상호간의 억제와 균형을 원칙으로 하고 있기 때문에 행정부와 사법부에도 입법부를 견제할 수 있는 수단이 마련되어 있다. 예를 들면 행정부의 중의원 해산권이라든가 사법부의 위헌입법 심사권 등이 그것이다. 그러나 일본의 입법부는 국민을 대표하는 유일한 기관으로서 다른 정부부문에 우선하는 지위를 갖고 있다.

국회의 기능은 다양하나 그중 가장 중요한 것은 국민주권의 구체화 기능이다. 즉 대부분의 근대헌법은 그 기본원리의 하나로 국민주권을 명시하고 있는데, 국민이라는 집합체가 최고의사결정자로서의 기능을 수행하기란 현실적으로 불가능하다. 때문에 국민을 대신하여 의사결정을 하는 기관이 필요하게 되었고, 이 기관이 다름 아닌 국회이다. 따라서 국회를 국권의 최고기관 또는 국민의회라고 부르는 것도 이런 이유에서이다. 일본국 헌법에서도 그 기본원리로 국민주권을 명시하고 있어, 일본 국회의 기능도 근대적인 국회제도를 채택하고 있는 국가들에서 볼 수 있는 일반적인 기능을 모두 포함하고 있다고 볼 수 있는데, 그 내용을 세분하여 살펴보면 다음과 같다.

입법 기능 : 일본국 헌법에는 국회를 유일한 입법기관으로 명시하고 있고, 법률안은 국회에서 가결되었을 때 비로소 법률로서 성립된다는 점을 규정하고 있다.

대표 기능 : 국회는 국민주권의 대표기관으로서 그 통합기능과 입법 기능에 의해 국가 내의 제반 이해대립의 조정과 분쟁해결 등의

역할을 수행하게 되는데, 이것을 실현하기 위해 주어진 기능이 대표 기능이다.

정부구성 기능 : 의회 내의 다수파가 내각을 구성하고 의회의 신임을 조건으로 내각을 운영하게 된다. 수상은 각료를 임명할 때 각료의 반수 이상을 반드시 국회의원에서 선출해야 하는데 이것은 바로 국회의 정부구성 기능을 말하는 것이다.

행정부감시 기능 : 국민을 대신하여 행정부를 통제하는 것이 국회이다. 즉 국회는 행정부에 대하여 예산의 의결권, 국정조사권, 내각불신임권 등을 통해 행정부를 통제하고 감시한다.

시민정치교육 기능 : 유권자들은 국회에서의 토론이나 결정과정을 보면서 현재의 정치적 쟁점이 무엇이며, 그 쟁점을 둘러싸고 의견이 어떻게 대립되고 있는가를 알 수 있고, 이를 통해 정책상 문제의 소재나 성질 등을 이해하고 나름대로의 해결책을 제시할 수 있는 능력을 갖게 되는 것이다.

일본 국회의 권한과 기능은 의원내각제를 채택하고 있는 대부분의 국가에서 인정되는 것과 대동소이하다.

우선 첫 번째 국회의 권한으로 들 수 있는 것은 입법권, 즉 법률을 제정하는 권한이다. 두 번째는 재정권, 즉 예산 등의 의결권이다. 예산의결에 있어서 중의원은 참의원에 비해 우월한 권한을 가진다. 세 번째는 내각총리대신 지명 권한이다. 내각총리대신 지명은 국회의 중요한 권능이며 다른 모든 안건에 우선하여 이루어져야 하는 선결 안건이다. 네 번째는 조약체결의 승인권이다. 헌법은 내각의 외교처리권과 조약체결권을 명기하는 한편, 조약체결에 관해서는 사전 또는 사후에 국회의 승인을 거치도록 규정하고 있다. 다섯 번째는 국정조사권이다. 이것은 국정 전반에 관한 행정감독권의 일환이다. 여섯 번째는 헌법 개정의 발의권이다. 헌법에 대한 개정을 발의할 수 있는 것은 국회뿐인데, 이것을 헌법 개정의 발의권이라 한다. 그 외에 국민의 손해구제 또는 공무원의 파면, 법률의 제정, 폐지, 개정 등에 관한 청원권이 인정되고 있으며, 중의원만이 가지는 내각의 신임·불신임권도 있다.

2) 국회의 구성

일본의 국회는 1947년 제정된 일본국헌법에서 국권의 최고기관이자 국가의 유일한 입법기관으로 규정하고 있다. 국회는 참의원과 중의원의 양원제도(兩院制度)로 구성되어 있는데, 양원은 입법권을 공유하고, 법률안은 양원에서 가결되었을 경우 법률로 될 수 있다. 양원제를 운영하지만 수상 지명, 국가예산 의결, 국제조약 의결에 있어서 의결 내용이 대립할 경우에는 중의원의 의결 내용이 참의원을 우선한다. 또한 출석의원 3분의 2이상의 다수결로 중의원은 참의원의 의결을 번복할 수 있다.

국회 소집은 내각이 결정하고 천황에 의한 소집칙서(召集勅書)가 공포됨으로써 시행된다. 국회 활동은 상회(常會), 임시회, 특별회로 구분된다. 상회는 년 1회, 1월 중에 소집되며 새해년도 국가

예산과 이를 시행하는 데 필요한 법률안을 심의한다. 상회 회기는 150일로 규정되어 있다. 임시회는 재해 대책 등을 위한 수정 예산과 법률안 심의가 긴급히 필요할 경우 소집된다. 양원 중 어느 한쪽의 재적의원 4분의1 이상의 요구가 있을 경우 내각은 임시회를 소집해야 한다. 그리고 중의원 의원의 임기 만료에 따른 총선거와 중의원 선거가 치러진 뒤에는 반드시 임시회가 소집된다. 특별회는 내각의 총사퇴로 양원에서 수상 지명이 있었을 때 소집되는 회의이다. 임시회와 특별회의 회기는 국회에서 결정하도록 되어 있다.

참의원 의원의 임기는 6년으로, 비구속명부식 비례대표제로 선출되는 전국구와 도도부현 단위로 구성되는 선거구별 선거를 통해 선출된다. 2002년 개정된 의원의 정원은 242명으로서 전국구 비례대표제에서 96명, 선거구별 투표에서 146명이 선출된다. 선거는 3년마다 실시되며 정원의 2분의 1씩 교체된다. 중의원의 임기는 4년이 원칙이지만, 중의원의 조기해산이 빈번해 일반적으로 4년을 채우지 못하는 실정이다. 중의원의 의원 정원은 480명으로 소선거구제에서 300명과 전국 11개 블록 단위로 실시되는 비례대표제에서 180명이 선출된다.

국회의 상임위원회는 참의원의 경우 내각, 총무, 법무, 외교방위, 재정금융, 문교과학, 후생노동, 농림수산, 경제산업, 국토교통, 환경, 국가기본정책, 예산, 결산, 행정 감시, 의원운영, 징벌 등의 17개로 구성되어 있다. 그리고 중의원의 경우는 내각, 총무, 법무, 외무, 재무금융, 문부과학, 후생노동, 농림수상, 경제산업, 국토교통, 환경, 안전보장, 국가기본정책, 예산, 결산, 행정감시, 의원운영 및 징벌 등 17개로 구성되어 있다.

본회의는 각 원의 국회의원 전원이 각각의 의사당에 모여 의안에 대한 심의 및 최종결정을 하는 것을 말한다. 그러나 일본의 경우는 본회의 중심주의가 아닌 위원회 중심주의를 채택하고 있기 때문에 본회의에서 실질적인 논의나 결정이 이루어지는 경우는 드물다.

현행 일본 국회가 전전의 일본 국회와 크게 다른 점은 바로 위원회제도이다. 위원회제도란 안건이 본회의에 상정되기 전에 소속 의원들로 구성된 전문위원회에서 안건을 심의하는 제도이다. 전전의 일본 국회는 영국식 본회의 중심주의를 채택하였으나, 지금은 미국식 위원회 중심주의를 채택하고 있다. 따라서 일본 국회 본회의는 위원회에서 결정한 법안을 확인하기 위한 절차에 불과하다.

3) 족의원과 입법과정

'족의원(族議員)' 이란 용어는 공식명칭이나 호칭이 아닌 은어이다. 이들은 중앙관청과 국회의 상임위원회에 대응하는 형태로 당내에 설치된 정무조사회 산하의 부회(部會)에 소속되어 장기간 같은 분야의 정책결정에 참여함으로써 그 분야에 대한 고도의 전문성을 가지게 된 국회의원들이다. 따라서 이들은 특정분야의 정책결정에 강력한 영향력을 발휘할 수 있는 국회의원들이다.

재계에서는 자신들에게 유리한 방향으로 중앙관청의 정책결정이 이루어지도록 이들에게 로비활동을 하는데, 이 로비과정에서 정치자금이나 득표활동에 도움이 되는 반대급부를 제공하게 된다. 여기서 정·관·재계의 유착관계가 성립되며, 정치부패의 고리가 형성되는 것이다. 정치개혁 과정에서 이러한 족의원과 재계, 그리고 관료들과 유착관계를 단절시키기 위한 시도가 여러 차례 이루어졌으나 아직도 그 폐해가 완전히 사라지지 않고 있다.

입법부로서 국회의 주된 역할은 법률안의 심의 및 의결이다. 국회에서 심의 의결되는 법률안의 제출권은 국회의원과 내각에 있다. 국회의원이 법률안을 제출할 경우에는 의원 개인이 제출할 수 없고, 제출자 외에 중의원에서는 20명, 참의원에서는 10명(중요한 예산관계 법안의 경우는 중의원 50명, 참의원 20명)의 찬성의원이 필요하다. 이렇게 의원 개인에 의한 법안 제출을 제한하는 이유는 의원 개개인의 법안 제출에 따른 국회의 혼란을 방지하고 소수 야당의 입법 활동을 제약함으로써 정당정치의 이념을 살리는 동시에 정부·여당에게 유리하게 국회를 운영하기 위함이다.

내각 제출안은 총리대신이 내각을 대표해서 법률안을 제출하게 되어 있다. 법률안 원안은 심의회 등의 답신을 반영하여 관료에 의해 작성되어 여·야당 관계의원과 관련 성청(省廳)간의 절충이 이루어진 후, 내각법제국의 심사를 거쳐 성안(省案)으로 확정된다. 그 후 법안은 대신결재, 사무차관회의, 각료회의의 결정을 거쳐 정식으로 국회에 제출되는데, 이 과정에서 반드시 거치지 않으면 안 되는 것이 여당의 심사이다. 자민당의 경우는 정무조사회에서 전원일치로 가결된 후 최종적으로 총무회에서 당의

(黨議)로 결정되어야 한다. 연립정권의 경우에는 이 과정에서 여당, 즉 연립을 구성하고 있는 정당간에 조정이 이루어지게 된다.

국회의원 또는 내각에 의하여 국회에 제출된 법률안은 각각 중의원과 참의원에 보내져 법안의 내용에 따라 해당 상임위원회(또는 특별위원회)의 심의에 부쳐진다. 국회에서의 심의는 예산관계법 이외에는 중·참의원 어느 쪽이 먼저 심의에 들어가도 상관이 없다. 또한 국회운영위원회가 인정한 중요 법안에 관해서는 본회의에서 설명을 하는 경우도 있고, 긴급을 요하는 경우에는 국회의 결의에 따라 위원회의 심의를 생략하는 경우도 있다.

입법과정에서 나타나는 특징 중 하나는 내각제출 법률안이 의원제출 법률안에 비해 압도적으로 많고, 그 성립 비율도 높다는 것이다. 즉 의원입법의 성립율은 35.7%~16.5%인데 비해 정부 제출법안은 85.9%이다. 두 번째 특징은 법안의 심의가 위원회를 중심으로 이루어지고 있어 본회의에서의 심의는 형식적인 요식 행위에 불과하다는 것이다. 세 번째 특징은 입법과정에 미치는 행정 관료의 영향력이 크다는 점이다. 이것은 정부 제출안의 경우는 당연한 결과이나, 의원입법의 경우에도 상당부분 행정 관료의 영향력 하에 법안이 성립되기 때문이다.

정무조사회 : 자민당 내에 설치된 기구로, 이곳에서는 주로 당내 각 파벌간 또는 내각과의 정책을 조정하고 결정한다.

총무회 : 자민당 내에 설치된 기관으로 당의 최종의사결정기관이다.

3. 일본의 내각

1) 의원내각제

일본에 내각제가 처음 채택된 것은 메이지시대인 1885년이다. 현재의 내각제도는 1947년 현행 <일본국헌법>에 의해 규정되었다. 제2차 세계대전이 일어나기 전에는 내각은 국회에 책임을 지지 않았고, 국회는 내각총리대신(內閣總理大臣) 즉, 수상(首相)의 지명권과 내각 불신임권을 갖지 못했으나, 현행 내각은 행정의 최고기관으로서 국회에 대해 책임을 지고 있다. 2차 세계대전 후 행정권은 수상과 내각에만 부여되었고 천황은 행정에 관한 모든 권한을 상실한 채 상징적이고 의례적인 존재로 남았다. 수상은 각 성(省)의 국무대신(國務大臣)에 대한 임면권(任免權)을 가지고 있다. 그리고 내각은 국민의 투표로 선출된 국민의 대표에 대해 책임을 지는 것으로 정확히 규정하고 있다.

수상은 국회에서 선출되며, 일반적으로 국회 내 다수의석을 확보하고 있는 정당의 대표가 되는 경우가 많다. 국회를 구성하는 참의원(參議院)과 중의원(衆議院)은 각각 수상을 선출할 수 있으나, 만약 양원(兩院)에서 선출한 수상 후보가 다를 경우에는 중의원에서 선출된 후보가 수상이 되도록 되어 있다. 이와 같이 선출된 수상은 천황에 의해 정식으로 임명된다. 수상은 내각을 대표하고 국회에 예산안 등의 의안을 제출하며, 중의원 해산권, 헌법 및 법률 시행에 필요한 정령(政令)을 제정할 권리를 갖는다. 수상을 법률적 권한은 강력하지만 주요 정책은 집권당 내에서의 협의나 국회 내 정당간의 협의에 따르는 경우가 많다.

1955년 이후 1993년까지 자유민주당(自由民主黨. 약칭 자민당)이 장기 집권하던 당시 수상이 된 자민당 총재는 정당 내 파벌간의 세력 구도에서 선출되는 경우가 많았다. 이러한 경우 수상은 그 권한을 행사함에 있어서 소속 정당 내 파벌 구도로부터 자유로울 수 없었다. 1993년 이후 연립정권 시대의 수상은 정당간의 역학 관계에 따라 지명되기도 했다. 이러한 이유로 제2차 세계대전 이후 일본의 수상제도 하에서는 강력한 정치적 리더십을 기대하기란 어렵다는 지적이 자주 제기되었다.

내각의 권한은 행정권뿐만 아니라, 사법권, 입법권과 관련해서도 존재한다. 사법권과 관련해서는 최고재판소 장관을 지명하고 기타 최고 재판관을 임명한다. 최고재판소가 제출한 지명 명부를 바탕으로 하급재판소의 재판관을 임명한다. 입법 관련 권한으로는 법률안 제출, 임시국회 소집, 헌법 조항과 국회에서 제정된 법률을 시행하기 위한 정령제정 등을 할 수 있다.

내각은 중의원이 내각불신임 결의를 가결하거나 또는 신임 결의안을 부결할 경우, 10일 이내에 총사직하거나 중의원을 해산하고 총선거(중의원 선거)를 실시할 수 있다. 과거 중의원에서 내각불신임 결의안이 의결된 사례는 세 차례 있었다. 내각이 이러한 총선거를 시행하면 총선거 후 국회가 최초 소집될 때 총사직해야 한다. 새 내각은 새 수상이 선출되거나 중의원의 총선거 후에 조각(組閣)된다. 그러나 내각은 실제 운영에 있어서 총선거나 신임 수상의 선출과 상관없이 자주 개조(改組)된다.

내각의 각료는 수상이 임명함으로써 결정된다. 1993년 이전까지 자민당이 단독 집권했던 시기의 각료는 수상이 자율적으로 임명하기보다 자민당 내 파벌의 의석 분포 비율에 준해 파벌별로 각료수가 결정되기도 했다. 즉 파벌간의 협의에 의해 각료가 임명되는 경우가 많았다. 각료로는 중의원 의원인 경우 5선 이상의 중진의원이 주로 임명되었고, 해당 관청 업무에 대한 전문성이나 책임능력보다는 정치적 배려에 의해 결정되는 경우가 많았다. 일본 행정 시스템에서 고급 관료의 역할이 강조되는 원인의 하나는 일본 각료들의 해당 업무에 대한 전문성 결여와 잦은 교체에 기인했다고 할 수 있다. 전후 각료의 평균 재임 기간은 11.6개월로 파악되기도 했다. 현행 헌법에서는 각료의 반수 이상을 국회의원 중에서 임명하도록 하고 있다. 그러나 실제로 임명된 각료는 국회의원들이 압도적으로 많다.

일본국 헌법 제65조는 "행정권은 내각에 속한다" 고 명시하고 있고, 제66조는 "내각은 법률이 정하는 바에 의해 그 수장인 내각총리대신과 그 밖의 국무대신으로 구성된다" 고 규정하고 있다. 즉 내각은 행정의 최고기관으로 행정에 대한 최고의 책임과 권한을 갖는다.

내각은 총리의 관할 하에 있으며, 기본적인 국가행정조직으로서 1부(府) 12성(청)으로 조직된다. 각 성의 최고책임자를 대신(大臣)이라 하며 전원 국무대신이다. 내각부 및 각 성의 행정사무 중 업무의 공정성 · 중립성 · 전문성이 요구되거나 사무량이 많아 내부의 국(局)에서 처리가 불가능한 업무는 위원회나 청을 설치하여 이를 담당케 하고 있다. 즉 업무의 공정성이나 전문성이 요구되는 경우는 위원회를 사무량이 많고 업무의 독립성이 요구되는 경우는 청을 두고 있다.

2) 총리와 각료

총리(내각총리대신)의 지명권은 국회에 있다. 총리는 중참 양원에서 과반 수 이상의 득표로 지명이 결정되는데, 중참 양원의 의견이 대립될 때는 중의원에서의 의결이 우선시된다. 때문에 중의원에서 다수의석을 확보한 정당의 당수가 총리에 지명되는 것이 보통이다. 그러나 1993년 이후의 정치적 혼란 속에서 연립정권 시대가 계속되면서 총리는 정당간의 연립 또는 제휴를 통해 최대다수를 차지한 정당대표가 아니어도 가능하게 되었다. 즉 일본은 국민이 직접 총리를 뽑지 않고 의회에서 간접선거를 통해 선출되기 때문에 당리당략에 따라 소수당의 대표가 얼마든지 총리가 될 수 있다.

총리의 권한은 내각의 수반으로서 내각의 구성원인 국무대신(대신 및 장관)을 임명하고 각료회의를 주재하며 행정 각부를 지휘감독하는 한편, 내각을 대표해서 국회에 예산안 등의 의안을 제출하고 중의원을 해산할 수 있는 권한을 가진다. 또한 헌법이나 법률의 시행에 필요한 세부지침을 마련하는 정령(政令)을 제정하고, 조약을 체결하는 등 외교를 행하고, 외교안건에 관하여 국회에 보고한다. 자위대의 최고지도감독자로서 자위대의 출동을 명할 수 있는 등 헌법과 법에 명시된 총리의 권한은 상당히 광범위하다.

그러나 제도적으로 정치의 핵심적 존재인 총리는 그 지명 과정에서부터 당내의 파벌이나 당내에 있어서의 권력기반의 강약에 따라 결정되기 때문에 그 권한 행사에 있어서도 많은 제약을 받고 있다. 총리의 국정운영 능력이란 법적으로 주어진 권한보다는 타협과 조정을 통하여 상대방을 설득하고 리드할 수 있는 정치적 수완이라 할 수 있다.

일본의 내각법 제9조의 규정에 의하면 "내각총리대신에게 사고가 있을 때, 또는 내각총리대신이 자리를 비우거나 공석인 경우에 미리 정해진 국무대신이 임시로 총리대신의 직무를 수행한다" 고 되어 있는데, 이때 총리대신의 직무를 임시로 수행하는 국무대신을 부총리(정식명칭은 총리대신임시대리)라 한다. 이 규정에 의해 총리대신임시대리로 지정된 국무대신이 있고, 이 국무대신을 법령상의 명칭은 아니지만, 통상 부총리라고 부른다.

총리가 결정되면 총리는 각료를 임명하는데, 거의 모든 자료는 국회의원이 임명되고 있다. 이처럼 일본의 각료는 관료나 전문가가 아닌 정치가들로 임명되는 특징이 있다. 각료는 당내 파벌의 세력비율과 야당과의 제휴 정도에 따라 배분되고, 여당의 경우는 보통 5선 이상의 중진급 국회의원 가운데 임명된다. 이와 같이 전문성이나 능력보다는 정치적 배려에 의하여 각료가 임명됨으로써 각료의 전문성이 낮고, 이에 따라 각 성청에서의 각료의 관리·조정기능 역시 낮은 편이다. 따라서 성청의 관료기구는 관료의 최고포스트인 사무차관을 정점으로 강력히 조직되어 있고, 성청을 움직이는 것도 사무차관인 경우가 많다. 또한 논공행상적 성격의 각료인사가 주로 이루어지기 때문에 되도록 많은 의원들에게 대신을 시켜주기 위해서 자주 개각을 하는 것도 각료의 전문성 및 관리능력을 저하시키는 원인 중 하나이다. 따라서 일본의 각료는 자신의 소신을 정책에 반영한다거나 정책수립을 한다기보다는 전문가 집단인 사무차관 이하의 관료들을 잘 관리하여 그들로 하여금 자율적이고 효율적인 조직 운영이 가능하도록 조정하는 역할에 더 큰 비중을 두고 있다.

전후 수상이 국무대신을 파면시킨 예 : 1947년 가타야마(片山) 내각이 히라노(平野) 농림대신을 전쟁책임 문제로, 1953년 요시다(吉田) 내각이 히로카와 농림대신을 수상징벌회의에 출석하지 않았다는 이유로, 1986년 나카소네(中曾根) 내각이 후지오(藤尾) 문부대신을 한일합방의 책임이 한국 측에도 있다는 망언을 한 이유로 파면한 예가 있다

4. 일본의 정당

1) 전전의 일본 정당

일본에서 정당(政黨)의 효시로 불려지는 것은 1882년에 결성된 자유당(自由黨)이다. 자유당은 1870년대 권력에서 소외된 일부 메이지유신 참여세력이 메이지 신정부에 대항하여 자유 민권운동을 전개하던 과정에서 결성한 애국공당(愛國公黨)이란 결사(結社)를 모태로 출발한 일종의 정치결사였다. 이에 메이지 정부는

1882년 입헌개진당(立憲改進黨)이란 정당을 급조하여 자유당에 대항케 함으로써 전전 일본 보수정당의 원류를 이루었다. 그 후 여러 정당이 출현하여 이합집산을 계속하면서 메이지 정부의 정책결정에 여러 형태로 관여하게 된다. 처음에는 정당의 출현에 부정적이던 정부도 태도를 바꾸어 스스로 관제정당(官制政黨)을 결성하기에 이르는데, 그 대표적인 정당이 이토 히로부미가 1900년에 결성한 정우회(政友會)이다. 정우회는 입헌민정당(立憲民政黨)과 함께 전전 일본 정당의 주류를 이루면서 메이지 정부의 옹호세력 내지 관당(官黨)의 입장을 유지하였다. 또한 사회주의 계열의 정당도 일찍부터 출현하였는데, 이러한 사회주의 계열의 정당은 정부의 혹심한 탄압을 받아 정상적인 활동을 할 수 없었기 때문에 지하에서 비밀결사조직으로 그 명맥을 유지하는 정도였다.

전전 일본 정당의 전성기는 1920년대의 소위 다이쇼데모크라시 시대이다. 1924년에는 정우회・헌정회・혁신구락부의 세 정당으로 이루어진 이른바 호헌삼파(護憲三派)가 관료내각을 누르고 정당내각을 구성한 것이다. 이후 정당세력은 전통적인 보수세력을 누르고 1932년 5・15사건에 이르기까지 정당정치의 황금기를 누리게 된다. 그러나 1930년대부터 정치에 대한 군부의 입김이 거세지면서 정당은 계속 쇠퇴의 길을 걷게 되고, 드디어 1940년 정우회, 민정당(民政黨) 이하의 모든 정당은 해체되고, 1국 1당의 국민조직이라는 미명 아래 대정익찬회(大政翼贊會)로 재편되어 정부의 뜻을 전달하는 상의하달기구로 전락한 후 패전을 맞이하게 된다.

2) 전후 정당의 부활과 55년 체제

일본이 태평양전쟁에서 패하고 GHQ의 점령하에 들어가면서 많은 정당들이 부활, 또는 창당되었다. 즉 보수계에서는 1945년 11월 구정우회계를 중심으로 일본자유당(日本自由黨)이 결성되었고, 구민정당계는 일본진보당(日本進步黨)을 결성하였다. 같은 해 일본협동당(日本協同黨)도 결성을 보게 된다. 또한 사회주의 계열에서는 같은 해11월 일본사회당(日本社會黨)이 결당되고, 공산당 역시 일본공산당(日本共産黨)이라 당명으로 활동을 재개하였다.

1955년 중반까지 보수계열의 정당들은 일본자유당이 자유당으로 당명을 개정하여 활동하고 있었고, 일본진보당과 일본협동당은 몇 번의 당명 개정과 통합과정을 통해 일본민주당(日本民主黨)으로 통합되어 있었으며, 사회당은 좌·우파로 분열되어 대립하고 있었다. 55년 체제란 위와 같이 좌우로 분열되어 있던 사회당이 1955년 10월 통일되고, 같은 해 11월 자유당과 일본민주당이 합당하여 자유민주당을 결성함으로써 보수·혁신의 양대 정당구도가 확립되었는데 이 정치시스템을 55년 체제라 한다. 1993년 호소카와(細川) 연립정권의 등장에 의해 붕괴되기까지 38년간 지속된 55년체제는 다음과 같은 특징을 갖는 일본 특유의 정당체계였다.

첫째, 일당 우위적 정당제이다. 즉 자민·사회의 양당체제가 구축되었으나, 양당 간에 정권교체가 이루어지는 2대 정당제가 아니라 자민당이 일방적으로 정권을 담당하는 일당 우위제였던 것이다.

둘째, 보수·혁신의 대립구도가 확립되었다는 점이다.

보수와 혁신은 정치노선에서 정면으로 대립하였는데, 우선 보수는 개헌 내지 확대해석을 주장하고, 미일안전보장조약을 축으로 서방 중시 정책을 편 반면, 혁신은 호헌과 비무장중립을 주장하였다. 또한 사회 내부의 방식에 관해서도 보수가 일본 사회의 전통적 질서와 가치관을 중시한 반면, 혁신은 전전의 군국주의와는 단절되어야 한다는 측면에서 전통을 부정하였다.

셋째, 특징은 이러한 정치 대립의 현안들이 의회 내에 수렴되어 해결을 모색하게 되었다는 점이다.

3) 일본정당시스템의 특색

일본의 근대적 정당 시스템은 1870년대 자유민권 운동을 주도했던 세력들에 의해 최초로 결성되었다. 1890년 국회가 개원되면서 내각은 근대적인 정당 간의 정권 교체로 이루어졌다. 천황 주권이 인정되는 군주제였지만, 일정 수준의 민주적 정당 정치는 1930년대 말 군국주의 정권이 득세하기 전까지 계속되었다.

제2차 세계대전 이후에도 정당의 난립과 이합집산은 계속되었다. 1955년 10월, 우파와 좌파로 분열되었던 일본 사회당(日本社會党)은 재통합되어 진보계 정당 세력을 대표했다. 진보계 정당의 결합에 위협을 느낀 보수 진영은 그 해 11월 자유당과 민주당이 통합해 자유민주당을 출범시켰다. 이로써 진보계를 대표하는 일본 사회당과 보수계를 대표하는 자민당이 일본 정당의 대립구도를 완성하면서 소위 '55년 체제'를 이루게 된다. 자민당은 1955년 이후 국회 양원에서 과반수 의석을 차지하며 1993년까지 장기집권을 이어나갔다. 이 시기의 자민당은 의회 내 절대 과반수 의석을 차지했고, 일본 사회당은 자민당 의석의 2분의 1 수준을 유지했는데, 이러한 일본의 정당 시스템을 1.5정당 시스템이라고도 한다. 자민당은 연합군에 의해 강제된 1947년의 일본헌법을 개정하고 경찰력을 확대하면서, 1960년 미일안전보장조약을 개정해 미일 동맹 관계를 강화하는 정책을 지지했다. 이에 반해 일본 사회당은 현행 헌법과 미일안전보장조약의 개정에 반대하고 미일 동맹 관계를 거부했다. 1964년에는 중도노선을 지향하는 공명당(公明黨)이 탄생했고, 1970년에는 일본 사회당의 우파가 탈당해 민사당이 창당되었다. 이때부터 일본의 정당시스템은 기존의 일본공산당을 포함해 다당제(多黨制) 정당 시스템이 형성되었다. 1970년대까지 자민당은 집권정당으로서 경제 발전 및 기업 위주의 정책에 치중했다. 이에 주택문제, 공해와 오염문제, 지가 급등 문제가 제기되었다. 1970년대 이후 자민당 정치인들의 독직 사건이 빈발하면서 자민당에 대한 일반 국민들의 지지가 감소했다. 한편 일본 사회당은 미일안전보장조약의 현실적 필요성을 부인했고, 각종 정책대안능력에 있어서도 신뢰를 얻지 못했다. 다만 자민당의 독주를 견제하고 현행 평화헌법을 수호하는 역할만이 기대되었을 뿐이다.

1980년대 후반 이후 탈냉전에 따른 혁신세력의 입지 약화, 연이은 자민당의 정치 부패와 금권 정치에 대한 국민의 반감 확산으로 정치 불신이 팽배하자, 일본정계에는 정치개혁이 초미의 관심으로 대두되었다. 당시 정치개혁은 돈 안 드는 선거와 정책정당중심의 선거를 위한 선거자금의 제한, 처벌규정의 강화, 국고부담에 의한 정당조성, 중선거구제의 개정 등을 중심으로 논의되었다. 특히 55년 체제를 유지해 온 중선거구제도의 개정은 자민당 일당지배의 붕괴이후 제기된 정치개혁의 핵심적인 내용이었다. 자민당 일당 우위 제에서 벌어진 금권정치와 부정부패 사건은 정치적 불신을 팽배하게 하였으며, 이러한 모순이 발생하게 된 제도적 요인으로 중선거구제도에 주목한 정치권은 이를 개정하는 것이 정치 불신을 극복하는 방법이라고 생각하였다. 따라서 선거제도 개혁의 핵심이 소선거구제의 도입을 통한 정당과 정책중심의 선거경쟁, 양당제 지향 등이었다.

이러한 정치개혁을 둘러싼 갈등이 자민당의 분열을 가져왔다. 1993년 본 현행 중선거구제의 개정 등을 주요 골자로 하는 정치제도 개혁 법안이 폐안되면서 자민당 내 오자와 이치로 중심의 정치개혁세력이 사회당, 공명당, 민사당과 공동으로 미야자와 내각의 불신임안을 가결하여 중의원은 해산되었다. 이어 자민당의 탈당자들이 새로운 정당 신당사키가케와 신생당을 잇달아 창당하였다. 결국 앞에서 언급한 데로 1993년에 실시된 중의원 선거에서 자민당은 과반수 의석을 획득하지 못하였다. 결국 자민당을 제외한 대부분의 정치세력이 연립정권을 구성하여 호소카와 내각을 발족시키면서 보혁 양당구도인 55년 체제는 종식되었다.

4) 일본의 파벌정치

일본 정당정치의 대표적인 특징 중 하나가 파벌정치라는 것은 잘 알려진 사실이다. 특히 자민당은 일종의 파벌연합체에 불과하다는 비판을 받을 만큼 파벌간의 역학관계에 의해 당이 운영되고 정책이 결정되었다.

'파벌(派閥)'이라는 말은, 파는 종교나 학문, 정치 등의 세계에서 주의주장을 같이하는 그룹으로, 종파, 학파, 당파 등이 그것이다. 벌은 출신지나 출신배경을 같이하는 그룹으로, 학벌이나 군벌 등의 경우 사용한다. 일본의 정당조직에서 파벌이 존재하는 것은 자민당만이 아니다. 2009년 8월에 역사적인 정권교체를 이룩한 민주당도 원래 자민당 출신인 오자와 이치로 등을 중심으로 파벌정치는 아직 지속되고 있다고 볼 수 있다. 과거 사회당에도 파벌이 존재하였으나, 사회당의 파벌은 이념이나 정책에서 노선을 달리하는 두 그룹이 우파와 좌파로 나뉘어 있었다는 점에서 파벌의 전형적인 형태라 할 수 있고, 이러한 파벌현상은 조직상의 상이점은 있을망정 세계 어느 나라에서나 보편적으로 발견되는 현상이다.

그러나 이전의 자민당의 파벌은 위와 같은 일반적 형태의 파벌과는 달리 정치적 주의 주장이나 출신 배경과는 관계없이, 정치적 이해관계를 축으로 당내에서 강력한 영향력을 가지고 있는 지도자(대부분 총리·총재 후보자)를 중심으로 형성된 의원 집단이다. 파벌의 기본구조를 보면 파벌의 보스는 소속 의원들에게 정치자금 배분과 선거협력 등을 통하여 소속 의원을 관리하고,

소속 의원들은 파벌 보스가 총재·총리취임 등 정치력을 유지할 수 있도록 적극 지원하는 것이다. 자민당의 파벌은 '당 중 당'이라 할 만큼 구성원의 충원, 자금조달, 조직력 등에서 정당을 능가하는 기능을 발휘하였다.

자민당의 이러한 파벌정치에 대한 평가는 1980년대 말 정치부패의 주된 원인으로 지적되어 결국 파벌해체에 이르게 되었으나, 파벌정치의 공과(功過)에 관해서는 한마디로 단정할 수 없고, 부정적 측면이 상존했다고 보아야 한다.

우선 파벌정치에 대한 부정적 견해로는, 파벌정치가 당을 분열시키고 건전한 당 운영을 불가능케 하며, 파벌 내의 조직체계가 수직적으로 이루어져 있기 때문에 의원 간의 수평적 의사소통에 방해가 된다는 것이다. 뿐만 아니라 연공서열에 따른 각종 보직의 배분은 능력 있는 신인 정치인의 출현을 가로막는다는 것이다. 그러나 무엇보다도 파벌정치의 폐해는 파벌조직을 유지하기 위한 정치자금 모금 과정에서 빚어지는 갖가지 부정이다. 록히드사건이래 리쿠르트사건, 사가와큐빈사건 등 정치적 부정사건에는 예외 없이 파벌 보스들이 연루되어 있는 것이 이를 잘 증명하고 있다.

그러나 자민당의 파벌정치가 당내 민주주의의 한 장치로서 정권교체의 기능을 담당하였다는 견해도 있다. 즉 몇몇 파벌이 교대로 당내의 주도권을 장악함으로써 수상이 교체되는데 이것이 결국은 정권교체와 같은 역할을 한다는 것이다. 따라서 자민당의 장기집권이 가능하였던 이유도 이러한 의사정권교대(擬似政權交代)가 이루어졌기 때문이라고 보는 것이다.

5) 55년체제 이후의 정치개혁

호소카와 내각은 선거제도의 개혁을 중심과제로 추진하였으며, 소선거구 비례대표 병립제, 독일식 소선거구 비례대표 병용제, 중선거구 유지, 완전 비례대표 병립제를 중심으로 한 정치개혁법안의 성립이 추진되어, 연립여당과 자민당 공동으로 1994년 3월 중의원과 참의원을 통과되었다. 이 제도는 대정당에 유리한 소선거구제를 주장하는 자민당과 소수정당에 유리한 비례대표제를 주장하는 사회당이나 공명당 등 야당 간의 타협의 산물이었다.

새롭게 통과된 선거제도는 소선거구제로 300명의 의원과 비례대표제로 200명의 의원을 뽑는 병립 제였다. 유권자는 소선거구의 후보자토표와 비례대표를 위한 정당투표라는 2표를 행사한다. 일반적으로 다수대표제인 소선거구제는 거대정당에게 유리하여 양당제 확립과 정치적 안정을 촉진하다고 지적된다. 이러한 소선거제도는 이권과 직결되는 자민당 내의 파벌정치를 청산하고 정당 및 정책중심의 돈 안드는 깨끗한 선거를 실현하기 위해 도입되었다. 비례대표제는 전국을 11개 블록으로 나누어 각 정당별 득표수에 따라 의식을 배분한다. 비례대표 후보명부에 소선거구에 출마한 사람도 등재할 수 있는 중복입후보가 허용됨으로써 소선거구에서 낙선한 사람에 비례대표로 당선될 수도 있었다. 이로써 55년 체제를 지탱하였던 중선거구제를 대신하여, 소선거구제를 핵심으로 하는 새로운 정당정치의 시대가 개막되었다.

일본의 정당정치는 변하기 시작하였고 55년 체제의 보혁 대결구도는 사라졌다. 혁신계 정당은 이제 군소정당으로 전락하였고, 그 정치적 영향력은 사라졌다. 소선거구제가 기축이 되는 현행 선거제도에서 혁신계 정당들이 재기할 가능성은 그리 높지 않다. 결국 55년체제의 붕괴는 일본정당정치의 "총여당화 현상"을 가져왔다. 모든 정당이 잠재적인 여당이 되고 정당간의 정책차이는 소멸되었다.

일본의 정당구도는 보수-보수의 대결이고, 양당제로 나아가든 다당제로 나아가든 그 정치지형은 매우 축소되었음은 확실하다. 자민당 지배의 종언은 선택의 폭을 넓힌 것이 아니라 더욱 좁히고 말았다. 현재 보수화-우경화의 정당정치적 기반이 확고해지고 있다는 것은 일본정치에 있어서나, 동아시아에 있어서 많은 우려를 던져주고 있다.

6) 일본의 주요 정당

(1) 자유민주당

통칭 자민당으로 불리는 자유민주당은 1955년 11월 15일 자유당과 일본민주당이 합당하여 결성된 보수정당이다. 정치이념은 평화주의, 민주주의, 의회주의를 표방하고, 경제정책은 자본주의 경제체제를 기본으로 사회주의에 대항하는 여러 조류를 폭넓게 수용한다. 일본의 전통적 질서와 가치관을 존중하고, 대외정책은 친미·친서방정책을 기조로 한다. 방위는 미일안보조약의 틀 안에서 점진적인 자위력 증강을 실현한다는 입장을 견지한다. 헌법 개정 문제에 관해서는 당 강령에 '자주적 개정' 조항이 들어 있어

1950, 60년대엔 개헌논의의 움직임이 있었으나, 70, 80년대에는 소강상태를 유지하였고, 90년대 이후 다시 거론되다가 2005년 11월 22일 창당 50주년 기념 당 대회에서 "신헌법 초안"을 정식으로 발표하였다

당의 내부조직은 상당히 느슨한 편이고, 대신 파벌조직이 잘 발달되어 파벌의 역학관계에 의한 인사 및 정책결정이 이루어지는 특이한 운영체계를 갖고 있다.

자민당은 1993년 총선에서 패배하여 공산당을 제외한 비자민 연립내각 등장으로 정권을 상실하여 55년체제 붕괴를 초래하였다. 그러나 1994년 6월 30일 일본사회당·신당 사키가케와 연합해 일본 사회당의 무라야마 도미이치를 총리로 하는 연립 내각을 구성하여 여당으로 복귀하였고 1996년 1월 11일 연립내각에서 하시모토 류타로가 총리가 되었다.

2009년 8월 30일 중의원 의원 선거에서 119석(정수 480)을 얻어 308석을 얻은 민주당에게 참패하여, 1955년 보수대연합으로 탄생한 자민당천하는 54년 만에 괴멸하였다. 또 2010년 4월 11일에는 자민당 강경파의원 6명이 당의 노선과 운영을 비판, 탈당하여 신당 '일어나라 일본'을 창당해 의석수가 이제 113석으로 줄었다.

그러나 2012년 12월 16일 벌어진 일본중의원 선거에서 집권여당인 민주당은 57석으로 참패하여, 3년 3개월의 짧은 집권을 마감 지었다. 반면 자민당은 총의석 480석 중 294석을 얻어 단독과반수로 화려하게 복귀하였다. 연립여당 파트너인 공명당 31석을 합치면, 일본 집권여당은 2/3석이 넘는 325석을 확보하여 안정적으로 중의원을 장악하였다.

2014년 14일 치러진 일본 총선(중의원 선거)에서도 또 전체 475석 가운데 자민당이 과반경계 238석을 단독으로 훨씬 넘는 291석을 얻어 공명당 35석과 함께 연립여당이 압승을 거두었다. 아베가 추진하는 평화헌법개정추진에 더욱 힘이 실어질 것이 예측된다.

그러나 일본 아베 신조 정권이 이끄는 자민당이 14일 총선에서 압승을 거뒀음에도 불구, 내각 및 정당 지지율은 하락하거나 제자리걸음인 것으로 드러났다.

요미우리신문이 15, 16일 실시한 여론조사에 따르면 아베 내각 지지율은 51%로, 11월 조사에 비해 2%남짓 상승하는 데 그쳤다. 특히 총선 전 41%에 달하던 자민당의 지지율은 36%로 떨어졌다. 중의원 전체 의석 475석 중 291석을 획득하는 압승을 거둔 것은 열기 없는 선거의 결과에 지나지 않음을 입증한 것이다. 요미우리신문은 2005년 이후 치러진 중의원 선거에서 압승한 정당의 지지율은 해산 직후에 비해 8~16% 포인트 상승했으나, 이번처럼 떨어진 것은 이례적이라고 분석했다. 2005년 국회 해산과 더불어 총선을 치러 대승을 거둔 고이즈미 준이치로 전 총리의 지지율은 해산 전 48%에서 61%까지 치솟았다.

요미우리에 따르면 자민당의 승리한 이유에 대해 응답자의 65%가 '그나마 다른 정당보다 낫기 때문'이라고 답했다.

2017년 8월 현재 자민당 국회의원수는 중의원 전체 475석 중 287석(61%), 참의원은 전체 242석 중 124석(50%)을 차지하고 당원수는 1,043,790명이며 현재 아베의 지지율은 46%다.

(2) 민진당 (구민주당)

1996년 당시 원내3당 이었던 간 나오토 중심의 일본 사회민주당의 탈당파와 하토야마 유키오 등을 중심으로 한 신당 사키가케출신 의원들이 모여서 만든 정당이다. 1996년 총선에서도 52석이었으나 신진당이 해산된 이후 이합집산 되면서 그나마 세가 있었던 민주당이 중심축을 잡으면서 민주개혁연합, 태양당 등의 여러 군소정당이 민주당에 병합되어 중의원 97석으로 세가 급속히 커졌다.

1998년 참의원 선거에서 27석을 확보하고 2000년 총선에서 127석으로 의원수를 늘렸으나, 2001년 참의원 선거에서 부진하고 고이즈미 총리의 지지율이 높아지자 오자와 이치로의 자유당이 민주당에 합류하는 방식으로 합당하였고, 합당 이후에 치러진 2003년 총선에서 177석을 확보, 1958년 총선거 때 일본사회당이 기록한 166석의 기록을 깨며 선전했다.

그 후 2004년 참의원 선거에서 역시 1956년에 일본사회당이 기록했던 49석의 기록을 갱신하고 50석을 확보하면서 1989년 이래 야당으로써 처음으로 자민당을 앞서는 등의 선전을 거두었으나 2005년 중의원 선거에서 113석의 의석을 확보하는데 그치면서 참패하였다. 그러고 2007년 통일지방선거에서도 패배했으나 2007년 참의원 선거에서 아베의 실책에 힘입어 60석을 확보했고 이후 자민당 정권의 실책에 힘입어 선거에서 연이은 승리를 거두었지만 오자와 이치로의 정치자금 문제가 불거지면서 오자와가 사퇴하고 하토야마가 대표를 역임하게 되었다. 55년 체제 최초의 정권 교체는 바로 이 때 거둔 것이다.

정책적으로 가장 주목할 만한 것은 민주당의 지방분권주의. 자민당이 중앙정부 중심적이었다면 민주당은 지방분권과 지자체의 고도자치화를 목표로 하고 있다. 그래서 자민당이 도쿄대 출신들이 많다면, 민주당 의원후보들은 그 지방에서 대학을 나오고, 그 지방에서 활동해온 사람들이 후보로 나오는 경우가 많다.

민주당은 2009년 8월 30일의 중의원선거에서 전체 480석 중 308석을 획득. 자민당이 창당된 뒤 처음으로 선거를 통해 자민당을 누르게 된다. 여기에 사민당, 일본공산당 등 다른 (기존)야당계 정당을 합치면 340석으로 개헌도 가능하다. 반면 자민당은 당초 예상치였던 150석도 못 건지는 119석. 멀티격인 공명당을 합쳐봤자 140석으로 주저앉아 버렸다. 말 그대로 민주당으로서는 폭풍 승리이며, 자민당은 당의 생사를 걱정해야 할 정도가 된 상황. 2009년 당 대표 하토야마 유키오는 2009년 총선승리 뒤 총리가 되었다.

하토야마는 초기 압도적인 지지 속에 집권 한 뒤 "우애"를 내세우며 일본의 새로운 리더십을 보여주는 듯 했으나, 정치자금 문제로 계속해서 잡음이 일었고, 일본에 산재된 문제해결이 지지부진해 지지율이 떨어져 급기야 70%대 지지율이 8개월 사이에 10%대로 급락하였다.

하토야마 총리의 후임으로는 부총리였던 간 나오토(管直人)가 총리로 선임되었다. 간 내각은 내각 대신들도 젊은 피 중심으로 교체하였고, 결정적으로 "탈 오자와"를 거론하며 인적 쇄신을 가하기 시작했다. 간 총리부터가 서민 집안 출신의 자수성가형 총리인데다 주요 대신들이 40대라는 젊은 이미지를 등에 업고, 국책사업 예산조정 등 호평 받은 정책을 계속 이어가려고 하는 의지를 보여, 민주당의 지지율은 총리 교체 후 근 60%까지 상승하였고, 자민당은 답보 상태로 참의원 선거까지 낙관하게 되었다. 그러나 2010년 7월 11일의 결과는 예상보다도 참혹했다. 민주당 44석, 자민당 51석. 과거 자민당 탈당세력인 민나노당 10석, 일어나라 일본 1석, 신당개혁 1석으로 선전했다. 단독과반을 위한 60석은 물론이고 목표였던 54석도 되지 못했다. 연립여당인 국민신당은 한 석도 얻지 못했다. 간 총리는 사임을 하지 않겠다고 밝혔지만 소득세 인상문제 때문에 오자와 세력의 반발을 피할 수 없었다.

정국의 난맥상 속에 조기 총선거를 포함한 모든 변수는 도후쿠 대지진과 후쿠시마 원자력 발전소 사고가 일어나면서 묻혀버렸다. 간 나오토는 임기는 늘리는데 성공했고, 총선거의 위험부담도 사라졌지만, 소득세 인상문제로 비판여론에 시달렸고 초기대처에 비해 그다지 좋은 지도력을 보여주지 못하면서 2011년 전국동시지방선거에서 참패해버리고 말았다.

결국 노다 요시히코 총리가 중의원 해산을 선언하면서 희망이 없어졌다. 노다 총리는 세습 의원들의 공천탈락 등의 강수까지 둬가면서 선거에 임했으나 선거 결과 전망은 민주당이 100석도 확보하기 어렵다는 전망이 우세해 절망적인 상황이 되었다. 결국 선거결과 57석을 확보하는데 그치고 3년 3개월의 짧은 집권을 마감 지었다. 1996년 중의원 총선에서 52석을 얻은 다음으로 가장 저조한 의석이었다.

그 후 2014년 12월 14일에 실시한 중의원선거에서 73석으로 다소 회복했지만 여전히 부진하다. 여론조사에서 민주당 부진에 대해서는 61%가 신뢰가 아직 회복되지 않았다고 응답했다. 2009년 집권 후 당 내부 갈등을 겪으며 몰락한 데 대한 실망감이 여전한 것으로 드러났다. 반면 응답자의 82%는 자민당에 대항할 수 있는 야당이 필요하다고 인식, 야당 정계 개편에 대한 기대감이 높은 것으로 확인됐다.

2016년 2월 22알 민주당의 오카다 가쓰야와 유신당의 마쓰노 요리히사 두 대표가 민주당은 유지하며 유신당을 흡수하는 형태로 신당을 결성하기로 합의했다. 3월 3일 부터 국민을 대상으로 당명을 공모했으며, 민주당 측이 제안한 '입헌민주당'과 유신당 측이 제안한 '민진당' 가운데에 협의와 여론조사를 거쳐 3월 17일 당명은 민진당(民進黨)으로 결정하였다. 뜻에 대해선 "쇄신 이미지를 강화하기 위해 '민주(民主)'라는 문자를 남기지 말고, 국민과 함께 앞으로 전진하는 당을 목표로 하자는 취지로 제안된 것"이라고 밝혔다. 3월 22일 개혁결집회 소속 의원 5명 중 4명이 민진당으로 합류했다. 3월 27일 , 창당대회를 통해 정식 출범하였다.

당 강령은 1. 자유와 민주주의에 입거한 헌법을 지킨다. 2. 공생사회를 만든다. 3.미래로의 책임 개혁을 미루지 않는다. 4. 사림에 대한 투자로 지속 가능한 경제성장르 실현한다. 5. 나라를 지키는 국제 사회의 번영과 평화에 기여한다. 이며 초대 대표는 오카다 가쓰야(岡田克也:2016년 3월 27일~9월 15일)가 맡았다.

2016년 7월 10일 치러진 제24회 일본 참의원 통상선거에서 아이치, 미에, 홋카이도, 시즈오카 4개현의 8개 선거구 중 아이치, 홋카이도, 시즈오카에서 각 1석씩 총 3석을 차지했었다. 현재 중의원 94석, 참의원 48석 합계 142석의 제2당 자리를 유지하고 있다.

(3) 공명당

소카갓카이(創價學會)라는 일본 불교 니치렌 정종(日蓮正宗)의 재가 신앙자단체를 모체로 한 정당이다. 1970년에는 언론·출판 방해사건을 계기로 정교분리를 선언하고 소카갓카이와의 공식적인 관계를 단절했으나 구성원이나 지도 측면에서 관계가 지속되고 있다.

1962년 참의원선거에서 소카갓카이의 후보자 9명을 당선시켜 민주사회당을 누르고 참의원 내에서 제3당의 위치를 차지했다. 1964년 공명당이 창당된 후 1965년에는 소카갓카이와 공명당의 후보가 참의원에서 20석의 의석을 차지했다. 1967년에는 처음으로 중의원선거에 참가하여 공명당이 25석의 의석을 획득했고 1979년에는 2배가 넘는 57석을 차지했다. 1994년 노선 분열로 해체한 뒤 1998년 자유민주당과의 연정을 위해 다시 공명당으로 창당하였다. 이 이후 자민당의 1차 연정 파트너로, 대체적으로 자민당의 멀티 내지는 빵셔틀로 취급받는다. 하지만 자민당측도 공명당의 지지기반 창가학회의 응원 없이는 선거에서 처 버리는 신세다.

오사카나 고베 같은 칸사이(關西) 지역을 연고지로 하고 있다. 칸사이 지역정당인 일본 유신회의 성장에도 불구하고 칸사이 지역의 현역의원들을 수성하였고, 다른 지역에서도 지역구 의원을 배출함으로써 2012년 12월 16일 중의원 총선에서 21석에서 31석으로 의석을 늘리는데 성공했다. 이 선거에서 공명당은 지역구 후보 사표(死票) 0%를 기록했다. (지역구 후보 모두 당선) 사실 이건 공명당이 지역구 후보를 9명만 공천했기 때문이다. 비례대표에서는 45명을 공천했고 22명이 당선되어 절반 정도의 생존율을 보였다.

정치적 노선으로만 보면 보수주의를 따르고 창가학회의 종교적 교리를 따라 약자구호와 복지차원에 특화된 정당이다. 다만 창가학회와 공명당의 직접적인 연관관계는 1970년에 창가학회가 공명당을 뒤에서 지원만 하고 공명당 내에 창가학회 고위직을 파견하지 않고, 창가학회의 교리를 지우는 등의 노력을 했기 때문에 없는 편이다. 물론 창가학회가 공명당에게 조직표를 갖다주기는 한다.

자유민주당보다는 보수색이 옅고 특히 한국에 우호적인 입장을 취해 와서 그나마 자민당이 극우로 치닫는 것을 막는 역할을 하였다. 특히 자위대의 국방군 재편 및 평화헌법 폐기를 반대하고 있어 자민-공명 연립정권에서도 극우 개헌의 최종 저지선을 지키고 있다. 또한 일본에서 창가학회를 부정적으로 생각해서 기피하는 사람도 있지만, 일단 노골적인 종교정당은 아니라서 일본 정당 중에서도 상당히 개념 잡힌 정당 중 하나다.

공명당은 늘 집권 자민당에 도전하기 위해 공산당을 제외한 중도좌파와의 제휴를 꾀하고 있다. 또 '인간주의적 사회주의'를 내걸고 공개적·자주적 외교정책을 펼 것을 주장하고 있으며, 특히 미·일 안보조약의 점진적 폐지운동을 벌이고 있다. 또한 그 지지기반인 창가학회의 영향력은 거대하여 상기했듯이 공명당의 응원 없이는 자민당은 선거도 제대로 못한다. 과대평가가 아니라 시민사회 자체가 형식적으로 변질된 현재 일본 사회에서 조직화된 투표활동이 가능한 집단은 창가학회가 유일하다. 일본 유신회도 그 영향력에 본진 오사카를 지키기 위해 선거 협력하다가 관서지방을 제외한 지역구에서 참패했다.

그래서 2013년 8월, 헌법 개정에 고유의 색깔을 드러내기 시작했다. 기본 골자는 기존 헌법을 그대로 두고, '자위대의 존재'에 대해 추가하여 UN 평화유지군 활동에 참가하기 위한 근거를 명기하고, 환경권 등도 새롭게 추가할 방침이라는 것이다. 또한 2014년 4월 22일, 야마구치 나쓰오 공명당 대표는 아베 내각 각료들의 야스쿠니 참배가 옳지 않다며 비판하고 별도의 추도시설 건립에 대해 다시 거론했다

2014년 5월 15일 집단적 자위권에 대한 내각회의 결정이나 자민당과의 협의 문제에서도 아베내각의 우경화 행보를 견제하고 있다. 게다가 공명당을 구슬리려고 자민당이 타협안까지 내놨지만 공명당에서는 반대 입장이 요지부동이라는 사실과 집단적 자위권이 아니더라도 개별 자위권과 경찰력으로의 대응체제 확립을 주장하고 있다.

공명당이 이렇게 명목상 자민당과 아베 정권에 끌려가는 모양새가 나오자 일각에서는 공명당이 '권력에 취했다' '평화의 당의 취지가 무색하다'는 비판이 나왔다. 반대로 공명당이 존재했기에 그나마 아베 정권이 집단자위권 발동에 제한적인 조건이 가중되었음을 지적하며 공명당도 거수기 노릇만 한 건 아니라는 반박도 나오고 있다.

2016년 7월 10일 치뤄진 참의원 선거 후 현재 공명당은 중의원 35석, 참의원 25석 합계 60석의 제3당이며 자민당과 함께 집권여당을 유지하고 있지만 여전히 견해 차이는 많다.

2017년 8월 6일 공명당 야마구치 나쓰오 대표는 일본 주요 정당 대표로는 처음으로 일본 히로시마 평화공원 내에 있는 한국인 원폭 희생자 위령비를 찾아 헌화하였다. 또 8월 8일에는 우오즈미 유이치로 참의원, 고시미즈 게이지 중의원 등 공명당 의원 5명이 서울 서대문형무소 역사관을 찾아서 '순국선열 추모비'에 헌화하고 유관순 열사가 수감됐던 옥사와 사형장을 둘러보았다. 이같이 아베 자민당과는 역사관에서 큰 차이를 보이는 행보를 하고 있다.

(4) 일본공산당

1922년 7월, 가타야마 센(片山潛), 사카이 도시히코(堺利彦), 와타나베 마사노스케(渡邊政之輔), 도쿠다 규이치(德田球一) 등에 의해 결성되었다. 결성 이듬해 6월 제1차 공산당 검거사건으로 다수의 간부가 체포되었고, 1924년 야마카와 히토시(山川均)의 해당 제안에 의해 해산되었다. 1926년 비합법적으로 후쿠모토 가즈오(福本和夫)의 이론에 입각해 재건대회가 개최되었지만 1927년 코민테른의 '27테제'에서 야마카와, 후쿠모토가 모두 비판을 받은 후 와타나베 등의 신집행부체제 아래 재건계획이 추진되었다. 그러나 1928년 3·15사건, 1929년 4·16사건에 의한 검거와 잇따른 탄압으로 재건활동이 와해된 후 지하활동으로 들어갔다.

제2차 세계대전 후 1945년 10월 10일 도쿠다 규이치, 시가 요시오(志賀義雄) 등의 간부가 출옥하고 노사카 산조(野坂參三)도 중국에서 귀국하여 당이 재건됨으로써 비로소 합법정당이 되었다. 1946년 4월 종전후 최초로 실시된 총선거에서 5명, 1949년 1월의 총선거에서는 35명이 의석을 차지했다. 1950년 1월 코민포름으로부터 점령군을 해방군으로 규정한 오류 및 평화혁명론의 환상을 비판받은 후, 당내는 소감파(所感派)와 국제파로 분열하여 수년에 걸친 항쟁을 펼치게 되었다. 게다가 1950년 6월 연합군총사령부는 공산당중앙위원의 추방령을 발포하고 기관지 '아카하타(赤旗)'를 발행금지 시켰다. 이때문에 당은 반비합법적 상태가 되고 지도자 도쿠다는 중국으로 건너갔다. 1951~52년 화염병투쟁 등의 극좌모험주의적 전술은 당원의 격감과 대중의 지지를 잃는 결과를 가져왔다. 1955년 제6회 일본공산당 전국협의회를 계기로 1950년 이래의 분열상태를 극복하고 평화혁명노선으로의 재전환을 도모했다. 1961년에는 가스가 쇼지로(春日庄次郞) 등의 구조개혁파(構造改革派)가 대량으로 이탈했고, 1964년에는 소련파 시가 요시오 등이 제명 또는 탈당했으며, 1966년에는 중공파가 제명당하는 등 대규모적인 조직변동을 거쳐 미야모토 겐지(宮本顯治) 체제하에 자주독립노선으로서 일체화되었다. 이 시기까지는 소련과 중국 공산당의 영향력 하에 있었으나, 중·소 핵실험 논쟁을 계기로 자주독립 노선을 확립하였다.

당원수는 약 30만 명 정도이며, 1972년 12월 중의원선거에서 38명을 당선시킴으로써 일거에 제2야당이 되어 주목을 받았다. 그러나 1976년 12월의 중의원 선거에서는 17의석으로 후퇴하자,

당 강령에서 프롤레타리아 집권이라는 용어도 삭제하였다. 또

한 마르크스·레닌주의라는 용어를 '과학적 사회주의'로 바꾸어 전투적 이미지로부터의 탈피를 꾀하였다. 국내정치 문제에 대해서는 미일안보조약의 파기, 일본의 평화·중립화, 헌법 개정 저지, 자위대의 해산 등의 입장을 견지하고 있다. 그러나 동 당은 1970년대 이후부터는 이데올로기적 투쟁에 몰두하기보다는 오히려 서민들이 당면하고 있는 일상 문제, 예를 들면 공해, 세금, 물가, 교통, 의료 등의 해결에 도움을 주는 실용적인 정당으로 탈바꿈하였다. 따라서 현재 일본 국민의 대다수는 일본공산당을 더 이상 혁명정당으로 보고 있지 않다.

1977년 7월의 참의원선거에서도 당세 만회에 실패했다. 다시 1979년 10월 총선거에서 39석을 획득했으나, 1980년 6월 중의원·참의원 동시선거에서 부진을 면하지 못하여 중의원에서는 29개 의석을 획득하는 데 그쳤다.

2009년에는 민주당, 자민당, 공명당, 민나노당에 이어 원내 진입을 원내 제5당으로, 참의원 6석, 중의원 9석을 차지하였다. 일본공산당원은 1990년 50만 명을 정점으로 1994년에는 40만 명 안팎까지 감소했지만 2007년 9월에서 2008년 12월까지 약 1만4천 명이 새로 입당했다. 2012년 총선에서 현상유지를 했다가 2014년 중의원선거에서는 21석을 얻어 원내교섭단체는 그대로 유지하였고, 2016년 7월 10일 치뤄진 참의원선거 후 일본공산당은 현재 중의원 21석, 참의원 11석 합계 32석을 확보하면서 제4당으로 있다.

(5) 유신당

이 정당의 전신 단체는 2010년 4월에 오사카 부지사 하시모토 도루를 대표로 보수 성향의 오사카 부의회 의원, 오사카 시의회 의원을 중심으로 한 지방 의원이 모인 정치단체인 '오사카유신회'였다. 2011년 6월, 오사카 부의회 본회의에서 기미가요 제창 조례안이 이 단체 의원을 중심으로 통과된 바가 있다.

2012년 9월 8일의 전체 소속 의원 회의에서 일본 국정 진출을 공식 결정함에 따라, 당명을 '오사카 유신회'에서 '일본 유신회'로 개명하는 것에 합의하였다. 9월 11일에 민주당과 자유민주당, 민나노당 소속의 중·참의원 7명이 참석한 가운데, '일본유신회'의 창당이 공식 선언되었다. 이념은 일본민족주의, 신보수주의, 경제적 자유주의, 우익 포퓰리즘 등이 특색이고 대표는 히시모토 도루이다. 일본유신회는 그 해 총선결가 중의원에서 54석을 확보하였다.

2014년 6월 22일 임시전당대회에서 하시모토 계파와 이시하라 계파의 갈등으로 분당을 하기 위해 당을 해산한다는 의결을 하였다. 7월 31일 정당해산신고를 총무대신에게 제출하고 정식으로 해산하였다. 이시하라 계파는 다음 날 차세대당을 창당하였으며 하시모토 계파는 구 '일본 유신회'의 당명을 계승한 잠정적인 신당인 '새 일본 유신회'를 창당하였다. 9월 22일 결속당과 일본유신회는 유신당으로 통합하였다. 2016년 7월 10일 참의원 선거 후 현재 중의원 14석, 참의원 8석 합계 22석의 제5당을 유지하고 있다.

일본 2012년 총선결과

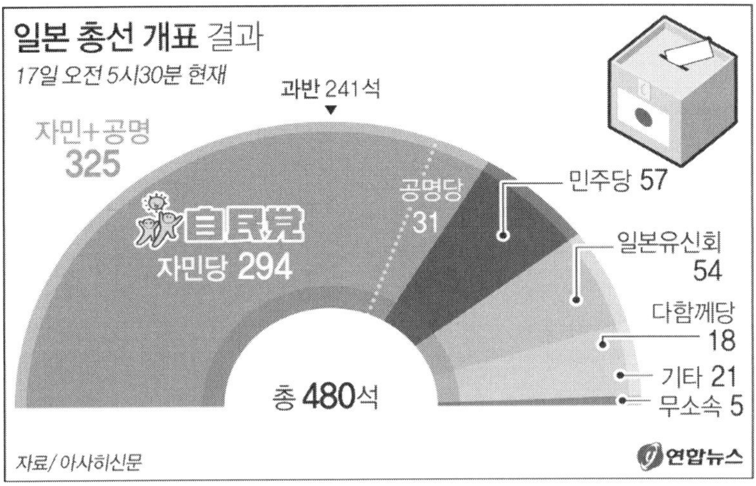

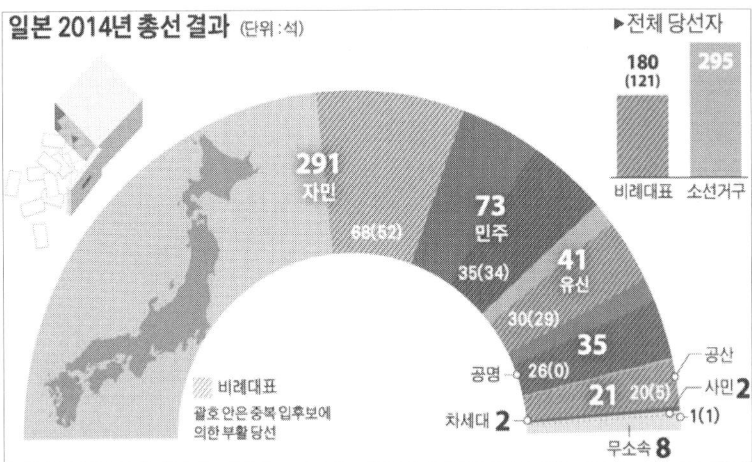

출처: 한국일보

현대일본의 사정

현대일본의 방위와 외교

III

Ⅲ

현대일본의 방위와 외교

1. 일본의 방위정책

1) 전수방위와 비핵 3원칙

전수방위는 상대방으로부터 무력공격을 받았을 때만 방위력을 행사하고 그 방위력 행사의 형태도 자위를 위한 필요 최소한의 제한을 둔다. 또한 보유방위력도 방위를 위한 필요 최소한으로 한정하여 헌법정신에 맞는 수동적 방위전략자세 견지를 뜻한다.

군사대국개념에 관해서는 명확한 정의가 없다. 그러나 일본의 군사대국화의 부정은 일본이 자위를 위한 필요 최소한도를 넘어서 타국에게 위협을 줄 정도의 강력한 군사력은 보유하지 않겠다는 것을 의미한다.

비핵 3원칙은 일본이 핵병기의 보유, 제조, 반입을 거절하는 원칙을 말하며 국시(國是)로서 이것을 지키고 있다.

문민통제는 군사에 대한 정치우선, 또는 군사력에 대한 민주주의적 정치통제를 말한다. 일본 경우는 구체적으로 국민을 대표하는 국회가 자위관의 정수, 주요조직 등을 법률이나 예산의 형태로 의결하고 방위출동의 승인도 한다. 또한 국방관련 사무는 일반 행정사무와 같이 내각의 행정권에 속하고 자위대에 대한 지휘감독권은 총리대신에게 있다. 모든 국무대신은 문민이어야 하며 방위대신도 문민이어야 한다.

2) 헌법 제9조에 대한 역대 일본 정부의 견해

일본이 헌법상 보유할 수 있는 자위력은 자위만을 위해 필요한 최소한의 전력이어야 한다. 이 자위력은 그때그때의 국제정세, 군사기술수준, 기타 여러 조건에 의해 변할 수 있는 상대성을 가지고 있다. 따라서 헌법 제9조 2항의 보유를 금한 '전력' 해당 여부는 일본이 보유한 전체 방위력에 비추어 판단한다. 자위대가 보유한 개개의 무기도 일본의 전체방위력 초과한도에 따라 보유 여부가 결정된다.

그러나 개개 무기의 성능이 자위를 위해 필요한 최소한도의 범위를 넘어서 상대국 국토를 괴멸적으로 파괴시킬 수 있는 공격용 무기를 보유할 경우 이는 허용되지 않는다. 예를 들면 ICBM, 장거리 전략폭격기 또는 공격형 항공모함을 자위대가 보유하는 것은 허용되지 않는다.

자위권의 발동은 소위 자위권 발동의 3요건, 즉 ① 일본에 대한 긴급하고 부정한 침해가 있을 때, ② 이 경우에 이것을 배제할 수 있는 다른 적당한 수단이 없을 때, ③ 필요 최소한도의 실력행사에 그칠 것이라는 조건에 해당하는 경우에만 한한다.

일본이 자위권 행사로서 일본을 방위하기 위한 필요 최소한도의 실력을 행사할 수 있는 지리적 범위는 반드시 일본의 영토, 영해, 영공에 제한되는 것이 아니나 그것이 구체적으로 어디까지인가는 개별 상황에 따라 다르기 때문에 한마디로 말할 수는 없다. 그러나 무력행사를 목적으로 무장한 부대를 타국의 영토, 영해, 영공에 파견하는, 소위 해외파병은 일반적으로 자위를 위한 필요 최소한도를 넘는 것으로 헌법상 허용되지 않는 것으로 여겨왔다.

국제법상 국가는 집단적 자위권, 즉 자국과 밀접한 관계에 있는 외국에 대한 무력공격을, 자국이 직접 공격당하지 않았음에도 불구하고 실력으로 저지할 수 있는 권리를 갖는 것으로 되어 있다. 일본이 국제법상 집단자위권을 갖는 것은 주권국가로서 당연하다. 그러나 헌법 제9조에서 허용하는 자위권 행사는 일본을 방위하기 위한 최소한도의 것으로 해석할 때, 집단자위권 행사는 헌법상 그 범위를 넘는 것으로 여겨 왔다.

그 대신 헌법 제9조 2항에 "국가의 교전권을 인정하지 않는다"고 규정하고 있는데, 일본의 자위권 행사는 일본을 방위하기 위한 최소한도의 실력행사로 간주하고 교전권 행사와는 별개의 것으로 해석했었다.

3) 아베의 평화헌법 해석변경 각의결정

1945년 8월 15일, 일본은 제2차 세계대전에서 패하면서 육군·해군·공군의 전력을 보유하지 않을 것을 선언하였으나, 1950년 6·25 전쟁이 발발하면서 일본의 치안유지를 목적으로 경찰예비대를 창설하였다. 이어 1952년 보안대로 재편한 뒤, 1954년 현재의 자위대로 명칭을 변경하였다.

1947년 시행된 일본의 평화헌법에는 국가 간의 교전권(交戰權) 포기와 어떠한 전력도 가지지 않는다는 내용이 명시되어 있어, 엄밀한 의미에서 자위대는 군대가 아니어야 한다. 그러나 일본 정부는 이 평화헌법의 정신과는 배치되는 형태로 1950년대 이후 계속해서 자위대의 전력을 확충하고, 1990년대부터는 자위대의 해외파병과 집단자위권 행사 등의 명목으로 헌법을 바꾸면서까지 명실상부한 일본의 군대로 발전시켜 나가기 위한 방안을 검토해 왔다.

특히 1990년대 이후 일본 정계의 우경화 분위기와 함께 헌법상 자위대 보유의 명문화와 집단자위권 행사 보장 등을 주장하는 정치가들이 늘어났으며, 2001년 부터 장기집권 했었던 고이즈미 준이치로(小泉純一郎) 총리도 집단자위권 행사를 위한 개헌이나 헌법의 유권해석 변경에 적극적이었으나 뜻을 이루지 못했었다.

2012년부터 재집권한 아베 신조(阿部晉三) 내각은 개헌을 위한 첫 번째 쟁점을 해결하기 위하여 헌법 개정 절차조항인 일본헌법 96조 개정을 먼저 시도하였다. 그러나 2013년 7월 일본 참의원 선거에서 자민당 등이 3분의 2 이상의 개헌의석을 확보하지 못하여 그 시도는 무산되었다. 여론도 평화헌법 9조 개헌을 찬성하는 국민이 과반에 이르지 않았다. 아베는 헌법 개정 자체의 어려움을 판단하여 결국 전술한 바 2014년 7월 1일 평화헌법의 근간을 흔드는 헌법해석 변경이라는 변법으로 각의결정을 단행, 집단자위권 행사를 가능하도록 결정하였다.

그러나 앞으로도 논란은 지속될 것이다. 그 이유는 헌법의 해석은 바꾸어서 개현에 상응하는 정도의 효과를 얻기 위해서는 바꾸어야 할 관련법 조항이 많기 때문이다. 나아가 언론과 여당의 의문과 비판이 끊임없이 제기될 것이다. 여기서 중요한 것은 북한, 중국과의 군사적 충돌 대비다. 이러한 상황에서 아베 정권은 앞으로 자위대가 군사력을 행사할 가능성이 있는 다음과 같은 주요상황을 상정하여 국민적 논의를 해나가겠다는 것이다.

첫째, 일본영해 내에서 잠몰 항해하는 외국의 군수잠수함에 대한 대처

둘째, 침략행위에 대한 국제협력 지원

셋째, 국제연합 평화유지군활동에서의 임무 수행을 위한 무기사용

넷째, 외국영역에서 해당국의 동의에 의한 일본국민 구출

다섯째, 일본국민을 수송하는 미수송선 방어

여섯째, 무력공격을 받고 있는 미 함정 방어

일곱째, 미국을 향하여 일본상공으로 지나가는 탄도미사일 발사 경계시의 미 함정 방어

여덟째, 미국 본토가 무력공격을 받아 일본 부근에서 작전을 수행할 때 미 함정 방어

아홉째, 국제적인 기뢰제거활동 참가
열번째, 민간선박의 국제적인 공도방위

2. 자위대

1) 자위대

(1) 방위성

자위대는 명목상으로는 군대가 아니어서 자위대원은 군사재판이 아닌 일반재판을 받으며, 최고 지휘권은 내각 총리대신이, 통상업무는 방위성 대신이 가진다. 그러나 자위대는 아시아 최강을 자랑할 정도로 막강한 전력을 가지고 있는 실질적인 군대로서, 2017년 기준 약 25만 여명의 병력을 보유하고 있다.

자위대를 실질 관할 운영하는 부서인 방위성은 국가안보를 주된 임무로 하는 내각 외부부국 기관으로 설치되어 있다. 방위성은 보안대(구 경찰예비대)와 경비대(구 해상경비대)를 통합한 조직인 보안청을 전신으로 1954년에 발족 되었다. 그 후 2006년 11월 30일 중의원 본회의에서 성(省) 승격 관련 법안이 가결되었고 2006년 12월 15일 참의원 본회의에서도 성 승격 관련 법안이 성립되어 2007년 1월 9일 방위성으로 승격되었다.

방위성은 방위대신과 주로 문관으로 이루어지는 내부 부국과, 제복을 착용한 자위관으로 구성된 육·해·공의 막료감부, 통합막료회의 등으로 구성되어 있다.

방위성 산하에 육·해·공 각 자위대를 중심으로, 간부 자위관을 양성하는 방위대학교, 간부의무관을 양성하는 방위의과대학교, 자위대의 관리 및 운영에 관한 기본적인 조사·연구와 상급직원의 교육을 담당하는 방위연구소, 장비개발을 담당하는 기술연구본부, 물품조달을 담당하는 조달시설본부, 방위시설의 건설 및 관리를 맡는 방위시설청 등으로 조직되어 있다.

(2) 육상자위대

2017년 현재 육상자위대의 규모는 약 16만 명이다. 육상막료장 陸上幕僚長)과 육상막료부장(陸上幕僚部長)의 지휘를 받고 있으며, 부대는 중앙즉응집단(中央卽應集團) 외에 5방면대(方面隊)와 방위성 대신 직할부대로 편성되어 있다. 5방면대는 북부, 동북, 동부, 중부, 서부로 나뉘며 각 방면대는 방면총감부와 사단, 여단 기타 직할부대로 편성된다. 전차 1380여대, 장갑차 1590여대, 자주포 420여문, 수송차량 5,000여대, 육군 헬리콥타 690여대, 항공기는 480기를 보유하고 있다.

2013년 9월에 육상자위대 예하의 상륙 양용단을 신설하기로 확정했고 3000명 규모의 연대급 상륙 부대로 편성하였다. 우선적으로 2014년부터 소대규모의 상륙 양용단 준비대가 창설되었고 차차로 현재 자위대에서 가장 해병대와 비슷한 성격을 지닌 서부 방면대 보통과 연대 병력 700여명이 상륙 양용단에 편제되었다. 또한 별도로 공정단을 상륙 양용단에 편제시켜 중앙 즉응부대와 신속한 항공수송부대를 운용하고 있다. 이미 서부 방면대 보통과 연대를 통한 데이터와 별도의 훈련을 구축했기 때문에 3000명 규모의 상륙 양 용단 전력화도 2017년 내로 확보할 것으로 추정된다. 동부방면대의 12여단과 중부방면대의 14여단을 공중강습여단으로 지정했고 중부방면대의 13여단을 해병대로 만드는 계획도 있다. 또 공중강습을 위한 헬기전력도 대폭 늘리는 중이다. 공중강습부대 외에 신속대응여단이라는 개념의 차륜 형 장갑차를 중심으로 부대를 편성하는 계획도 있다. 이렇듯 일본 자위대는 헬기와 차륜형 장갑차를 이용하는 기동화가 한참 진행 중이다. 미국이 일본의 집단 자위권에 대해 지지의사를 표방하여 이런 전력강화는 더욱 진행될 전망이다.

(3) 해상자위대

2017년 현재 해상자위대의 규모는 병력 약 46,000여명이며, 길이 248m에 기준 배수량 약 1만 9천500t에 달하는 '항공모함급' 헬기호위함 '이즈모'를 비롯한 호위함 47척(배수량 24만t) 헬기모함 7척, 이지스구축함 12척, 구축함 46척, 미사일 고속정(유도탄 고속정) 9척, 기뢰/소해함정 40여척, 잠수함 21척, 초계함 6척, 상륙함 30여척, 수송함 11척, 보조함정 29척을 보유하고 있다.

또 대잠 초계기 P-3C 68기를 비롯해 항공기 189기, 헬기 165기를 보유하여 함정 수에서는 세계 6위이다. 해상막료감부(해상막료장)의 감독을 받고 있으며, 부대는 자위함대(호위함대, 잠수함대, 항공집단 등), 5개 지방대, 교육항공집단, 연습함대, 시스템통신대군, 방위성 대신 직할부대로 편성되어 있다. 주력은 대잠수함전(ASW)용 함정으로 ASW 능력은 미국 다음으로 세계 2위이다. 걸프전쟁 후에 걸프만에 출동한 소해정부대의 기뢰제거 능력은 세계최고의 실력이다. 해상자위대는 소류급 잠수함으로 2021년까지 14척 체제로 갈 예정이다.

(4) 항공자위대

항공자위대의 인원은 2017년 현재 47,000여명이며, 전투기는 F-15 210기, F-2 90기, F-4 150기, F-1 70기, F-35 4기의 합 524기, 그 외 전투기가 400여기 (F-15J/DJ 213기, F-2A/B 지원 전투기 98기, F-4EJ 전투기 91기, F-35A 전투기 4기), 정찰기 27기, 전자전기 1기, 조기경보기 20기 E-2 16기, E-767 4기, 수송기는 60기, 공중 급요기 5기, 훈련기 208기, C-130H 수송기 16기, 구조기 28기, CH-47J 수송헬기 15기, AH-64D 공격헬기, 지대공 미사일(SAM) PAC-3 등이 있다. 항공자위대는 항공막료감부와 항공막료장의 감독을 받고 있으며, 부대는 항공총대, 항공교육집단, 항공지원집단, 항공개발실험집단, 방위성 대신 직할부대로 편성되어 있다. 지대공미사일에 의한 전투능력은 이스라엘, 미국 등과 함께 세계 최고 수준이다. 이 외에 합참본부에 1849명이 소속되어 있으며 예비병은 5만7899명이다.

(5) 수륙기동전단 편성 및 자위대 인적구성

일본은 2019년도(2014년 4월~2019년 3월)까지 수륙기동전단 편성을 완료한다는 구상이다. 현재 구상대로 수륙기동전단이 조직되면 센카쿠 방어 인력은 현재의 약 700명에서 적게는 3배, 많게는 4배로까지 늘어나게 된다. 또 일본 정부는 2019년도까지 52대를 배치할 계획이다.

자위대 대원은 방위성 대신과 정무 장관을 제외한 모든 방위성 직원(문관 포함)을 말하며, 그중 제복을 착용하는 자를 자위관이라 한다. 자위관은 지원제에 의해 모집되는데 간부후보생(장교후보생), 조후보자(曹候補者:하사관후보자), 사(士:병사) 등으로 채용되어 입대 후 본인의 노력에 따라 진급할 수 있다. 지휘관에게는 임무의 특성상 ① 지정장소 거주의무, ② 제복 착용 의무, ③ 비밀엄수 의무, ④ 정치적 행동의 제한, ⑤ 사기업으로부터의 격리 등의 의무가 부과되어 있다.

자위관의 계급 구성은 크게 간부(장교), 준위, 조(曹:하사관), 사(士:사병)로 구분되는데, 그 인적 구성은 하사관 이상이 전체 자위관의 73.5%(현재 인원 기준)를 차지하고 있다. 이는 현실적으로 사병의 지원자수가 적은 점도 있으나, 유사시 사병 징병에 의한 조직 편제가 가능하도록 고려한 점도 있다.

3. 방위계획

제1차 방위력 정비계획은 1957년 결정되어, 58년부터 76년까지 시행된 자위대의 방위력 증강계획이다.

제1차 방위력 정비계획 수립 당시 일본은 국제정세에 대하여 동서대립의 격화가 일본의 안전을 위협하고, 특히 당시 소련의 존재가 일본의 안전을 심각하게 위협하고 있다고 인식하였다. 이에 따라 정비계획에서의 방위력의 목표는 이런 위협에 대처할 수 있는 대치형의 '소요방위력(所要防衛力)'을 확보하는 것이었다. 즉 당시 소련 등 주변국으로부터의 직접침략을 가상하여 이에 대처할 수 있는 무력 확보(물론 미군 지원 하에)를 목표로 했던 것이다.

방위계획의 대강은 1976년에 결정되어, 77년부터 95년까지 시행된 방위력 증강계획이다. 방위계획의 대강이 결정된 1970년대 중반 일본정부의 국제정세에 대한 인식은 동서간의 무력충돌이나 대규모 무력분쟁의 가능성은 적고 반면 한정적 무력분쟁의 가능성은 있으나 미·소·중의 균형적 관계와 미일안보체제는 국제관계의 안정유지와 일본의 안전에 커다란 역할을 한다고 보았다.

따라서 일본이 보유해야 할 방위력도 군사적 위협에 직접 대항하는 것보다는 일본 주변지역에서 힘의 공백으로 인한 불안정 요인이 발생하지 않도록 하여 스스로 독립국으로서의 필요 최소한도의 기반적 방위력을 보유한다는 구상이다. 즉 '기반적 방위력구상(基盤的防衛力構想)'을 근간으로 한 방위계획으로 전환하였다.

신방위대강은 1995년에 결정되어 96년 이후 시행되고 있는 방위계획이다. 신대강을 책정하면서 나타난 일본 정부의 대외인식은 세계적 규모의 무력분쟁이 발생할 가능성은 희박하다고 보는 반면, 종교나 민족 문제 등에 의한 지역분쟁의 가능성은 상존한다고 보았다. 또한 한반도를 비롯한 주변지역의 긴장은 아직 계속되고 있으나 2국간 대화의 확대와 지역 안정을 위한 여러 움직임이 활발하게 전개되며 미일안보체제가 일본의 안전과 이 지역의 안정에 커다란 역할을 한다고 보았다. 또 국내적으로는 국민들의 자위대에 대한 기대가 증대되어 각종 재해에 대한 적극적인 구원활동을 요구하게 되었고 자위대의 국제공헌에 대한 이해도 상당히 높아졌다고 인식하고 있다.

따라서 향후 보유해야 할 방위력에 대해서는 독립국으로서 최소한의 기반적 방위력을 보유한다는 '기반적 방위구상'은 그대로 답습하고 있다. 그리고 한정적이며 소규모의 침략에 대처할 수 있는 전력의 보유는 그것이 일본에 대한 침략만을 대상으로 한다는 점을 고려하여 이를 삭제한다고 밝히고 있다. 즉 신방위대강에서 밝힌 일본의 방위력 증강 목표는 일본의 안전뿐만 아니라 국제사회의 안전보장 환경구축을 위한 역할까지도 포함한다는 것을 분명히 한 것이다.

일본의 방위예산은 늘 GDP(국내총생산)의 1%이고, 전체 정부예산의 6.4%를 차지하는 수준이다. 일본 자위대는 징병제가 아닌 지원제로 자위관의 신분은 특수 공무원이다. 때문에 방위예산에서 인건비가 차지하는 비율이 높은 것은 사실이다. 전체 방위비 중 약 43.8%가 인건비로 지출되는데 이것은 일본의 총액대비 방위비가 실제로는 서구 선진국보다 높지 않다는 주장의 근거이기도 하다.

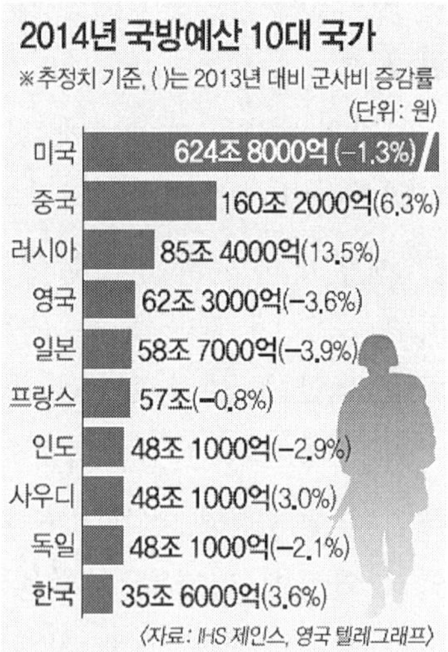

2013년 방위예산은 4조6804억 엔이었는데 2014년은 그보다 4.4% 증가한 4조8848억 엔

(58조7천억원)으로 증액되어 전시국인 한국보다 훨씬 높은 세계 5위로 부상했었다. 그러나 이번 2018 회계연도(2018년 4월~2019년 3월) 방위예산을 역대 최대인 5조2551억 엔 (약 54조7387억원)으로 배정한다는 방침을 확정했다. 이는 이전까지 방위예산 최고액 기록이었던 2017년의 5조1251억 엔보다 1300억 엔(2.5%) 증가한 수치다. 탄도미사일 발사를 계속하는 북한과 해양 진출을 강화하는 중국에 대응하기 위한 일본정부의 조치다.

내년 일본 방위예산 주요 증액 분야는 크게 대 북한, 대 중국 등 두 가지로 구분된다. 우선 북한의 탄도미사일을 요격하기 위한 이지스 이쇼이 도입과 이지스함에 답재할 신형 요격미사일 SM3 블록2A 취득 비용을 반영되었다. 또 탄도미사일 탐지, 추적이 가능한 차세대 경계관제레이더 장비 개발비 107억 엔 등이 예산안에 포함됐다.

중국과 관련해서는 신형 호위함 2척(964억 엔) 및 잠수함 1척 건조비(715억 엔), 미국의 스텔스전투기 F-35A 6기(총 881억 엔) 및 수직이착륙 수송기 MV-22(오스프리) 4기 취득 비용 등이 포함됐다. 신형 조기경보기 E2D 2기를 도입하기 휘한 비용 491억 엔도 반영됐다. 특히 중국과 센카쿠열도 (중국명 다오위다오) 영유권 분쟁을 겪고 있는 일본은 도서 지역에서 유사 사태 발생 시 상용할 공격 무기의 '도서 방어용 고속 활동탄' 연구에 100억 엔을 할당한다는 계획이다.

4. 미일안전보장조약과 군사대국화

1) 미일안전보장조약과 주일미군

(1) 미일안전보장조약과 미일공동선언

미일안전보장조약은 1952년 일본이 샌프란시스코강화조약의 발효와 함께 독립하면서 미국과 맺은 조약으로 일본의 유사시 미군의 참전과 미군의 일본 주둔을 주된 내용으로 하고 있다. 체결 당시에는 극동의 평화유지가 필요할 때뿐만 아니라, 국내의 내란·소요 진압을 위해서도 미군이 임의로 출동할 수 있는 불평등·편무적 내용의 조약이었다.

이 조약은 1960년 개정되어 내란·소요에 대한 미군의 출동 조항이 삭제되고 상호방위 의무의 명시와 미군 출동 시 일본과의 사전협의 조항 등이 삽입되어 불평등 조항이 상당부분 완화되었다. 조약의 유효기간은 10년이었지만, 한쪽의 폐기통보가 없으면 자동연장이 되는 것으로 현재에 이르고 있다.

미일안보조약의 골자는 일본이 무력공격을 받았을 때의 미일 양국의 공동대처 (제5조)와 미군의 일본주둔 인정(제6조)이다. 일본은 이 조약에 따라 안보의 상당부분을 미국에 의존해왔고 현재도 기본적으로 이 노선을 견지하고 있다. 그러나 최근 미국의 일본에 대한 방위부담 요구가 높아지면서 조약 내용도 일본의 역할증대강화 쪽으로 보완되고 있다.

이런 추세를 잘 반영한 것이 1996년 7월, 미국의 클린턴 대통령과 하시모토 일본 수상 사이에 합의된 '미일안전보장공동선언

(신안보선언)'이다. 이 선언에서 양국은 자위대와 미군에 의한 일본의 안보유지와 일본과 그 주변지역에 대한 10만 명 정도의 미군 주둔, 그리고 미군의 일본 내 시설·구역(區域)의 계속적인 사용을 인정하는 기존의 안보조약을 재확인하였다. 아울러 이 선언은 '미일방위협력을 위한 지침(신가이드라인)'의 수정에 합의하였다.

여기에서 양국은 종래의 한정적인 소규모침략에 대해서 일본이 단독 대응키로 되어 있었으나 이를 미일 공동대응으로 바꾸었다. 즉 일본 주변지역에서 미군이 작전을 전개할 때 일본은 미국에 시설(민간 비행장 및 항만시설 포함)뿐만 아니라 각종 군사장비 등의 병참지원과 미군의 수색 ·구난 등의 후방지원 활동도 가능케 하는 내용으로 수정함으로써 사실상 이 지역에서의 미일 공동군사활동이 가능하게 되었다. 또 이 신가이드라인에서는 기존의 가이드라인에서 사용했던 '극동사태'라는 용어대신에 '일본 주변사태'라는 새로운 개념을 도입함으로써 군사협력의 대상지역을 더욱 광역화하였다.

미일신가이드라인은 나이 이니셔티브(Nye Initiative)에 기반한 것으로 미국이 동아시아에 부상하는 중국에 대하여 어떻게 대응할 것인가에 대한 대답이라고 볼 수 있다. 미국은 일본과의 기존 양자동맹의 강화를 통하여 궁극적으로 중국을 견제한다는 의지를 담았다. 결과적으로 미일신가이드라인은 미일안보조약 이행과정에서 일본의 군사적 역할의 확대를 족진 시키는 계기가 되었다. 일본은 종래 미일안보조약의 일방적인 수혜자에서 명실상부한 쌍무조약 당사자로서의 위상을 확보하여 일본이 동아시아에서 군사대국화의 길을 걷게 하는데 큰 원동력이 되었다.

2000년대 이후 미일동맹의 강화의 필요성은 2000년 10월에 발표된 아미티지-나이 (Armitige-Nye Report)보고서에서도 잘 드러나고 있다. 이 보고서에 의하면 "국방 분야의 미일 협력에서 개편된 신가이드라인은 최종목표가 아닌 최초 출발점으로 간주되어야 한다"고 일본에게 주문하고 있다. 신가이드라인에 담긴 내용은 최소수준이라는 것이다. 그리고 미국과 영국의 특별한 관계가 미일동맹의 모델이라고 생각하고, 미일동맹을 영미동맹 수준으로 격상시켜야 한다고 주장하였다.

(2) 주일 미군

1945년 8월 15일 일본제국이 미국에 무조건 항복하면서 주둔한 미군이 구 원형이다. 당시에는 43만명이 주둔했다. 오키나와에서 원낙에 피해를 많이 봤기 때문에 본토를 빠르게 제어해야 하겠단 미국의 전략 때문에 대인원이 투입됐다. GHQ 시절에는 더글러스 맥아더장군이 머물기도 했다.

일본은 1952년 샌프란시스코강화조약의 발효와 더불어 독립하였으나 미국과 미일안보조약을 맺고 미군의 일본 주둔을 허용하였다. 미일안보조약 체결 당시에도 미군이 아직 일본 점령군으로서 약 25만 명 주둔하고 있었으나, 현재는 36,708명 주둔하고 있고 약 5,500명의 미국국방부 산하의 미국인 민간고용자가 있다. 각 군별로 보면, 2017년 현재 육군 2,501명, 해군 6,766명, 해병대 14,951명, 공군 12,490명이다. 역대 주일 미군사령관은 미 제5공군사령관이 겸임하며 최고 지휘관은 미합중국 공군중장이 맡는다.

부사령관은 미합중국 해병대소장이 맡고 사령부주임원사의 경우 공군과 해병대가 번갈아서 맡는다. 미 육군 대장이 사령관을 맡고, 제5공군 사령관과 동급인 제7공군 사령관(공군 중장)이 부사령관을 경임하는 주한미군에 비하여 다소 격이 낮은 편이고 병력의 절반이 오키나와에 주둔하고 있다. 주일 미군 사령부는 도쿄도(東京都)에 위치한 요코다(横田) 공군기지에 있다.

주한미군과 비교하면 주일미군의 성격이 확연히 드러난다. 주한미군은 육상전력으로 전투를 수행하고 주일미군은 주로 해상과 항공 작전 등을 수행한다. 즉 주일 미군은 제1선의 야전기지 성격이 강하고 실전부대 기능이 높은 주한 미군과는 달리 연료나 탄약의 저장시설을 갖춘 전략적 근거지로서의 성격이 강하다.

따라서 일본의 미군기지는 지역분쟁 발생 시 미국의 전투기나 함정의 발진기지로 이용되는 경우가 많다. 또 주일 미군도 일본 자체의 방위보다는 주변국 분쟁에 신속히 대처하는 신속 대응군 성격이 강하다. 걸프전 당시 일본의 오키나와 기지에서 발진한 공중급유기가 괌도에서 발진한 미국의 B52폭격기에 급유하였던 것은 바로 그런 예이다. 그리고 주일미군은 자위대가 정식으로 군이 아니기 때문에 자위대와 연합사를 구축하지 않고 카투사 같은 부대도 없다.

일본인들은 대체로 주일미군을 긍정적으로 평가한다. 사실 자위대보다 더 신뢰한다고 봐도 무방할 정도다. 실질적인 주일미군의 주둔에 따른 단점은 오키나와가 감당하고 장점은 본토에서 누리기 때문에 본토의 일본인 입장에서는 좋을 수밖에 없는 측면도 있다.

2) 군사대국화

(1) 자위대의 해외파병

앞에서 보았듯이 일본 헌법은 무력행사를 목적으로 하는 자위대의 해외파병을 금지하고 있다. 실제로 일본은 1990년까지 그 무력행사의 목적 여하를 불문하고 자위대의 해외파병을 엄격히 금지하였다. 이러한 일본의 자위대 해외파병정책이 국내외로부터 전환을 요구받는 계기가 바로 1990년의 걸프전이었다. 일본은 걸프전에 약 130억 달러의 전비를 부담하면서도 다국적군에 인적자원을 파견하지 않았다는 이유로 국제사회의 비난을 받았고, 결국 일본은 1991년 4월 소해정 등 6척의 함정을 걸프지역에 파견하여 자위대 해외파병 금지의 관례를 깼다. 이를 계기로 일본 국내에서는 자위대 해외파병에 대한 위헌 논쟁이 활발하게 전개되었고 한편으로는 국제사회로부터 자위대의 PKO 참가 요구가 높아지자, 국회는 1992년 6월, '국제평화협력법안(일명 PKO 법안)'을 통과시켜 자위대의 해외파병의 길을 열어놓았다.

최초로 일본 자위대의 해외파병을 가능케 한 'PKO 법안'은 자위대가 평화유지 및 정전감시와 선거감시 등의 활동을 하는 PKO 참가와 분쟁에 의한 난민의 구원이나 피해복구를 위한 인도적 국제구원활동에 참가할 수 있도록 하였다. 즉 1992년 6월, 이 법과 함께 개정 통과된 '국제긴급원조대법'은 해외에서의 대규모 재해구원을 위해 자위대를 파견할 수 있도록 하였다. 이 두 법안의 성립 후 지금까지 일본 자위대는 1992년 9월 캄보디아에 총 1,216명, 1993년 5월 모잠비크에 총 154명, 1996년 2월 골란고

원에 총 45명을 파견하였고, 인도적 국제구원활동으로는, 1994년 르완다 난민 구호를 위해 자이레에 총 473명을 파견하였다. 이 PKO 법안은 'PKO 참가 5원칙' 등을 제정하여 자위대 활동을 비교적 소극적이며 제한적으로 운용하고자 하였다.

그러나 앞에서 언급한데로 1999년 5월 성립된 주변사태법에 의해 일본 자위대는 후방에서 미군을 지원하는 형태로 아시아·태평양 지역에서의 작전이 가능하게 되었고 2001년 10월 성립된 테러대책 특별조치법에 의해 자위대의 활동 범위와 역할은 한층 강화되었다.

2001년 9월 11일 뉴욕과 워싱턴에서 발생한 테러사건에 대한 응징조치로 미국이 아프가니스탄에 대한 공격에 나서자, 일본은 발 빠르게 '테러대책 특별조치법'을 제정하여 미국에 대한 지원에 나섰다. 즉 보급함과 이지스함으로 구성된 함대를 인도양에 파견하여 아프가니스탄전에서 미국과 영국군의 전력에 필요한 급유의 절반을 조달하였다.

이 '테러대책 특별조치법'에 의해 자위대는 한시적이라는 단서가 붙었지만 일본의 영역과 주변의 공해상에 한정되지 않고 세계 모든 지역에 파병이 가능하게 되었고 또한 개인화기의 수준을 넘는 병기를 지니고 전시에 파병이 가능해졌다. 이것은 지금까지 헌법에 의해 집단자위권과 자위대의 해외파병을 금지한 일본 정부의 입장을 대폭 수정한 것으로, 향후 일본헌법의 개정을 염두에 두고 취해진 조치였다고 볼 수 있다.

2004년 7월에는 인도주의적 재건이라는 명목으로 '이라크부흥지원 특별조치법'을 채택하여 1000명이나 되는 대규모 육상자위대와 공군자위대를 이라크에 파견되었다. 물론 파견된 자위대들의 임무는 도로, 병원, 난민캠프 건설 및 운영 같은 비전투적 일에 국한되어 있었다.

자위대의 해외파병에 대해서는 일본 국내에서도 찬성파와 반대파가 있었으나, 일본자위대의 미국지원에 대해서는 반수이상의 일본국민이 찬성의사를 밝혀서 일본국민들의 안보의식이 점차 보수·우경화되고 있음을 보여주고 있다.

전후 헌법 9조를 통하여 일본이 더 이상 전쟁을 하지 못하게끔 만들었던 미국이지만, 바로 그 미국에 의해 일본의 전수방위원칙은 이제 무력화되고 있다. 미국은 일본의 보통국가화 움직임을 권장하면서 대등한 입장에서 일본이 더 많이 국제적인 공헌을 하고 미국의 비용을 분담하기를 바라고 있다.

한편 일본정부는 자위대 해외파병에 경계의 눈초리를 보내고 있는 한국 및 중국 등 주변국을 의식하여 자위대의 해외파병은 최소한의 무장으로 비전투행위에만 참가하는 평화 지향적 국제공헌활동에 불과하다는 점을 그간 강조했었다. 그러나 한국이나 중국 등 과거 일본 군국주의 침략의 피해당사국들은 일본 자위대의 해외파병이 일본 자위대의 영향력을 확대시키고 이를 통하여 일본이 정치·군사대국화를 꾀하고 있다는 관점에서 이에 대한 반대 입장을 지금도 분명히 하고 있다.

2012년 12월에 재집권한 아베정부가 2014년 7월 1일에 평화헌법내용을 희석시키는 집단자위권에 관한 헌법해석 변경이라는 변법으로 각의결정을 했고, 이 안보법안이 2015년 중의원과 참의원에서 가결되어 합법화됨으로서 자위대는 이제 영해 밖에서 군사작전이 가능하게 되었다. 즉 집단자위권 행사의 일환으로 동맹국 미국뿐만 아니라 외국군의 후방지원도 가능하며 무력을 사용할 수 있다. 미국은 중국이 군사대국화를 견제하기 위해 일본의 자위대 해외파병에 대해 눈을 감았다. 한국정부 역시 일본에 대해 특별하게 제지를 가하지도 못하고 있는 것이 현실이다.

즉, 영유권 갈등을 빚고 있는 중국해에서 자위대가 미군과 함께 작전활동을 할 수가 있고 또한 한반도 유사시에도 자위대는 미군의 후방지원에 나설 수 있다. 다만 미군을 따라 자위대가 한반도에 진입할 경우 한국의 사전 동의를 받도록 규정을 만들어 놓았다. 그러나 실제로 일본 자위대가 한국의 사전 동의를 받고 난 후에 군사작전을 할 수 있을지 여부는 불투명하다. 가정 현실적인 문제는 북한이 혹여 무력도발을 할 경우 일본 자위대가 한반도에 개입할 가능성이 있다는 것이다. 우리에게는 가장 민감한 문제라고 할 수 있다.

ICBM : 대륙간 탄도미사일

자위함대 : 지방대와는 달리 경비담당구역을 갖지 않고 필요에 따라 일본 주변해역 어디에라도 출동하여 임무를 수행할 수 있는 함대이다.

PKO참가 5원칙 : ① 분쟁당사자간에 정전의 합의가 있을 것, ②

PKO활동에 대한 분쟁당사자의 동의가 있을 것, ③ 중립적 입장을 견지할 것, ④ 무기사용은 요원의 생명을 보호하기 위한 경우에 한하여 필요 최소한도로 사용할 것, ⑤ 상기의 원칙이 지켜지지 않을 때는 단독 철수할 것.

(2) 군사대국화의 길

일본의 군사대국화는 법 제도의 정비를 바탕으로 지속적인 군사력 증강을 통해 점진적으로 진행해 왔다. 이러한 일본의 군사대국화는 주변국들에게 군국주의의 부활이라는 우려와 경계심을 갖게 하였다.

군사대국화를 위한 법 제도의 정비 중에서도 가장 주목해야 하는 것이 바로 평화헌법 9조를 둘러싼 개헌논의다. 평화헌법 9조는 "일본이 앞으로 군사력을 보유하지 않을 것이므로, 다시는 다른 나라를 침공하지 않을 것"이라는 주변국과의 평화의 약속이었다. 그래서 찰머스 존슨 같은 학자는 일본의 동아시아 식민지배와 전쟁범죄의 사과를 평화헌법 9조로 보고 있었다. 그러나 최근 일본의 헌법 개정 움직임은 집단자위권 입법화를 통해 헌법 9조를 실질적으로 무력화시켰다. 그간의 '주변사태법'과 '테러대책 특별조치법' 등 법 제도 정비와 방위성 승격 등의 연장선으로서의 군사대국화 조치라고 볼 수 있다.

한편 일본은 장기간 경기침체에도 불구하고 1990년대부터는 매년 약 400~500억 달러에 달하는 돈을 군비로 사용해 오고 있다. 현재 일본의 해·공군력은 중국을 앞선 것으로 평가받고 있다. 일본의 군사무기 중 ICBM, 장거리전략폭격기, 공중급유기, 공격형항공모함 등을 자위대가 보유하는 것은 전수방위 원칙 헌법에 위배되는 것임에도 불구하고 일본은 이를 무시한지 오래되었다.

일본의 방위력은 국가방위만 목적으로 하기는 이미 너무 비대한 면이 있다. 일본정부가 1957년부터 채택한 '국방의 기본 방침'에는 '일본은 군사대국이 되지 않다'라고 명기하고 있지만 현실은 정반대의 방향으로 흘러왔다. 일본의 군사비 지출은 매우 높으며 동아시아 국가 중에서 중국 다음으로 높다. 이는 북한 위협론, 중국 위협론, 미국의 방위분담론 같은 여러 원인이 복합적으로 작용한 결과이기도 하지만, 무엇보다도 자위대를 일본군으로 정착시키려는 아베정권 및 보수우익세력들의 지속된 노력의 산물이었다고 할 수 있다.

5. 일본외교의 결정요인과 특징

1) 외교정책의 결정요인

일본의 경우 한 사람의 최고정책결정자가 정책결정에 미치는 영향력의 정도는 비교적 낮은 편이다. 일본은 전통적으로 이원적 또는 다원적 권력구조의 전통을 가지고 있기 때문에 지도자 한 사람의 카리스마에 의존하는 정책결정 양식을 갖고 있지 않다. 일본적 결정스타일은 집단구성원의 의견을 최대로 반영하여 이루어지는 전원일치의 컨센서스를 중시하기 때문에 지도자의 역할은 이러한 구성원들의 의견을 통합하고 조정하는 것에 한정되는 경우가 많다.

일본에서 대외정책결정에 참여하는 주요 행위자들로는 수상 이하의 관료기구, 정부여당, 정당, 재계, 여론, 매스컴 등이다. 그러나 이들 중에서도 관료기구, 정당, 재계의 3자가 대외정책결정에 가장 큰 영향력을 행사하는 행위자로 알려져 있다. 즉 일반적으로 일본에서는 대내외정책을 불문하고 위의 3자가 서로의 이해관계에 입각하여 협상·타협하는 과정에서 정책결정이 이루어진다고 보는 것이 통설이다.

이처럼 일본의 대내외정책결정은 정당, 관료, 재계라는 세 결정단위들의 합의 내지는 협의의 과정을 거쳐야 함으로 각 결정단위의 의사가 반영되는 과정에서 보수성을 띨 수밖에 없다.

일본의 대외정책결정에 미치는 사회·경제적 요인으로 가장 먼저 들 수 있는 것은 부존자원의 결핍이다. 태평양전쟁에서의 패전은 일본의 제국주의 팽창정책에 의한 자원획득과 상품시장의 확대정책에 종지부를 찍었고, 새로운 국제질서 하에서 일본의 자원획득 방법은 교역을 통한 방법밖에 없었다. 이러한 상황은 일본의 대외행동을 규정하는 중요한 요인으로 작용하였고, 결국 일본의 대외정책을 국제주의 외교로 특징 지웠다.

또한 높은 교육수준과 우수한 기술력, 근로자들의 근로의욕과 사회구성원 상호간의 높은 응집력 등은 빠른 경제발전을 가능케 하였고 높은 경제성장은 일본 사회를 더욱 민주적이고 안정적으로 만들었다. 높은 경제력에 따른 사회의 안정과 민주주의의 정착은 우호적인 대외의식을 확산시켰고 이것은 또한 일본의 대외정책의 질과 성격을 규정하는 주요한 결정요인으로 작용하고 있다.

일본에서 여론이 정책결정에 영향을 미치게 된 것은 1945년 이후, 미군정에 의하여 일본에 민주주의가 이식되고 난 후부터이다. 일본인들은 미국식 민주주의를 충실히 답습하는 과정에서 민주적 정치질서와 가치관이 정착되었고 이에 따라 여론이 국내외 문제에 대한 정책결정에 여러 가지 형태로 영향력을 미치게 되었다. 각종 압력단체와 이익집단이 생겨나고 시민운동이 활성화되면서 관료기구나 정당은 국민의 목소리에 귀 기울이게 되고 특히 집단구성원 전체의 의사를 존중하는 일본적 정책결정 시스템의 특징도 작용하여 정책결정에 미치는 여론의 비중은 높은 편이다. 이것은 일본 사회가 민주화되었다는 반증이기도 하다.

정치문화란 넓은 의미에서 본다면 국민의 대내외 환경에 대한 인식 및 선호(選好)를 결정짓는 근원적 정치성향 및 태도의 묶음이라 할 수 있다. 정치문화는 국민성이나 정치적 전통, 지정학적 조건, 대내외적 필요에 의하여 형성되는 것으로 대외정책 결정의 밑바탕을 이루고 있다.

일반적으로 일본 정치문화의 특징으로는 국가에 대한 강한 소속감, 계층의식, 대세순응, 아시아에 대한 집념 등이 거론되고 있다. 또한 정치문화를 형성하는 가장 기본적 요소인 국민성에 관해서는 양면성, 보수 지향성, 자민족 중심주의, 응집력과 조직력, 의리와 인정중시 등이 거론되기도 한다.

일본인의 대세 순응적 정치문화는 강자와의 관계에서 적용되는 논리로서 자신의 입지가 강화된 경우에는 언제나 기존의 질서를 거부하고 사태를 주도하려는 이중적 성향을 띤다.

전전 평화를 가장한 패권추구와 전후 미국 및 서방국가들에 대해서는 순응과 협조외교를 견지하면서도 아시아에 대해서는 패권추구의 집념을 버리지 않는 것 등은 루스 베네딕트가 지적한 일본인의 양면성이 외교정책에 반영된 결과로 볼 수 있다.

일본 경제의 높은 대외의존도는 일본으로 하여금 일본열도의 안보뿐만 아니라 국제사회 전반의 안정과 평화에 높은 관심을 갖도록 하였고 일본의 대외정책의 기본방향도 여기에 맞추어져 있다. 일본은 동북아 지역은 물론이고 세계 어느 지역에서건 분쟁이 발생하는 것을 원치 않는다. 국제사회의 혼란은 대부분의 경우 직·간접적으로 일본의 대외경제활동을 위축시키기 때문이다. 이 때문에 일본은 끊임없이 아시아·태평양 지역 국가들을 대상으로 다자간 안보협력체와 경제협력체의 구성을 제안하고 있는바, 이것 역시 국제사회의 안보·경제 환경을 자국에게 유리하게 전개시키기 위한 대외정책의 구체적 표현인 것이다.

2) 일본외교의 특징

우선 일본 외교의 특징으로 볼 수 있는 것이 국제주의다. 이것은 일본이 정치이념이나 경제 및 사회체제를 달리하는 국가들과도 신념이나 주의를 초월하여 다변외교를 전개하려는 외교노선을 말한다. 즉 일본은 가능한 한 세계 모든 국가들과 우호적인 국교관계를 유지하겠다는 것이다. 이렇게 일본이 외교에서 국제주의를 취할 수밖에 없는 것은 일본 경제의 대외의존도가 극히 높기 때문이다. 특히 에너지자원의 결핍은 일본 외교의 자율성을 제약하는 중요한 요인이다.

일본 외교의 또 하나의 특징으로 지적되고 있는 상황주의(대세순응)는 일본은 어떤 원칙이나 신념에 입각한 적극적 외교보다는 그때그때의 주변 상황에 맞게 소극적으로 대처한다는 것이다. 소위 대세 순응적 외교, 또는 현실주의적 외교라는 말로도 표현되고 있다.

이러한 대세 순응적 일본 외교의 특징은 외교정책뿐만 아니라 국내정책결정 과정에서도 나타나는 현상이다. 즉 국제사회에서 일어나는 어떤 문제에 관하여 자국의 정책이나 의견을 먼저 뚜렷이 발표하지 않고 강대국의 정책이나 국제여론의 동향과 추세를 살펴가면서 이에 유효적절하게 대응해나가는 것이다. 이러한 경향은 일본 외교의 통시대적 특징이라 할 수 있는데 특히 전후 외교에서는 미국을 비롯한 서방국가들의 결정에 추종 내지는 순응하는 형태로 나타난다.

기타 일본 외교의 특징으로 볼 수 있는 것은 외교의 편협성, 국가 간 위계의식 강조, 조직 지향적 외교 등이다.

외교의 편협성이란 일본인은 자민족 중심적인 경향이 짙으며 국제관계에 있어서도 지나치게 자국의 이익만을 추구하는 경향을 말한다. 특히 국제 통상관계에서 일방적인 대외무역수지 흑자가 계속되고 있었음에도 불구하고 이에 대한 적극적인 개선의지를 보이지 않았던 것이 대표적인 예이다.

다음으로 일본 외교의 위계의식 중시 경향이란 국제사회에서 국가 간의 관계를 대등한 주권국가로서 인식하기보다는 군사력이나 경제력 같은 어떤 일정한 기준에 의해 국가의 우열을 정하고 이 우열관계에 입각하여 강대국에는 열등의식을, 약소국에는 우월의식을 갖고 대한다는 것이다.

오늘날 일본 외교정책이 갖는 또 하나의 특징은 국제연합과 같은 국제기구 내지는 국제기관을 통하여 각종 현안을 해결하려는 조직 지향적 성격을 띠고 있다는 점이다. 일본이 유엔에 거액의 분담금을 지불하는 것과 기타의 국제기구나 유엔 산하기관에 많은 지원금을 투자하는 것이나, 또 최근 일본이 유엔 안보리 상임이사회에 적극적으로 가입하려는 것도 이러한 일본 외교의 조직 지향적 특징을 반영한 결과로 볼 수 있다. 그러나 일본이 늘 대미 종속외교와 병행해서 간다는 점도 간과해서는 안 된다. 특히 최근 아베의 군사면의 미국과의 공조행보는 그 어느 때보다 두드러지다.

각외연립 : 하나 또는 복수의 정당(대부분 소수정당)이 집권여당과 연립을 구성하여 정책협조를 하지만, 내각에 각료를 파견하지 않는 형태로 연립을 유지하는 내각을 말한다.

루스 베네딕트가 말한 일본인의 양면성 : 루스 베네딕트는 일본인을 공격적이자 비공격적이며, 불손하면서도 예의바르고, 군국주의적이며 탐미적이고, 용감하며 겁쟁이이고, 보수적이며 새로운 것에 관심을 갖고, 유순하며 귀찮고, 심미적이며 잔인하다고 평가하고 있다.

6. 일본외교의 방향성

1) 일본외교의 기조

전후 일본의 외교기조는 한마디로 "미국이라는 강자와의 조율"이었다고 할 수 있다. 특히 일본은 대미 의존 속에 수동적 외교노선을 펼쳤다. 냉전 이후에도 일본외교의 기본적인 속성은 유지되어 왔다. 냉전 이후 미일동맹의 강화는 미국의 패권 전략과 일본의 보통국가론이 함께 녹아있는 것이었다. 미일 동맹을 기반으로 일본은 대내적으로 보통국가화를 꿈꾸며, 대외적으로 자위대의 역할 확대 및 국제공헌의 증대를 통해 국제사회에서 일본의 지위에 걸 맞는 위치를 확보하려고 하였다. 그러나 최근 일본의 유엔 안보리 상임이사국 진출의 실패 사례에서 보듯 일본은 더 이상 미국 중심의 외교만으로는 자신의 꿈을 실현하기가 불가능 하다는 것도 알게 되었다. 특히 1997년 동아시아 금융위기 이후 주변국들과의 협력이 절실한 과제로 다가왔다. 일본의 외교는 이제 미국과 동아시아 사이의 어려운 줄다리기라는 과제가 놓여 있다.

메이지 유신이후 일본의 대외전략은 후쿠자와 유키치기 주창한 바 후진적인 아시아를 벗어나 선진적인 구미 세계로 진입하는 것이었다. "탈아입구"를 통한 부국강병을 이루는 것이 이시기 일본 대외전략의 최대 목표였다. 이에 일본은 서구 열강과의 '협조'와 제국으로서의 '발전'을 동시에 추구하였다. 이는 '대동아공영권'이라는 일본중심의 극단적 대아시아 팽창주의로 발전되었고, 이 계획은 제2차 세계대전의 참패로 결국 좌절되고 말았다.

패전 이후 일본은 미국에 의존하는 대외정책을 추구하였다. 일본의 대미의존적 외교는 샌프란시스코 강화조약에서 비롯되었다. 미국은 냉전이 시작됨에 따라 아시아 지역을 소련으로부터 보호하려고 하였으며 이를 위해서는 일본을 전략적 기지로 활용하고자 하였다. 이렇게 미국의 지원 속에서 미일동맹의 기반이 마련되었던 것이다.

일본의 입장에서 보면 미국과의 동맹 강화는 안보협력 뿐만이 아니라 일본경제의 부흥과 발전에도 매우 중요하였다. 미국은 일본에게 직·간접적인 경제 원조를 아끼지 않았다. 1955년 일본이 GATT에 가입할 때에도 지지하였으며 일본의 경제발전을 위한 기술원조도 제공하였다. 특히 일본에게 미국의 시장을 개방한 것은 아시아 시장을 잃은 전후 일본경제에게 커다란 의미가 있었다. 일본은 미국의 안보우산 그늘과 경제후원아래 경제대국으로 성장할 수 있었다.

이처럼 전후 일본 외교전략의 주요목표는 미일관계의 강화가 우선이었다. 물론 1970-80년대 고도경제성장속에 경제마찰 같은 미일관계의 현안문제가 발생하기도 하였고 1970년대 데탕트 시기에는 일본이 자립외교도 시도하였지만 미국의 그늘에서 벗어나지를 못하였다. 이는 정치력이 뒷받침되지 않는 경제외교가 가진 구조적 한계 때문이었다. 일본은 “경제적 거인”이지만 “정치적 난쟁이”었다. 따라서 일본은 경제대국이었음에도 안보나 정치의 측면은 물론이거니와 경제적 측면까지도 일본의 생각대로 외교정책을 펼치지 못하였다.

2) 냉전종식과 보통국가론

미소의 양극적인 대결구도가 와해된 냉전 이후에도 미국과 일본의 동맹강화는 계속 유지되었다. 오히려 냉전기에 비해 더욱 더 강화되는 모습을 보여주었다. 왜냐하면 냉전이후 미국이 국제사회의 패권을 유지하기 위해서는 일본의 도움이 필요했고 일본 역시 국제적으로 정치적 영향력을 확보하기 위해 미국의 후원이 필요했기 때문이었다. 냉전 이후 일본외교의 목표는 경제 강국에 걸맞은 정치적 영향력을 국제사회에서 확보하는 것이었다.

1991년 제1차 걸프전이 발발 하였을 때 미국은 일본의 군사적 공헌을 강력히 요구하였다. 그러나 일본은 헌법상의 제약으로 걸프전에 자위대를 파견하지 못하였다. 대신 일본은 130억 달러라는 엄청난 전쟁비용을 제공하였으나 걸프전이 종결된 후 일본은 국제사회로부터 "돈만 대고 땀과 피를 흘리지 않은 얼굴 없는 국제공헌"이라는 비판을 받았다. 또 국내로부터는 국제적 위기상황에 일본이 적절히 대응하지 못했다는 비난에 직면하였다. 이러한 국제사회의 비판은 일본사회 내부에 있어서 국제사회에 대한 일본의 공헌문제를 둘러싸고 커다란 논쟁을 불러일으키는 계기가 되었다.

'커다란 트라우마'를 극복하고자 일본은 헌법상의 제약을 피하기 위한 방안으로 1992년 '평화유지활동 법안'을 성립시켰다. 자위대의 임무수행이 비전투적인 활동이지만 국제무대에서 활동하게 되었다는 점을 고려한다면 이는 헌법 9조에 대한 공식해석의 꾸준한 확장과 완화를 수반하는 계기가 되었다.

이러한 일본의 대외 군사적인 역할의 확대는 일본사회에 있어 '보통국가론'의 등장과 매우 밀접한 관계를 갖고 있다. 1990년대 초 보수파의 대표적 인사인 오자와 이치로가 그의 저서 『일본개조계획』에서 보통국가론을 주장하였는데 오자와는 이 책에서 냉전종식을 계기로 일본이 소극적이고 비정상적인 국가에서 탈피하여 국제사회에서 국력에 걸 맞는 외교와 안보의 역할을 담당해야 한다고 주장하였다. 오자와가 말하는 '보통국가'란 군대를 보유하고 외국과 자유로이 동맹을 맺어 집단자위권을 행사할 수 있는 나라를 말한다. 즉 1947년 연합군 점령 하에서 시행된 평화헌법 체제로부터 벗어나 정상적인 군사력을 보유한 보통국가로 가고자 하는 것이다. 오자와는 헌법 9조에서 자위대 활동을 금지하고 있는 국제분쟁이란 집단안전보장 체제의 작동이 아닌 주권국가간의 분쟁이므로 유엔 안보리의 결의에 따른 평화유지 활동에 자위대가 참가하는 것은 헌법상의 문제가 없다고 주장한다.

이러한 입장에서 더 나아가 독자적인 군사력 행사까지 주장하는 견해가 있기도 했다. 여러 차이에도 불구하고 '보통국가론'으로 상징되는 견해들의 기본적인 입장은 일본이 경제강국인 만큼 그에 상응하는 정치적, 군사적 역할을 할 수 있어야 한다는 것이다. 즉 패전의 형벌로 일본에 주어진 군사·안보의 족쇄를 벗어버리자는 것이다. 보통국가론은 일본의 재무장 및 평화헌법 9조 개정의 논리적 기반이 되어 있다. 이러한 보통국가론은 1990년대 중반이후 현재까지 계속해서 일본의 국가전략 논의의 주류로 자리를 잡고 있다.

3) 동아시아 속의 일본

동아시아 경제위기 이전까지 동아시아에서 일본의 역할은 그다지 활동적이지 못하였다. 일본은 정부개발원조 공여를 통해 동아시아 국가들에게 많은 도움을 제공하였다. 그러나 일본의 ODA 공여는 "변형된 전쟁배상"의 성격을 가지고 있었을 뿐만이 아니라 원조방식도 유상원조가 대부분이었다. 또한 경제적 이익 위주의 상업주의적 ODA 정책을 실시해왔다는 비판을 받기도 하였다.

그러나 동아시아 경제위기 이후부터 일본의 역할은 증대되기 시작하였다. 1997년에 시작된 동아시아 경제위기의 상황은 일본으로서도 방관할 수 없는 사안이었다. 동아시아 경제위기로 인한 역내 국가들의 경제 침체는 1990년대일본의 경제상황을 더욱 악화시키는 원인이 되었기 때문이다. 동아시아의 경제위기는 일본에게 동아시아의 중요성을 일깨워주는 계기가 되었다.

또한 동아시아 경제위기는 일본으로서는 역내에서 자신의 입지를 강화할 수 있는 좋은 기회였다. 일본이 역내 경제위기의 극복을 위해 다양한 경제협력의 국가가 될 수 있을 뿐만 아니라 특히 동아시아에서 부상하는 중국과의 경쟁에서도 우위를 선점할 수가 있었다.

이에 일본은 경제위기에 빠진 아시아 국가들을 지원하기 위해 다양한 프로그램들을 시행하였다. 예를 들면 위기를 겪은 역내 국가들의 실물경제 회복을 위한 자금을 지원하기도 하였으며, 외환위기를 예방하기 위해 동아시아 통화기금 창설구상을 제안하였고, 통화 스와프 체결도 성사시켰다. 세계 최대의 채권국이며 외환보유국인 일본은 동아시아 금융협력문제를 자연스럽게 주도할 수 있었다.

동아시아 경제의기의 여파가 점점 가라앉으면서 동아시아 국가들의 관심은 점차 금융으로부터 무역, 특히 자유무역협정 문제로 이동하였다. 다자주의를 통상외교의 기본으로 삼아온 일본은 2000년대부터는 동아시아 국가들과 FTA를 추진함으로써 역내 교역관계의 심화에도 기여하고 있다. 일본은 동아시아에서 중국에게 주도권을 빼앗길 우려 때문에 중-ASEAN의 FTA 체결에 대해 민감하게 반응하였다. 즉 지금까지 누려왔던 동아시아에서 일본의 우월적 지위를 걱정하게 된 것이다.

동아시아 국가들과 일본간의 FTA 체결은 협상이 좀처럼 쉽게 진전되지 않는 특징을 가지고 있다. 왜냐하면 일본은 국제적으로 경쟁력이 없거나 약한 분야는 FTA 협상대상에서 제외시키려는 경향이 강하기 때문이다. 따라서 FTA가 추진되더라도 협상과정이 오래 걸릴 수밖에 없고 실제로 성사되더라도 실질적인 내용에 적지 않은 제약이 따를 수밖에 없다. 대표적인 예로 농수산물 분야를 들 수 있다. 그러나 동아시아에서의 교섭 대상국들은 이런 농수산업 부분에서 일본과의 수출확대를 희망한다. 한마디로 일본은 경제 강국으로써 개도국들에게 시혜적 모습을 보여주지 못하고 있는 것이다.

앞서 언급한 동아시아 경제협력 정책은 'ASEAN+3'이라는 협의체에서 많이 논의를 걸쳐 결정되고 있으며 그 성과도 많다. ASEAN+3의 제도화 수준이 유럽연합이나 북미자유무역지대 같은 다른 지역에 비해 낮지만 '지역 정체성'을 중심으로 한 동아시아 최초의 협의체 기구이며 미국을 배제한 '아시아만의 연대'라는 점에서 그 의미는 크다고 할 수 있다. 따라서 ASEAN+3은 동아시아 지역주의의 가장 근간이 되는 토대이다.

그런데 ASEAN+3 국가들만의 미래 결프전 형태로 합의됐던 동아시아 정상회의(EAS)에서 일본은 인도, 호주, 뉴질랜드를 끌어들였다. 이 세 나라들은 전통적으로 친미국가들로 분류된다. 일본이 이 세 국가를 끌어들이려 하는 것은 동아시아에서 중국의 영향력을 희석시키려는 한편 미국의 간접적 영향력을 담보해 놓고자 하는 정치적 의도가 포함되어 있는 것으로 보인다. 동아시아 경제위기 이후 일본은 다양한 경제협력을 통한 동아시아에서 리더국의 역할을 하였음에도 불구하고 여전히 미국의 그늘에서 벗어나지 못하는 한계점을 계속 안고 있다.

4) 일본외교 앞으로의 과제

21세기 일본외교의 가장 큰 목표 중에 하나는 바로 유엔안보리 상임이사국이 되는 것이다. 일본은 미국과의 긴밀한 관계를 바탕으로 안보리 상임이사국 가입을 위한 적극적인 외교활동을 펼쳤다. 2004년 제59차 유엔총회에서 고이즈미 총리는 안보리 상임이사국 진출 의사를 국제무대에서 처음으로 공식화하는 연설을 하였다. 일본은 유엔에 대한 일본정부의 재정적 기여에 있어

명실상부한 제2위의 유엔 부담금뿐만이 아니라 그동안 일본정부가 행해온 국제평화유지 활동 및 국제 공헌활동 등을 이유로 안보리 진출을 주장하였다.

일본이 안보리 상임 이사국에 진출하려는 이유는 국제사회에서 일본의 정치력이 경제력에 비해 아주 미비하기 때문이다. 일본은 1990년대부터 안보리 상임이사국 진출을 위한 외교총력전을 전개해 왔다. 2004년에는 외무성에 안보리 상임이사국 진출을 담당하는 유엔강화 대책본부를 설치하였고 2005년에는 일본의 모든 외교활동 책임자들이 도쿄에 소집되어 상임이사국이 되기 위한 마지막 단계들을 조율했다.

일본의 안보리 상임이사국 진출에 대하여 주변국인 한국과 중국은 일본의 신뢰성에 의문을 제기하며 반대의사를 분명히 표명하였다. 그래도 일본정부의 생각은 한국, 중국 등이 반대해도 미국의 지지에 의해 다른 아시아, 아프리카 국가들의 지지를 얻어 안보리 상임이사국 진출을 할 수 있을 것이라 확신했다. 그러나 안보리 상임이사 진출에 관련한 공식 의안이 2005년 8월 유엔총회에 상정됐을 때 아시아, 아프리카 국가 중 공식적 지지의사를 표명한 나라는 아프가니스탄, 부탄, 몰디브 등 세 나라뿐이었다. 결국 일본은 안보리 상임이사국 진출에 실패하고 말았다. 실패의 원인은 미국과의 동맹이 약해서가 아니라, 일본이 아시아에 투자차원에서 수십억 달러를 사용한 게 무용지물이 되고 말았다.

미국 일변도의 일본외교 정책을 보는 한, 아시아, 아프리카 국가들은 일본이 안보리 상임이사국이 된다고 하여도 미국 추종표가 한표 늘어나는데 그칠 뿐이라고 판단하였다. 동아시아 전문가들은 일본이 진정한 국제 사회의 리더가 되기 위해서는 먼저 가까운 이웃들로부터 신뢰와 인정을 받아야 한다고 지적하고 있다.

이제 분명해진 것은 일본의 외교가 미국 중심만으로 성공하기가 어렵다는 것이다. 일본의 외교과제는 미국과 아시아의 양자택일 문제가 아니라 그 양쪽을 어떻게 조화롭게 조정하면서 주변국의 신뢰를 얻느냐에 달려있다.

현대일본의 사정

현대일본의 경제

IV

IV

현대일본의 경제

1. 전후혼란기

1) GHQ와 경제민주화

제2차 세계 대전 이후 일본은 미국의 경제 지원에 힘입어 산업화가 진행되었다. 제2차 세계 대전 이후 미국은 유럽에서 구소련과 냉전 대립이 격화됨에 따라 아시아에서의 자국의 이익을 위해 패전국 일본을 서방 진영의 국가로 편입시키는 것이 절대적으로 필요했다. 이를 위해서는 일본의 공산화를 막아야했고, 공산화의 위험을 없애기 위해 사회 안정을 확보하는 것이 무엇보다 시급했다.

일본은 1945년 패전과 함께 연합군(GHQ)의 점령 하에 놓여져, 일본 정부의 존재는 인정되었으나 간접통치의 형태가 취해졌다. GHQ는 일본의 경제제도에 대해 여러 가지 개혁을 강요했다. 그중 경제면에서의 3대 개혁이라 불리는 '재벌해체와 집중배제', '농지개혁', '노동민주화'의 내용을 간략히 살펴보자.

첫째, 재벌의 해체이다. 1947년 독점금지법과 과도경제력 집중배제법이 제정되어 1947년 이후 83개 사에 이르는 재벌이 해체되면서 경제성장의 기반이 되는 경쟁적 환경이 정비되었다.

둘째, 농지개혁이다. 농지 총면적에서 차지하는 소작지의 비율은 전국평균 46%에서 10% 전후로 감소했다. 소유권이 이전되면서, 대규모의 토지개량이 이루어지고, 새로운 벼농사기술도 도입되어 쌀의 생산량은 급속하게 높아졌다.

셋째, 노동민주화이다. 전시 중 해체되어 법적으로 인정되지 않았던 노동조합조직이 장려되었고, 노동자의 지위향상을 도모하기 위해 노동조합법(1945년), 노동관계조정법(1946년), 노동기준법 (1947년)의 노동3법이 제정되었다. 이로 인해 노동조합 조직률은 1945년 0%이던 것이 1949년에는 55.8%까지 상승하였다.

2) 경사생산방식

패전 직후 일본의 공업수준은 1926년~30년의 수준으로 되돌아갔다. 이러한 상황에서 산업의 부흥보다는 경제자립기반을 확립하는 것이 더 시급한 과제였다. 개발을 위해 일본 정부는 부흥금융금고(復興金融金庫)를 설립하고, 부금채(復金債)를 발행해서 산업부문에 자금을 원활히 공급하고자 하였다.

그런데 당시의 주요 에너지는 석탄이었으나 그 무렵의 석탄생산은 전시 중 40%로 감소하였고, 산업용 석탄은 거의 남아 있지 않았다. 그러던 중, 1946년 가을 요시다(吉田) 수상이 연합군에 간청해서 중유(重油)의 수입을 인정받았는데 이를 이용하여 생산을 회복시키기 위해 경사생산방식(傾斜生産方式)을 도입하였다.

경사생산방식이란, 우선 수입된 중유를 전부 철강업에 투입하고, 증산된 철강을 이번에는 석탄 산업에 투입하여 증산된 석탄을 다시 철강업에 투입하는 즉 두 부문 간에 제품을 상호 투입하는 방법이다. 그리하여 철강과 석탄의 생산을 우선 증가시키고 그들의 생산량이 어느 수준에 이르렀을 때 증산된 석탄을 점차 다른 기간부문으로 돌려 전체의 생산회복을 도모하려는 구상이었다. 그 때문에 석탄 산업에 부흥금융금고의 자금을 우선적으로 투입하고 노동력도 대량으로 투입하며, 부족한 식량이나 생활물자는 가능한 한 배급하는 수단이 취해졌다. 그와 같은 정책이 어느 정도 실효를 거두어 1948년부터 전력, 해운, 비료 등 중요산업에 대한 석탄 배급이 충분히 가능하게 되었고 경제부흥이 겨우 시작되었다.

경사생산방식에 의해 생산은 증가하였으나, 한편으로는 부흥금융금고를 통한 자금공급량의 증대로 인플레이션이 유발되었다. 1946년과 47년에 걸쳐 소비자 물가지수의 극심한 상승이 계속되었다.

3) 돗지 라인

제2차 세계 대전 이후 미국은 유럽에서 구소련과 냉전 대립이 격화됨에 따라 아시아에서의 자국의 이익을 위해 패전국 일본을 서방 진영의 국가로 편입시키는 것이 절대적으로 필요했다. 이를 위해서는 일본의 공산화를 막아야했고 공산화의 위험을 없애기 위해 사회 안정을 확보하는 것이 무엇보다 시급했다. 특히 동서 냉전이 심화되자 1947년 초 미국은 일본을 부흥시켜 그 경제력이나 군사력을 이용하려는 방향으로 계획을 수정하였다. 이때부터 미국의 대일정책이 변경되기 시작하였고 전쟁배상의 완화에 대한 검토가 본격화되었다. 일본이 경제부흥을 하도록 1948년 12월 '경제안정 9원칙'이 워싱턴의 지시에 의해 공포되고 1949년 2월 디트로이트 은행대표 조셉 돗지가 공사(公使)의 자격으로 일본에 왔다.

돗지는 일본 경제는 미국의 원조 없이 자력으로 자본을 축적하여 부흥해야 한다고 피력하면서 당시의 극심한 인플레이션을 억제하기 위해 3가지 초긴축정책을 일본에게 제시하였는데 그 내용은 다음과 같다.

첫째, 재정의 균형화이다. 둘째, 부흥금융금고의 신규대출의 정지이다. 인플레이션의 주요인으로 지목된 신규통화공급의 근원을 없애려는 것이었다. 셋째, 보급금(補給金)의 삭감과 폐지이다. 일본은 1947년 8월 민간무역이 재개되었으나 당시의 무역은 국영(國營)무역이었는데 국내 수출품 생산자에게 무역보급금을 주어 해외에서의 가격경쟁력을 확보하는 실정이었다.

돗지라인은 강력한 긴축정책이었는데, 1949년 초에는 돗지라인이 본격적으로 시행되기 이전부터 과세의 강화, 대출의 축소 등으로 인해 시중의 통화는 이미 긴축되기 시작했었다. 그래서 돗지라인이 본격적으로 실행되어 더욱 강도 높은 긴축정책이 전개되면 경제계는 불황에 시달리게 될 상황이었다.

4) 한국전쟁과 산업부흥

1950년에 들어서도 돗지라인은 변경되지 않고 금융의 완화에도 제동이 걸려 본격적인 공황의 위기가 염려되었다. 그런데 6월에 한국전쟁이 발발하면서 상황은 급변하고 일본 경제는 탄력을 받았다. 전쟁 특수로 인해 해외 수출은 급격히 증가했고 초긴축재정 정책 하에서 유효 수요 부족 현상은 일거에 해소되었다. 또한 기업의 합리화와 수익성도 대폭 개선되었다.

돗지라인으로 인해 경기침체 상태에 있었던 일본 경제에 한국전쟁으로 인한 영향은 의외로 컸다. 세계적인 전략물자 사재기로 인해 국제상품가격이 상승하고 이와 함께 미군의 특수(特需)로 일본의 수출은 급증하면서 일본 경제는 생산, 고용, 이윤이 급증하였다. 특히 외화 수입(收入)은 실로 커서 일본의 국제수지는 수출증가와 특수에 의해 단번에 개선되었고 이로 인해 연간 20억 달러 정도의 생산증가를 위한 원재료 수입(輸入)이 가능하게 되었다. 1949~50년에는 10억 달러의 수입이 고작이었던 일본 경제로서 20억 달러의 수입이 가능하게 된 것은 수입원 재료에 의존하는 주요 산업의 생산규모를 거의 2배로 가능케 하는 것이었다.

당시에는 전력, 철강, 해운, 석탄 등 기초산업의 생산부족이 문제였다. 그러나 원료수입 증가로 이들 4대 산업을 중심으로 생산증가를 위해 기업의 설비투자와 기술혁신을 활발히 할 수 있게 하는 계기가 되어 경제부흥이 시작되었다. 한국전쟁으로 인한 붐은 패전과 재건정비에 고충을 겪고 있던 일본이 경제를 회복시키는 데 있어 무엇보다 큰 영양소가 되었다.

1950년 말, 광공업 생산은 1949년에 비해 23% 증가했고, 1950년대 중반에는 2.4배로 확대되었다. 이에 힘입어 일본의 외환 보유고는 1949년 말 2억불이던 것이 1951년 말에는 9억 4천만불로 급증했다. 또한 일본 정부는 긴축재정을 지속해 물가 하락과 국내 소비 진작, 수출 확대를 추진했다. 그 결과 국내 고용도 확대되어 1950년대 후반부터 일본 경제는 고도 성장기를 맞이하게 된다.

2. 고도성장기

1) 고도성장의 국제적 환경

전후 10년간의 혼란기를 보내고 뜻밖에도 한국전쟁으로 인한 특수가 계기가 되어 경기가 회복되면서 1950년대 초부터 1970년대 초까지 약 20년에 걸친 세계에서도 드문 고도성장 시대가 시작되었다. 일본의 고도성장이 가능하게 된 요인 중 국제적 환경이 일본 경제에 미친 영향은 매우 컸는데 다음 3가지를 들 수 있다.

첫째, 세계적으로 성장기였다. 1950년~60년대 중반까지의 세계의 국내총생산(GDP) 성장률은 약 5%였고, 세계무역량은 1955~70년간 3배나 증가하였다. 전 세계적인 성장률의 상승은 일본의 고도성장에 있어 매우 유리한 조건이었다.

둘째, 고정환율제 하에서 환율이 안정되었다. 일본은 1949년에 세계경제에 복귀하고 환율을 1달러 360엔대로 설정한 이래 1971년 엔이 절상될 때까지 22년간 시종 이 비율을 유지해왔다. 이 기간 동안 일본은 360엔대를 기준으로 하여 국제경쟁력을 강화시키고 이로 인해 1960년대 후반에 이르러 국제수지의 흑자를 정착시켜갈 수 있었다.

셋째, 일본에 유리했던 또 하나의 국제환경은 중화학공업화를 위한 원료자원과 에너지원을 저렴하면서 안정적으로 확보할 수 있었다는 점이다. 1950년대까지 일본의 주력에너지는 석탄이었으나 1950년대 중반부터 10년간 급격히 석유에너지로 교체되었다. 당시 원유는 1950년대 이후 중동의 원유개발이 진행되면서 생산량은 급증하였고 60년대 말에는 원유의 공급초과상태가 계속되면서 원유가격은 하락하였다. 이러한 저유가를 배경으로 1950년대 후반부터 일본의 교역조건은 현저하게 개선되었고 양호한 교역조건이 일본의 성장을 유지시킨 큰 요인이 되었다.

2) 고도성장의 국내 환경

고도성장에 크게 영향을 미친 국내 환경으로는 다음 3가지를 들 수 있다.

첫째, 기업 간 치열한 경쟁과 적극적인 기업투자활동이다. 패전 후 GHQ에 의해 재벌이 해체되면서 메이지(明治) 이후의 소유형 경영자는 경제력을 잃고 대신 전문경영자체제로 변화하였다. 또한 집중배제법에 의해 기업의 분할이 이루어진 결과 제2회사끼리의 경쟁이 심했다. 은행을 중심으로 결집한 계열기업이 다른 계열의 기업과 경쟁하고 나아가 해외의 기술도입을 둘러싸고 경쟁이 치열하였다. 이 시기의 기업의 투자활동을 보면 1951년부터 70년까지 연간 민간투자는 10배 이상으로 증가하였고 기업설비투자의 성장률은 이 기간에 약 22%로 높았다. 이러한 기업의 적극적인 행동은 경제성장의 원동력이 되었다.

둘째, 기업이 적극적인 행동방침을 취해 성공할 수 있었던 또 하나의 큰 이유는 노사관계의 안정이었다. 전후 민주화에 의해 부활한 노동조합운동은 1950년 전반까지는 활발하였으나 그 후는 점차 침체해갔다. 또한 종신고용제, 연공서열임금제를 축으로 하는 일본형 노사관계가 일본의 고도성장에 있어서 큰 역할을 하였다. 이들 고용관행으로 인해 기업은 인원정리를 가볍게 하지 않고, 근속연수가 긴 노동자에 대한 대우를 후하게 하는 대신, 노동자에 대해서 기업의 방침에 대한 협력을 강하게 요구할 수 있는 체제가 확립되었다.

셋째, 기술진보와 중화학공업화이다. 일본 대부분의 산업은 1950년대 초 일제히 해외로부터 기술을 도입하기 시작했는데, 이 기술을 받아들일 때, 전전(戰前)·전시중(戰時中)에 축적된 기술이 큰 역할을 하였다. 당시 일본 기술의 특색은 해외에서 도입된 많은 기술을 조합해서 비용이 저렴한 대량생산체제로 완성시키는 것이었다. 기술진보의 전개 순서는 철강, 전력 등의 소재산업으로부터 시작하여 전기기계로 이행되고 신흥조립공업인 자동차산업이나 전자기기산업이 뒤를 이었다.

3) 고도성장요인

일본 경제가 고도성장할 수 있었던 것은 새로운 기술 도입과 기술 혁신에 따른 생산성 향상에서 기인한다. 일본이 해외로부터 도입한 기술은 1955년부터 10년간 총 2,616건이었고, 기술 도입은 미국을 중심으로 산업기계, 자동차, 석유화학 등의 수출 산업 분야에 집중되었다. 이러한 기술 도입은 일본의 수출 증가에 결정적으로 기여했다. 일본 기업들은 우수한 인재를 활용해 해외로부터 도입된 기술을 바탕으로 독자적인 응용 기술을 확보하고 기술 혁신을 지속했다.

둘째, 공업화 전략과 입지 조건에서 오는 상대적 우위성을 들 수 있다. 일본을 경제대국으로 이끈 산업 분야에는 기계공업, 철강, 석유화학 등의 중화학 공업과 가전 및 전자산업 분야 등이 있다. 일본의 중화학 공업은 그 원자재를 대부분 해외에 의존하고 있었기 때문에 생산 시설은 태평양 연안 지역에 근접해 있었다. 그러나 라이벌인 서구의 산업 국가들은 원자재 산지가 대륙 내부에 위치하고 있었기 때문에 생산 시설은 내륙지에 세워졌다. 그런데 산업화가 진전되면서 내륙의 물류 비용은 해상 운송비용보다 상대적으로 높아졌다. 그 결과 생산 및 판매 활동에서 내륙에 위치한 서구 기업보다 임해 지역에 위치한 일본 기업들이 비교우위를 갖게 된 것이다. 또한 일본 기업들은 서구 기업에 비해 후발업체였으므로 생산 시설 및 기술 생산성도 높아서 일본이 고도 성장기 서구 기업들에 비해 생산성과 가격 경쟁력면에서 비교 우위를 차지하게 되었다. 일본 기업들이 세계적인 기업으로 성장한 이면에는 후발 산업국이자 해양 국가로서의 장점을 적절하게 활용한 공업화 전략이 주효했기 때문이다.

셋째, 일본에 유리한 해외 시장 환경을 들 수 있다. 일본의 경제가 고도성장을 지속한 시기는 세계적으로 경제 호황기였다. 1950년대 중반 이후부터 1960년대까지 서구 산업국들의 경제는 고도성장을 지속했다. 또한 제3세계 국가들은 산업화가 추진되지 못했기 때문에 공업 생산품은 전적으로 해외 수입에 의존해야 했다. 그 결과 일본의 공업화 초기 단계에 생산된 저급한 생산품은 손쉽게 해외시장을 확보할 수 있었고, 외국으로부터의 수입 제한과 같은 무역 장벽 없이 자유롭게 수출을 할 수 있었다. 또한 미국의 배려에 따라 일본 엔화의 대 달러 환율도 일본에게 유리하게 설정되어 일본의 수출 경쟁력을 높이는 데 일조했다.

넷째, 안정적인 노사관계가 유지되었다는 점을 들 수 있다. 일본의 노동시장은 1950년대 후반부터 완전 고용 상태가 되어 2~3%대의 실업률을 유지했다. 이러한 노동 환경 하에서 높은 비율의 임금 인상이 지속되었고, 일본의 대기업들은 연공서열적인 인사 관리 및 임금 체계와 종신고용제를 도입함으로써 노사관계의 안정을 꾀했다. 전후 일본 대기업의 경우, 경영과 소유가 분리되어 직원들이 직접 경영에 대해 책임을 지는 형태로 운영되었다. 따라서 회사 경영과 노사관계에서도 회사 직원 또는 종업원 위주의 경영이 이루어졌고, 그 결과 협조적인 노사관계가 형성되었다. 일본의 노사관계는 기업별 조합 체제를 기반으로 형성되었다. 기업별 조합은 노동자 계급의 횡적 연대보다 개별기업 종업원의 이익을 중시했고, 산업별 연대 노동운동이 확산되기 어렵다. 일본의 노사관계는 완전 고용이란 환경에서 노사간의 협조적이고 안정적인 관계를 지속할 수 있었다.

다섯 번째는 일본 정부가 추진한 산업화 정책의 효율성을 지적할 수 있다. 일본의 산업 정책은 일명 신중상주의식 발전 모델에 가깝다. 이 모델은 국가가 주도하는 경제 계획 하에서 부족한 자본과 자원을 최대한 효율적으로 배분하고 생산자 및 자본가를 적극 지원해, 성장 위주의 경제 정책을 추진해가는 것을 의미한다. 국내 시장을 적절히 보호해 국내 기업과 산업을 보호하고, 수출 전략 산업을 집중 육성해 수출 주도의 성장을 지향하기도 한다. 일본은 대내적으로 국내 산업을 보호하면서 외국 상품 및 외국 자본의 유입을 최대한 제한하고 규제해왔다. 또한 기업을 중시해 자본가 및 생산자를 우대했고, 수출이 주도하는 성정 정책을 유지해 경제대국으로 성장했다. 이러한 성공은 GATT 체제하에서 1950~1960 년대 자유무역주의의 기조였던 국제 무역 환경을 십분 활용한 것이기도 했다. 그러나 1970년대 중반 이후 서구 산업국들의 경제 상황이 악화되면서 이들 국가들로부터 국내 시장 개방 압력과 경제 지원 정책의 수정 압력을 받게 되어 광범위한 무역 마찰을 겪게 되었다.

4) 고도성장이 초래한 것

고도성장을 거치고 1960년대 후반이 되면 국제경제에 있어서 일본의 지위는 크게 변하였는데, 그 내용을 살펴보자.

첫째, 경제대국으로서의 일본의 부상이다. 일본이 고도 성장기에 접어든 1950년대 무렵 일본의 1인당 명목GDP는 미국의 10% 정도에 지나지 않았다. 그로부터 1960년대에 걸쳐 생산과 수출이 증가하면서 제1차 석유위기 이전까지의 실질GDP성장률의 평균이 8.5%로 극히 높은 성장을 이루었다. 세계경제에 있어서 일본의 지위는 변화하여 1968년에 미 달러로 환산한 일본의 GNP는 미국, 소련에 뒤이어 세계 제3위, 사회주의권을 제외하면 제2위로 약진했다.

둘째, 일본의 경상수지가 1967년 이후 안정된 흑자로 전환되면서 일본의 국제적인 지위나 경쟁력에 대해서 선진국으로부터의 견제가 강화되었다. 이 무렵 일본의 수출구성은 중화학공업 중심으로 변모하고 철강, 조선 등의 생산이 급증하고 세계경제에서 일본이 차지하는 비중은 급격히 상승하였다.

셋째, 채무국에서 채권국으로의 전환이다. 일본은 1967년 이후 종래의 채무국에서 채권국으로 전환할 수 있었는데, 이러한 전환은 일본의 대외투자를 자극했다. 일본의 해외투자는 1965년까지는 총액 10억 달러에 이르지 못했으나, 70년에는 36억 달러에 이르고, 그 후 더욱더 급격한 증가를 보였다.

넷째, 고도 성장기를 통해 소위 일본적 경제시스템·제도·관행이 성립되었다. 즉 ① 기업의 계열(系列)간 주식상호보유로 나타나는 기업그룹의 존재, ② 연공임금, 종신고용의 고용시스템, ③ 메인뱅크 및 고정적인 주간사증권을 중심으로 한 금융중개시스템, ④ 경제 여러 분야에서 보여지는 세심한 공적규제 등을 들 수 있다. 이들은 전후 경제성장 과정에서 성립된 것으로 당시의 경제 환경에 잘 맞는 제도와 관행이었다.

5) 일본적 기업경영모델

일본 기업 경영의 대표적 특징은 가족주의적 경영에 따른 노사관계의 안정이다. 앞서 설명했듯이 일본 대기업의 대부분은 소유와 경영이 분리되어 있고 노동조합은 기업별로 결성되어 있다. 또한 회사의 경영 책임자들은 회사직원이며 최고 경영자도 평사원으로 시작해 승진한 경우가 대부분이다. 그렇기 때문에 노사간의 대결구도와 갈등구조는 자본가 대 노동자라는 계급적 대립구도와는 다른 특성을 갖는다.

1970년대 후반부터 일본 사회는 후기 산업 사회로 탈바꿈한다. 이 시기의 근로자 또는 노동자들은 높은 임금 수준과 생활수준에 만족해 투쟁적이고 적극적인 노조 활동은 감소한 것이 특징이다. 그 결과 1980년대 이후 안정적인 경제 성장의 환경 속에서 안정적인 노사관계를 유지했다.

한편 일본 기업 경영의 또 하나의 특징은 연공서열적인 인사관리와 임금 체계를 들 수 있다. 1950년대 후반 고도성장이 시작되면서 노동 시장은 완전 고용 형태가 되었다. 대기업을 중심으로 고용 인력을 안정적으로 확보하기 위해 근로자에게 유리한 연공서열적인 인사 관리와 임금 체계가 도입되었고 종신고용제가 도입되었다. 이러한 제도는 중도퇴직자나 이직자에게는 불리해 장기근속을 유도했고 애사심과 소속감을 고취시켰다. 또한 가족주의적 경영방침에 따라 폭넓은 사내 복리후생제도가 도입되었다. 사택이 제공되고 각종 보너스와 수당제도 휴양 및 체육시설이 확충되었다. 일본 근로자들은 기업이 제공하는 종신고용과 다양한 복리후생제도를 통해 개인의 국민복지 수준을 향상시켜 갈 수 있었다. 이러한 측면들은 서구 산업국가의 근로자들은 누릴 수 없는 혜택이었다.

3. 안정성장기

1) 석유위기와 인플레이션

1970년대 들어 국제환경은 일본 경제에 상당히 불리하게 돌아갔다. 전후 22년간 1달러 360엔대의 환율이 유지됨으로써 일본의 수출경쟁력은 상당히 개선되어 있었다. 그러나 1971년 들어 국제통화제도가 변동환율제로 이행하면서 엔 가치는 절상되어 1달러 308엔의 새로운 환율이 결정되었다.

엔 절상으로 수출증가가 어렵게 되자 일본 정부는 그에 대한 대책으로 경기회복을 위해 재정지출을 확대하며 통화 공급량을 증가시켰는데, 이러한 정책은 인플레이션을 초래했다. 또한 당시의 열도개조계획에 의해 자극된 지가상승 기대심리에 편승하여

지가(地價)가 대폭 상승하였다. 더구나 1972년에는 사회주의제국의 곡물흉작으로 소련이 미국 시장에서 곡물을 대량 구입한 것이 계기가 되어 국제 1차상품 가격이 급등하였다. 여기에다 국제적 인플레이션을 결정적으로 심화시킨 것은 1973년 10월 제4차 중동전쟁에 의한 석유위기였다.

이로 인해 1972년 중순까지는 엔 절상효과로 일본의 수입 물가는 일시적으로 하락하는 경향을 보였으나 그 후 수입품 가격이 상승하면서 일본의 국제수지는 큰 폭의 적자를 기록하고 물가상승에 놀란 일반소비자들까지 사재기에 가세하게 되었다. 1973년 소비자 물가지수는 전년에 비해 15% 이상 상승하여 1950년대 이래 최악의 상황에 이르렀다.

이에 다나카(田中) 내각은 인플레이션을 진정시키기 위해 열도개조계획을 포기하고 긴축정책을 한층 강화하였다. 그러나 이와 같은 인플레이션 억제정책은 일본 경제에 심각한 영향을 미쳤다. 국내수요는 큰 폭으로 감소하고 고도성장의 원동력이 되었던 기업의 설비투자도 활력을 잃게 되어 일본 경제는 단기적으로 불황에 빠졌다. 이와 같이 해서 1950년대부터 20여 년간 계속되어 온 고도성장이 이 시기를 경계로 하여 막을 내리게 된다.

2) 감량경영과 산업합리화

석유위기 이후 기업은 감량경영에 의해 체질개선을 시도하고자 했다. 감량경영은 크게 3가지 측면에서 이루어졌는데 고용조정(고용량의 삭감)과 노동비용의 절약, 금융비용(금리부담)의 절감, 기타 비용절감(합리화)으로, 구체적인 내용은 다음과 같다.

첫째, 고용조정과 노동비용 절감이다. 일본에서의 해고는 표면상으로 종신고용에 저촉되므로 양호한 노사관계를 유지하기 위해 일시에 대폭적인 인원조정을 피하고 특히 노동자를 지명해고하는 일은 거의 없었다. 그 대신 고용을 삭감하기 위해 퇴직자의 후임을 보충하지 않거나 공장 내 혹은 타 공장으로의 배치전환이나 출향(出向), 희망퇴직자 모집과 같은 수단이 도입되었다. 또한 정규직의 비율은 가능한 한 억제하면서 저임금의 주부층 파트타임 노동자를 적극적으로 활용하며 기업별 노동조합의 협력을 얻어 춘투(春闘)에 있어서 임금상승률을 억제하여 지불임금총액을 절감시켰다.

둘째, 금융비용의 경감이다. 금리부담에 허덕이던 기업은 설비투자를 억제하고 신규차입금의 증가를 자제하였다.

셋째, 그 외 비용절감을 위한 합리화가 이루어졌다. 기업은 우선 재고를 필사적으로 억제했다. 또한 설비투자도 가능한 한 억제하며 모든 분야에서 원료 및 에너지의 절감이 강구되었다.

이상과 같은 기업의 노력과 이에 대한 정부 정책의 대응 등이 맞물려 감량경영은 5년 정도의 기간을 두고 일단 성공을 거두었다. 1978년 말부터 79년에 걸쳐 기업 이익률이 회복되어 석유위기는 극복되었으나 전후 처음으로 물가상승, 마이너스 성장, 경상수지 적자라는 3가지 악영향을 경험하게 되었다. 무엇보다 석유위기는 중화학공업을 중심으로 발전해온 일본 경제에 큰 충격이었다.

3) 플라자합의와 엔고불황

제1차 석유위기 후 1974년의 불황 속에서 기업의 합리화 정책의 효과가 나타나기 시작하고 자동차나 컬러 TV 등 기계류가 수출증가의 주력이 되면서 1975년부터 일본의 수출은 다시 급증하기 시작하였다. 그러나 1977년부터 78년에 걸쳐 엔고가 진행되고 79년에는 제2차 석유위기까지 겹쳐 일본의 수출은 다시 침체상태에 빠졌다.

그런데 미국의 지미 카터 대통령이 계속되는 달러 약세를 막기 위해 1980년 4월 달러화 방위조치를 내놓자 환율은 82년 10월에는 274.70엔까지 떨어지게 되고 이에 일본의 수출도 84년 이후 현저한 회복을 보였다. 그러나 엔저로 인해 일본의 무역수지 흑자가 과도하게 늘어나자 1985년 9월 뉴욕의 플라자호텔에서 개최된 5개국 재무장관·중앙은행총재회의(G5)에서 달러 절하와 엔과 마르크의 절상에 대한 합의가 이루어졌다. 이를 '플라자합의'라 한다. 이와 같은 엔고로 인해 1986년 후반에 들어서면서부터 수출산업의 불황을 시작으로 일본 경제는 침체되기 시작했는데 이를 엔고불황이라 한다.

경기가 자율적으로 회복하기 시작한 것은 수입물가 저하의 영향이 널리 확산된 것을 첫째 요인으로 들 수 있다. 엔고불황이라 하더라도 수출산업이 불황이었지 비수출산업은 오히려 호황이어서 비수출형 산업의 이익률은 1986년부터 오히려 상승하였던 것이다.

경기회복의 둘째 요인으로는 엔고에 의한 수출가격 인상을 회피하기 위한 기업 측의 합리화 노력을 들 수 있다. 이 기간에 엔이 거의 2배로 절상되었음에도 불구하고 수출형 산업에서는 낮은 가격수준에서도 채산이 맞고 기업이 이윤을 낳을 만큼 합리화에 성공하여 1985~91년 사이에 수출가격의 인상은 20% 이하로 억제되었다.

경기회복의 셋째 요인으로는 제1차 석유위기 이래 침체를 계속해온 건설부문의 호황을 들 수 있다. 기업의 설비투자도 오랜만에 활기를 보였고 자동차, 일렉트로닉스 등 성장산업에 있어서도 설비의 신설확장이 많았다. 설비투자 붐이 찾아온 이유는 60년대 말기까지 행해진 설비투자 갱신의 시기가 온 것도 하나의 이유이고 무엇보다 절호의 조건이 된 것은 1986~87년의 저금리였다.

이상과 같이 1970년대 들어 두 번의 석유위기, 1985년 엔고불황을 경험하면서도 일본 경제는 감량경영과 합리화 정책에 의해 위기를 잘 극복, 1970년대부터 80년대 말까지 20년간 약 4%의 높은 성장을 지속해왔다. 그 결과 세계 제2위의 경제대국을 실현하였고 1인당 국민소득도 계속해서 증가하여 1987년에는 미국을 앞지르게 되었다.

4. 버블경제와 장기불황기

1) 버블경제

1985년의 엔고에 의해 야기된 엔고불황에 대한 대책으로 1986년부터 저금리정책이 시작되었다. 그러나 일단 인하된 금리를 인상시킬 계기를 잡지 못한 채 연 2.5%라는 기록적인 저금리가 1989년까지 계속되었다. 금융당국으로서도 물가가 거의 안정된 채 호경기가 계속되고 있는 상황이어서 금리를 인상시킬 계기를 잡기 어려웠던 것이다. 시중의 금리도 이에 따라 낮게 유지되어 기업의 본격적인 설비투자 붐을 만들었으나 또한 그에 따른 몇 가지 문제를 발생시킨 결과가 되었다. 저금리를 배경으로 대량의 자금이 주식을 비롯한 금융자산이나 부동산에 투입되면서 주가(株價)와 지가(地價)가 상승하게 된 것이다.

동증(東證)주가지수는 1986년 봄부터 88년까지 급상승을 계속하였다. 이러한 가격상승은 기업이나 개인을 주식시장에 동원케 하여 평균매매고가 1일 10억 주를 넘을 때가 많았다. 부동산, 특히 땅값의 상승도 놀랄 만한 것이었다. 특히 가격상승이 두드러진 것은 1986, 87년부터로 3대 도시의 상업지를 선두로 점차 파급되어갔다. 지가는 1985년에 비해 90년은 전국평균 5배, 도쿄, 오사카, 나고야 3대 지역의 상업지는 약 3배, 주택지는 약 11배의 상승을 기록하였다. 소위 버블경기란 이와 같은 사태를 가리키는 것이다.

1989년 3월의 재할인율 인상 후에도 금융은 급격하게 긴축되지 않고 모든 가격상승은 1989년 말까지 계속되었다. 1990년부터 주가나 땅값은 급격히 떨어지기 시작하고 91년 여름부터는 경기침체에 접어들었다.

1985년 9월 플라자합의에 의해 시작된 버블경기는 이렇게 해서 막을 내리게 되고 두 번에 걸친 석유위기의 후유증에서 완전히 회복하는 계기가 되었다. 1970년 후반부터 80년대 전반까지는 재정적자의 누적, 노동력 과잉 등의 문제가 일본 경제를 늘 압박해왔으나 그 부담이 버블경기에 의해 해소되었던 것이다. 이 무렵 일본의 국제적 역할은 한층 커져 무역액에 있어서도 대외순자산의 규모에 있어서도 세계최고의 지위에 있었다.

주가는 1989년 12월 29일을 피크로 90년 초부터 급락하고 지가도 뒤이어 폭락하기 시작하면서 경기는 93년 10월 최저점을 기록한 후, 특히 94년 중반에는 제로에 가까운 저성장이 계속되었다. 이를 헤이세이(平成) 불경기라 한다.

그러나 1995년 1월, 한신 아와지(阪神淡路)대지진이 발생하면서 일본 경제는 예상외의 수요가 추가되었다. 이와 함께 이 무렵에는 휴대전화, 가정용 팩스, 레포츠용 승용차 등의 신제품이 보급되고 가라오케박스(노래방)나 스티커사진기 등의 신규 사업이 전개되는 등 신수요가 발생하여 설비투자나 생산은 호조를 보였다. 또한 1995년 4월 환율이 1달러 79엔으로 최고치를 갱신한 뒤 다시 절하된 것도 경기에는 유리하게 작용되었다. 1990년의 버블이 붕괴된 후 비교적 경제가 양호했던 시기는 1995년과 96년의 2년간이었다.

버블경기의 붕괴로 인해 생긴 여러 문제가 충분히 처리되지 않은 채 구조적인 변동이 계속되는 가운데 1997년 3월을 정점으로 경기는 후퇴국면으로 들어갔다. 이에 재정재건을 목표로 한 1997년의 소비세율의 인상(3%에서 5%), 공적수요의 삭감, 그해 7월 아시아 통화위기, 가을 무렵의 대형금융기관의 도산 등, 내외의 악조건이 한꺼번에 겹쳐 경기는 급속도로 침체되었다. 이에 금융시스템의 불안이 현실화되고 일본 경제의 각 부문에서 여러 문제가 발생하기 시작했다. 이들의 영향은 예상을 넘어 경제에 심각한 영향을 미쳤다.

그 첫째가 금융기관의 부실채권 문제였다. 버블경기 붕괴로 인해 발생한 과잉설비와 고용과잉, 거액의 부실채권 누적에 의한 부실화가 만연하였다. 게다가 버블 붕괴 후, 보유주식의 자본이익은 크게 감소하였다. 이 때문에 금융기관의 자기자본은 격감하고 일부 대형은행은 국제 업무를 행하는 데 필요한 자기자본비율 8%를 넘지 못해 해외업무로부터 철수하기도 하였다. 지방은행이나 제2지방 은행 가운데 국내은행의 건전성 기준인 된 자기자본비율 4%를 대폭적으로 밑도는 현상이 보였다. 1997년 11월에는 주식이나 토지의 '분식회계'에 의한 손실은폐가 판명된 야마이치(山一)증권과 채권평가에 문제가 있었던 홋카이도 타쿠셔쿠(北海道拓殖)은행이 도산해버렸다. 일본에는 예금보험제도에 의해 2001년 3월까지 예금 등은 전액 보호되므로 연쇄적인 금융공황으로 이어지지는 않았으나 일본 금융계로서는 전후 처음 겪는 심각한 위기였다.

은행의 자기자본비율이 하락한 가운데 민간투자자들은 출자에 신중해져 시장을 통해 자본증가는 더욱 어려운 상황이 되었다. 이렇게 되자 자기자본비율의 개선을 목표로 자기자본비율의 분모에 해당하는 총자산의 압축, 즉 대출총액의 축소에 힘쓰게 되는데 이로 인해 금융기관의 '대출 꺼리기'와 융자를 회수하는 움직임이 나타났다.

금융기관의 대출억제로 인해 자금의 유통이 안 되면서 실물경제에 심각한 영향을 미쳤다. 버블기의 과잉투자에 의해 막대한 채무를 안고 있는 기업은 물론, 통상의 영업활동을 계속하는 기업까지도 경기가 후퇴하는 가운데 금융기관의 대출억제로 인한 유동성 부족으로 도산하는 예도 있었다. 기업의 자금사정 악화는 설비투자를 위축시키고 가격하락을 예상한 개인의 주택건설도 활력을 잃었다. 또한 아시아 경제위기로 인해 수출시장이 축소되고 기업의 매출도 감소하여 잔업수당이나 보너스의 감소로 인해 급여소득이 저하했다.

이러한 제반 상황이 근로자 다수의 경제불황감과 심리적 불안정을 조성하여 소비성향이 저하되었다. 이러한 수요 감소를 배경으로 물가가 하락하고 이것이 기업경영을 압박하여 고용감소로 이어졌다. 또 그것이 더욱 경기를 나쁘게 하는 디플레이션 악순환(deflation spiral : 통화수축에 의해 물가나 임금이 연쇄적으로 저하하는 것)에 빠질 직전까지 이르렀다. 1999년 4월에는 전후 12번째의 경기순환의 지점(계곡)을 기록했는데 일본으로서는 '전후 최악의 불황'이었다.

이런 과정에서 실업률은 1987년 2%대에서 97년 3.5%, 98년 4%대를 넘어 2000년 3월에는 5.2%로 최고치를 기록하였고 2001년 7

월에도 5%로 고용정세는 여전히 밝지 않았다. 대졸자 취업률도 전후 최저치인 65%대로 떨어졌다. 장래 불안으로 인해 많은 근로자들의 소비심리는 위축되고 이는 기업의 매출둔화, 추가설비투자 부진 등의 악순환을 가속화시켜 경기가 더욱더 악화되고 회복의 기미는 보이지 않았다.

2) 1990년대 장기 침체

1980년대 일본경제는 서구산업국가들이 저성장과 실업 및 인플레이션 등의 경제 문제로 어려움을 겪을 때 4~5% 대의 안정적 성장을 지속했다. 그러나 1985년 '플라자합의' 이후 급격한 엔화상승과 국내 금리하락으로 버블경제가 초래되었다.

미국의 주도로 이루어진 플라자 합의는 선진5개국(미, 일, 영, 독, 프)이 미국의 수출 경쟁력을 높이고 무역수지 적자를 개선하기 위해 달러 가치의 하락과 기타 4개국의 통화 가치를 10~12% 상승시키기로 합의한 회의였다. 이로 인해 일본의 엔화가치는 플라자합의 전날 1달러=242엔에서 1985년 말에는 1달러=200엔, 1988년 초에는 1달러=128엔까지 급격히 상승했다.

1990년대 이후 일본 경제가 장기 침체를 지속하는 이유를 살펴보면 다음 몇 가지로 정리할 수 있다.

첫째로는 제조업과 같은 실물 경제의 장기 침체를 들 수 있다. 1980년대 이후 일본 국내 제조업의 대외 경쟁력은 일본엔화의 가치상승과 해외 기업들과의 기술 격차 축소로 약화되었다. 이에 따라 일본 기업들의 수익성이 약화되었고 생산 시설을 해외로 이전하는 기업이 늘어났다. 1990년대 들어 세계경제가 개방화되고 정보화 혁명이 진전되면서 해외 기업들의 일본 시장 잠식이 크게 늘어났다. 이로 인해 일본 국내 기업들의 경쟁력과 수익성은 한층 약화되었고 이는 기업들의 실적 악화로 이어져 기업의 도산과 국내 실업의 증가를 가져왔다. 한편 값싼 외산 제품의 수입 증가로 국내 물가가 하락해 디플레이션이 발생했다. 특히 일본의 소비자 물가는 1997년부터 전년 대비 하락하는 현상이 발생해 2002년까지 계속되었다. 이러한 국내 물가의 지속적인 하락은 기업의 생산 활동과 수익성을 더욱 위축시키고 악화시켰다.

둘째로 일본 정부의 금융 및 재정 정책과 산업 정책의 실패를 들 수 있다. 일본 정부는 실물 경제가 하강하는 국면에서 기업의 생산 활동과 국민의 소비 활동을 진작하는 적절한 금융 정책을 시행할 시기를 놓쳤다. 1990년대 초부터 시중금리를 지나치게 낮게 운영함으로써 금리인하 정책을 효과적으로 활용하지 못하였다. 또 재정적자 축소를 위한 재정지출 억제 정책을 우선해 기업의 생산 활동과 국민의 소비 활동을 위축시켜서 효과적인 산업 정책의 측면에서도 실패했다.

1990년대 미국과 영국 등은 새로운 제도 개선과 과감한 산업구조 정책을 통해 정보통신 및 금융산업 등과 같은 새로운 성장 산업 분야를 적극 육성해 경제재건에 성공했다. 그러나 일본 정부 및 산업계는 제조업의 기술력을 과신한 나머지, 산업 및 기업의 구조 조정을 게을리 했고 경제 성장의 새로운 동력을 개발하는 데도 뒤쳐져 전반적인 일본 산업계의 대외 경쟁력 하락을 가져왔다.

셋째는 일본 정부의 재정적자의 악화이다. 1980년대 일본 정부는 중앙 지출에서 확대 재정을 지속해 공공기업들의 운영 부실 규모가 확대되면서 재정적자가 발생하기 시작했다. 1990년대 들어 경기 침체로 인해 재정 수입 감소와 경기 진작을 위한 재정 지출 증가로 일본 정부의 재정적자는 급격히 증가했다. 이에 따른 일본 정부의 장기 채무액은 2002년 말 기준 705조 엔에 달해 일본 GDP(2000년, 510조엔)의 141%를 초과했다. 이러한 수준은 OECD 국가 중에서 가장 열악한 것으로 이후 상당기간 일본 국가경제 운영의 최대 장애 요인으로 작용하였다. 이러한 재정 상황의 악화는 경기 진작을 위한 정부 재정 지출의 확대를 어렵게 했다. 그 뿐만 아니라 버블 붕괴 이후 금융기관의 부실화로 기업에 대한 정상적인 금융 지원이 곤란한 상황에서 일본 경제를 회생시키는데 커다란 걸림돌이 되었다.

당시 일본 정부가 일본 경제를 회생시킬 수 있는 유일한 방법으로 검토했던 정책은 엔화의 평가 절하에 의한 수출 증대로 경기를 활성화시키는 것이었다. 그러나 이 정책은 경기 침체기에도 막대한 무역흑자를 기록한 상황에서는 무역 상대국들의 반발에 부딪칠 뿐 효과적인 정책이라고 할 수 없었다.

2000년대 들어 일본 정부가 적극적으로 검토했던 정책의 하나는 인위적인 물가상승을 통해 일본 국내 자산 가치를 상승시키고 이에 따른 기업 실적과 소비 수준을 향상시키는 것이었다. 즉 일본 국내의 주식 및 부동산 가격을 상승시켜 자산 가치가 상승하면, 전체 국민 소득 확대로 국민들의 소비 활동이 증가하고 기업 실적이 향상될 것이며 이에 따라 재정 수입도 증가할 것으로 전망했었다. 또 심각한 디플레이션과 국민들의 실질 소득 감소로 소비가 위축되고 재정 수입이 축소되는 상황에서 인위적인 인플레이션 정책은 유효한 정책이 될 것이라는 주장도 제기됐었다.

일본 경제의 장기 침체는 이상과 같은 배경에서 지속되었지만 일본 사회 구조의 급격한 변화에서도 기인했다. 즉 인구 구조에서 급격한 고령화와 전체 실업 인구의 증가로 향후 일본 경제에 대한 비관적인 시각이 증가하면서 일본 국민들의 소비 활동과 생산 활동은 더욱 위축하였다. 이러한 일본 사회의 구조 변화는 일본 경제의 장기 침체에 대한 해결을 더욱 어렵게 전망하였다.

3) 일본경제 희생의 불확실성

2000년대 이후 현재까지도 일본경제의 불확실성은 지속되고 있다. 전후 일본경제의 전형적인 시스템은 정부의 적절한 규제와 보호아래 경제가 작동하는 메커니즘이었다. 한마디로 일본행 경제시스템은 정부가 앞장서서 시장을 이끄는 '호송선단'방식 혹은 '발전국가모델'로 불려왔다. 호송선단방식은 일본의 노사문화에도 적용되어 '종신고용'과 '연공서열'이라는 독특한 일본식 노사관계를 낳기도 하였다. 이러한 시스템은 노동자에게 생애에 걸친 고용의 안정을 제공하는 한편 기업 측의 인적투자에 대한 인센티브를 높여, 부가가치가 높은 노동력을 창출한다고 평가받았다. 그러나 이러한 일본식 경제 시스템은 1990년대 장기불황속에 기업의 도산이 증가하면서 비효율의 원천으로 지적되고 있다. 장기불황 속에 실적이 약화된 기업들은 종신고용을 감당하기가 힘들었으며, 고비용의 정규직 사원만으로는 경쟁력을 유지할 수 없게 되었다.

일본정부는 거품경제의 붕괴 후 장기불황을 탈피하고자 일본 고유의 경제모델에서 '신자유주의라는 영미 식 모델'로 탈바꿈을 시도하였다. 일본 정부는 시장에 규제를 강화하기보다는 규제를 완화시켰다. 또한 우정성 같은 공기업, 국영사업들을 민영화시켰다. 이러한 신자유주의적 구조개혁의 물결 속에 일본만의 노사문화라 할 수 있는 '종신고용'과 '연공서열'의 제도 역시 약화되고 있다.

그렇다면 이러한 개혁의 결과는 어떠한가? 신자유주의 구조개혁은 일본의 경제회생에 있어 큰 역할을 하였지만 여러 가지 부작용 또한 나타나고 있다. 첫째, 영미식 모델의 시장원리주의는 분식회계 및 주가조작 사건과 같은 비윤리적인 대형기업 범죄를 유발시키고 있다. 대표적으로 일본사회에 큰 충격을 준 라이브도어 사건 등이 있다.

이러한 신자유주의의 개혁과정에서 일본사회에 두껍게 형성되어 있던 중상층이 해체되고 계급격차가 뚜렷해지기 시작하였다. 일본의 전통적 고용제도가 사라짐으로써 노동자들의 급여수준이 감소하고 있다. 이는 결국 일본사회의 불안으로 확대되고 있다.

1990년대 이후 세계화라는 새로운 구조변화로 인해 일본식 조정 메커니즘이 더 이상 작동되기 어려워진 것은 사실이지만 영미식의 시장지향적 처방만으로 일본경제가 성장되지는 않는다는 것이다. 노사관계, 사회적 가치관 등 일본적 특수성이 일본경제에 여전히 긍정적인 기능을 하고 있는 측면이 있다. 일본은 거품

경제 붕괴이후 오랜 기간 동안 장기불황에 빠져 있었다. 그럼에도 불구하고 GDP면에서 여전히 세계 제2위의 경제대국이라는 지위를 유지하였는데 2010년에 2위 자리를 중국에 넘기게 되었다. 현재 세계 경제에서 차지하는 일본의 비중과 위상은 1980년대 고도성장시기보다 훨씬 약화되고 있다. 세계 제3위가 된 일본의 경제규모는 미국과 비교하여 볼 때 격차가 점점 벌어지고 있으며, 독일, 영국, 중국과는 격차가 점점 줄어들고 있다. GDP의 증감변화율에도 일본은 다른 주요국들에 비해 낮은 수치를 보여주고 있다. 이는 전 세계에서 차지하는 일본의 경제 비중이 계속해서 축소되고 있다는 뜻이다.

<표 4-5> 주요국 GDP의 대 일본 비교

(단위: 억달러)

구분	1990	비율	2000	비율	2006	비율	변화율
일본	30,183	100.0	46,675	100.0	43,760	100.0	145.0
미국	58,031	192.3	98,170	210.3	131,947	301.5	227.3
독일	17,145	56.8	19,002	40.7	29,132	66.6	169.9
영국	9,959	33.0	14,509	31.1	23,955	54.7	240.5
중국	3,878	12.9	11,985	27.4	26,446	60.4	681.9

자료: 한국은행 홈페이지 참조.

주) 변화율은 1990년도 대비 2006년도 증감 비율

게다가 일본은 회복중인 경제를 유지하기 위해서는 여전히 극복해야 할 많은 과제들을 안고 있다. 우선 신자유주의 개혁이 야기한 부작용과 후유증을 해결해야 한다. 자유경쟁에 따른 승패는 시장경쟁의 본연의 특성이므로 결과적으로 승자와 패자가 발생하는 것은 당연하다. 따라서 중요한 점은 패자를 위한 사회적 안전망이 정비되어야 한다는 사실이다. 이 점은 고이즈미 내각의 구조개혁 때부터 지적되었지만 결과적으로는 개인 간 소득과 자산의 격차, 대기업·중소기업간, 업종간의 기업격차 그리고 도시와 지방간의 지역격차 등이 확대되고 있는 것으로 나타났다. 격차사회가 심화될수록 일본사회의 통합은 물론 경제회복을 위한 내수시장의 활성화는 그만큼 지체 될 수밖에 없다.

또한 세계화의 도전은 일본이 주변국가들과 경제협력을 강화할 필요성을 제기하였다. 앞서 언급한 것처럼, 일본이 다시 부활한 하나의 원인은 대중 수출의 급신장에 있었다. 중국의 경제발전이 일본경제의 부활에도 중요한 조건이 되었다. 한국도 마찬가지로 중요한 주변국이다. 일본에 있어 한국은 세 번째로 큰 무역상대국이다. 일본경제의 지속적 성장을 위해서는 한국과 중국의 경제협력 강화가 무엇보다도 중요하다. 나아가 일본은 동아시아 경제협력의 토대를 마련하고 주도권을 행사하는 것이 필요하다. 그것이 세계화에 대응하여 일본의 이익뿐만 아니라 동아시아의 '공동이익'을 확대하는 길이기 때문이다.

일본경제의 비중과 존재감이 예전보다 줄어든 것은 부인할 수는 없다. 일본의 경제개혁이 신자유주의 구조개혁의 산물이었지만, 작금의 세계경제위기는 '신자유주의의 위기 혹은 파산'을 의미하는 것이라는 점에서 일본경제의 미래는 대단히 불투명해졌다고 보인다. 일본형 경제 시스템의 변화도 이러한 세계경제위기 속에서 새롭게 성찰해야 할 문제이다.

5. 국제무역

1) 국제통화제도와 엔 시세

환율은 두 나라 사이의 화폐교환비율을 말한다. 무역거래의 결제에 있어 1870년대부터 제1차 세계대전 직후까지는 금을 기준으로 각국 화폐간의 교환비율이 고정되어 있었는데, 이를 금본위제도라 한다. 그러나 제1차 세계대전 이후 세계대공황으로 각국은 금본위제도를 포기하고, 1944년 브레톤우즈협정에서 미 달러를 기축통화로 하는 조정 가능한 고정환율제도를 설정하고 환율의 변동폭도 1%로 제한하였다.

제2차 세계대전 이후 미국의 원조를 받은 유럽은 국제경쟁력을 회복하고 일본도 점차 성장률을 높여갔다. 이에 비해 미국은 1960년대 들어 만성적인 무역수지가 계속되고 특히 베트남전쟁 이후 달러의 유출이 급격하게 늘어 달러의 국제신뢰도가 떨어지자, 1971년 닉슨 대통령은 달러의 금태환정지를 선언하였다. 이에 국제통화제도도 1973년부터 변동환율제로 이행되었다. 이때부터 환율은 외환의 수요공급에 따라 변동되었고, 환율의 변동이 지나칠 때는 정부가 이를 진정시키기 위해 외환시장에 개입하였다.

일본의 경우 1949년 세계경제로 복귀하면서, 환율도 1949년 4월 1$=360엔대로 설정되었다. 이후 일본은 1971년까지 22년간 이 비율을 유지해왔으나, 국제통화제도가 변동환율제로 이행함에 따라 1971년 12월 1$=308엔의 새로운 환율이 결정되고, 73년 2월에는 273.10엔으로 또다시 절상되었다. 그 후에도 일본의 수출증가와 함께 엔고 절상압력은 계속되어, 1988년에는 121.15엔으로 절상되고, 1995년 4월에는 79.15엔으로 사상최고치를 기록하였다.

일본 재무성은 엔고가 급격히 진행되는 경우, 엔저로 반전될 수 있도록 엔고 시정책을 편다. 대장성과 일본은행이 시장에 개입하여 엔을 팔고 달러 등의 외화를 사들여, 엔시세의 상승을 억제하는 것이 일반적인 방법이다. 그런데 급격한 엔고나 엔 저하를 막기 위해 외환시장에 1회 개입할 때의 평균자금이 1991년에는 227억 엔이었는데 2000년에는 7,644억 엔으로, 10년간 33배나 증가하였다고 한다. 또한 1995년 4월 1$=79.15엔이었을 때는 2개월간 연일 엔을 팔았다고 한다.

2) 엔고와 수출입

환시세에 대해 각국이 민감한 반응을 보이는 것은, 자국의 통화가 상대국 통화에 비해 그 가치가 올랐는지 내렸는지가 크게 영향을 미치기 때문이다. 환율변동에 대한 수출입의 경제효과를 간략히 설명하면 다음과 같다.

만약 1$=300엔의 환시세가, 1$=100엔이 되었다면, 이는 달러에 비해 엔의 상대가치가 절상된 것으로 엔고 혹은 엔의 평가절상이라 한다. 엔이 절상되면 보통 일본 제품의 수출은 감소하고 일본의 수입이 증가할 수 있다. 예를 들어 일본에서 시판되는 라면 가격이 300엔일 때, 환율이 1$=300엔일 경우 미국은 1달러를 가져와 라면 1개를 사갈 수가 있다. 그러나 엔이 절상되어 1$=100엔이 되었다면, 이번에는 3달러를 가져와야 라면 1개를 사갈 수 있다. 따라서 미국의 입장에서 볼 때 일본의 라면 값이 상승한 것이 되므로 미국의 일본 라면의 수입이 줄어들게 되고, 따라서 일본의 라면 수출은 감소할 수 있다. 한편 미국의 오렌지 1개가 1달러일 때, 엔이 절상되기 전에는 일본은 300엔을 가지고 오렌지 1개를 사올 수가 있었으나, 엔 절상으로 이번에는 100엔으로 오렌지 1개를 사 올 수 있다. 따라서 일본이 구입하는 오렌지 가격 하락으로 일본의 오렌지 수입이 늘어난다.

이와 같이 엔이 절상되면 일본의 수출이 감소하고 수입이 증가하여 일본의 무역수지가 악화될 수 있으나, 엔 절상 초기에는 오히려 국제수지가 개선되다가 일정기간 후 악화되는 효과가 나타날 수 있는데 이를 '역J곡선효과'라 한다. 이는 엔이 평가 절상되어 일본 제품의 $ 표시 수출품 가격이 상승하나 단기적으로는 해외에서의 수입수요의 변화가 별로 없으므로 일본의 수출총액은 증가하게 되고, $ 표시 수입가격은 하락하나 단기에는 일본 국내에서의 수입품에 대한 수요반응이 즉시 일어나지 않아 수입총액이 감소하기 때문이다. 일본의 경우 과거의 경험에 의하면 수출총액이 감소되는 것은 엔 절상 이후 약 12개월 이상이 지난 후로 되어 있다.

따라서 이 역J곡선효과가 발생하고 있을 기간 동안 수출기업들이 합리화 노력으로 생산비용을 절감하여 수출가격이 인상되는 것을 막을 수 있다면 국제수지는 계속해서 호전될 수도 있다. 일본은 1970년대 초와 80년대 중반 극심한 엔 절상을 경험하게 되는데, 그때마다 기업의 합리화 노력으로 국제수지를 호전시키는 역전극을 벌여왔다.

3) 엔 시세와 경상

일본은 1949년 4월 1$=360엔대가 설정된 이래 71년 엔이 절상될 때까지 22년간 시종 이 비율을 유지해왔다. 이 기간 일본은 360엔대를 기준으로 해서 국제경쟁력을 강화시켜나갔다. 그러나 1960년대 말부터 일본의 경상수지 흑자가 크게 늘어나는 한편, 미국은 국제수지 적자폭이 확대되자, 1971년 12월 스미소니언협정에 의해 1달러 308엔의 새로운 환율이 결정되었는데, 이는 일본으로부터의 수입을 저지하려는 의도가 포함되어 있었다. 일본은 이후에도 계속되는 엔화 절상압력으로 1973년 2월에는 273.10엔으로 절상되었다.

그러나 일본의 수출은 1975년부터 다시 급증하기 시작했는데, 이는 일본 기업이 합리화정책을 펴서 비용을 절감하고, 자동차나 컬러 TV 등 기계류의 수출이 늘어났기 때문이다. 이에 무역적자는 1976년에는 해소되고 흑자폭이 점점 확대되자, 일본의 수출증가는 다시 비난의 대상이 되어 78년 10월에는 175.50엔으로 절상되었다. 1979년에는 제2차 석유위기까지 겹쳐 일본의 수출은 거의 침체상태였다.

그러나 1980년 4월 카터 대통령이 계속되는 달러 약세를 막기 위해 달러화방위조치를 내놓으면서 환율은 82년 10월 274.70엔까지 떨어지게 되고 이에 일본의 수출은 현저한 회복을 보였다. 1985년에는 일본의 경상수지 흑자폭이 GDP의 3~4%에 이르자 G5 재무장관은 85년 9월 엔고에 합의(플라자합의)하게 되고, 이후 엔 절상이 계속되어 88년 11월에는 121.15엔까지 절상되었다. 이에 경상수지 흑자도 1990년까지 계속 저하해갔으나, 기업의 부품생산기지의 해외이전과 합리화 노력 등의 결과 경상수지 흑자는 91년부터 다시 증가하기 시작하였다.

1992년 11월 클린턴 대통령 당선 후 미국의 대일무역역조 시정과 무역장벽철폐가 초미의 관심사가 되면서 엔화는 다시 강세를 나타내어 95년 4월 엔화는 79.75엔까지 절상되어 사상최고치가 되었다. 그러나 미국 경제가 호황국면으로 접어들었고, 반대로 일본은 버블 경기의 붕괴로 불황이 계속되면서 달러강세와 엔화 약세가 이어졌다. 1997년 12월 130엔, 98년 4월 135엔으로 엔저가 진행되다가, 최근에는 99년 12월 102.69엔, 2000년 4월 105.48엔으로 약한 엔저 엔고가 되풀이되었다. 2008년의 미국발 세계적 경제위기를 거쳐서 2010년 9월에는 84.06엔으로 다시 엔 강세를 나타냈다.

6. 아베노믹스

일본총리 아베신조+이코노믹스 합성어로 지난 잃어버린 20년에서 빠져나와, 매년 2~3%의 인플레이션을 목표로 한 일본 아베신조 총리의 경제 정책을 뜻한다. "윤전기를 돌려 화폐를 무제한으로 찍어나겠다."라고 공언한 양적완화 정책이다.

미래를 담보로 양적 완화를 통해 인위적으로 엔화의 가치를 떨어뜨리는 것이 아베노믹스의 핵심 정책이다. 일반적 경제원리를 적용한 정책이 아니기 때문에 야당인 민주당은 이에 극구 반대하며 다른 대안을 제시하고 있다. 항목별로 비교하면 다음과 같다.

정책분야	자민당(아베노믹스)의 정책방향	민주당의 정책방향
환율	강력한 엔저 유도	엔고 용인
재정	확대 재정정책	재정건전화 정책
금융	무제한 양적 완화	통제된 양적 완화
중앙은행 독립성	정부와 중앙은행의 정책공조 강조	중앙은행 독립성 인정
물가관리	소비자물가상승률 2% 목표(target)	소비자물가상승률 1% 지향(goal)
성장전략	제조업 국제경쟁력 부활	서비스 분야 성장산업 육성

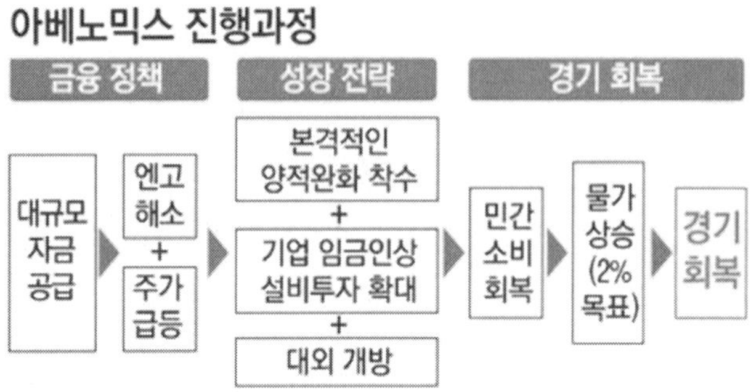

환율측면에서 국내 금리하락에 따라 환율이 절하되고 엔저 효과로 수출 경쟁력을 제고시키게 되고 임금상승이나 고용비율 상승을 가져오게 되어 내수시장을 활성화 시키게 된다. 또한 내수시장이 활발해지면 일본정부가 목표로 삼은 디플레이션 탈출과 2%물가상승과 같은 효과를 기대할 수 있게 된다. 요약하자면 정부가 채권을 매입함에 따라 시장에 유동성공급이 확대되고 기업과 가계의 대출확대에 따른 소비, 투자가 증가한다는 논리다. 여기에 디플레이션 탈출을 위해 엔화하락에 따른 수출증가, 총수요의 확대라는 특수한 요인이 추가된다.

정책 초기에는 지표를 보면 아베노믹스의 약발은 확실했다. 니케이 지수의 경우 정책 실시이후 엄청난 상승을 보였다. 하지만 양적완화의 경우 부채를 늘리는 방식이기 때문에 세수확보, 이자비용증가에 따른 문제점이 발생하게 되는데 이에 대한 재정쇼크에 대한 우려로 주가가 미끄러지기도 했다.

사실상 버블경제 이후 정체되었던 일본 경제에 활력을 불어

넣었다. 가장 먼저 금융시장에서부터 가시적인 반응이 나왔다. 일본 니케이 지수는 2012년 11월 월평균 9,059 포인트였다가 아베가 총리에 취임한 뒤부터 급등하여 6개월 뒤인 2013년 5월에는 월평균 14,532 포인트까지 60%나 상승하였다. 뿐만 아니라 적극적인 통화팽창으로 달러당 엔화 환율도 크게 절하되었다.

환율 또한 즉각 반응하여 수출기업에게 호조로 작용하였다. 흔히 알려져 있는 도요타나 파나소닉, 닛산, 혼다, 소니와 같은 기업들은 영업이익 상승으로 인해 보너스 지급과 고용창출 등 즉각적으로 반응하였다. 특히 지속된 엔고현상으로 기업들의 기준환율 대비 손익분기점이 매우 낮아진 상태였기 때문에 엔저현상은 더욱더 큰 효과를 거둘 수가 있었다. (현대차의 경우 환율이 10원 떨어지면 대략1000억 이상의 손실이 남. 도요타의 경우 1엔 상승할시 대략 350억 엔의 추가이익이 남.) 특히 아베노믹스의 덕을 본 도요타자동차의 사장이자 일본자동차공업협회의 회장 도요타 아키오(豊田章男)는 잃어버린 20년 사이에 일본기업은 시가총액 약 360조 엔을 잃었다고 진단하면서 2013년 5월에 "아베노믹스로 그 반 정도는 회복시켰다"고 평하기도 하였다.

그러나 경제원리 보다 인위성이 강한 아베노믹스는 다음과 같은 문제점들이 있다.

첫째 바로 수입물가 상승으로 인한 악영향이다. 일본의 경우 자국제품에 대한 애국심이 매우 높지만 기초 원자재의 경우 큰 타격을 받게 되는데 특히 에너지 시장에서 큰 문제가 되고 있다. 2011년 대지진이후 원자력 가동을 제로로 함에 따라 그에 따른 대체 에너지 수입량을 늘릴 수밖에 없었기 때문이다. 기업의 수출은 호조세를 이루었지만 천연가스를 비롯한 원자재의 수입가격 상승은 일본의 무역수지에 적자폭을 확대 시키는 결과를 가져왔다. (최근 러시아의 크림반도 사태로 미국이 세일가스를 비롯해 에너지 증산량을 늘림에 따라 국제 에너지 시장의 변화도 지켜봐야 할 상황이다.)

둘째 소비세 인상으로 인해 침체된 경제 성장률을 꼽을 수 있다. 임금은 늘었지만 실질적인 소득은 전혀 늘지 않았다. 다시 말하면 수치상 임금은 늘었지만, 정부가 기존 5%였던 소비세를 8%까지 인상하면서 실질적인 일본 국민들의 소득은 오히려 줄은 것으로 나타났다. (명목 임금은 늘었지만 실제 임금은 오히려 줄었기 때문) 이에 따른 부작용으로 2014년 3월 31일까지 분기별 경제성장률은 6.1%까지 크게 성장했으나, 소비세 인상 이후의 경제성장률은 -6.8%로 곤두박질치고 말았다. 일본 국민들은 나가는 돈은 똑같은데 들어오는 돈은 없고, 임금은 늘었지만 그만큼 소비세 인상으로 인해 별로 경기가 좋아졌다는 실감은 하지 못하고 있다.

셋째 물가상승에 따른 소비와 실질 임금의 상승이다. 아베노믹스는 2% 물가상승을 목표로 했는데 생산비용 증가로 인한 물가상승분과 엔저 효과로 인한 기업의 수익증가분이 기업의 투자, 노동자의 임금 증가로 이어진다는 것이다. 전반적인 소비증가가 고질적인 디플레이션을 벗어날 수 있다는 계산이었다. 하지만 최근 12월 일본 노동부의 발표에 따르면 총임금 분은 상승했지만 (추가 근로수당과 보너스와 같은) 근로자의 통상임금은 오히려 하락하였다. 또한 임금 상승폭이 물가 상승률을 따라가지 못해 소비위축을 가져오게 되었다.

일본 경제의 기본 틀이 달라지지 않으면서 무리하게 무제한 양적 완화를 감행하였기 때문에 일본 기업의 수출은 증가하였지만 그만큼 수입물가도 급등하였다. 일본 국민들의 실질 소득이 상승하지 않으면 아베노믹스는 결국 벽에 부딪힐 가능성이 높다.

아베노믹스는 대단히 위험한 도박이고 단기간 동안은 성공하는 것처럼 보일 수도 있지만, 결국 파국으로 치달을 가능성이 크다. 아베노믹스는 정부의 경제정책이 일본 경제의 마법 같은 부활을 가져올 것이라는 망상적 포퓰리즘에 편승한 정책이며, 이는 정통 자유주의 시장 경제학에서 말하는 정책과는 상당히 거리가 멀다. 경제정책은 정부의 시장 개입을 꼭 필요한 수준에 그치고 시장의 활성화에 기여한다는 차원에서 시행되어야 맞다. '공짜 점심은 없다'는 말처럼 일본경제의 부활은 아베노믹스가 아니라 개별 기업과 국민의 자유로운 경제활동 추구와 이윤을 극대화하려는 노력, 혁신에 달려 있는 것이다. 다만 한 가지, 일본 내의 비관론을 타파했다는 의미로는 좋은 성과를 거뒀다고 할 수 있다.

현대일본의 사정

현대일본의 문화

V

V

현대일본의 문화

1. 일본인론

1) 국민적 특성

일반적으로 국민성이라는 것은 그 민족성과도 밀접한 관계를 지닌 개념이다, 그것은 국민의 뜻, 국민정신의 특색이며 내용적으로는 유전적이고 생득적인 요소와 후천적으로 습득된 요소로부터 이루어지는 것이다. 또한 그 민족고유의 생득적인 특성에 역사와 사회적 배경, 생활양식, 그리고 지정학적 조건 다시 말해 국토와 환경으로부터의 영향, 나아가서는 주변국가나 외국으로부터 영향을 주고받아가면서 이루어지는 총체적인 것이다. 많은 사람들이 지적하고 있는 일본 국민성의 특징은 다음가 같다.

첫째, 일본인은 몇 명쯤 모이게 되면 가령 연령이라든지 사회적 지위 등 어떤 형태로든 기준에 의해 서로 서열을 의식하며 그것에 따른 행동양식도 영향을 받게 된다. 또한 일본어는 우리말보다 훨씬 복잡하게 경어가 발달되어 있는데 이와 같은 것들은 일본인이 상하관계를 매우 중요하게 여기는 데 그 원인이 있다.

둘째, 일본인은 일반적으로 자신의 행동을 결정하는데 있어서 자신이 어떻게 행동하면 좋을까 혹은 내가 이렇게 행동하게 되면 남들이 나를 어떻게 생각하는가에 대해 신경을 쓰거나 또는 영향 받거나 하는 경우가 많다.

셋째, 서양 사람들은 자신의 의지나 의견을 직접 상대방에게 강하게 주장하는데 반해 일본인은 상대방의 기분이나 입장을 충분히 고려하여 발언하거나 행동하는 경향이 강하다. 또한 상대방도 그와 같이 행동해주기를 기대한다. 더구나 일본인에게는 좋고 싫음을 분명하게 표명하지 않는 애매모호한 경향이 있는데 이것은 일본인이 단일동질민족이며 상호마찰을 피하려는 전통 때문에 비롯되었다고 할 수 있다. 이와 같은 일본인의 특이한 행동양식은 타인에 대한 어리광(응석)과도 관련이 있다.

넷째, 일본인은 인간과 자연과의 조화를 존중한다. 건축이나 정원의 양식에 있어서도 일본에서는 자연 그대로의 소재를 살리고자 노력한다. 인간과 자연고의 관계에 대해 미국의 저명한 인류학자인 플로렌스 크라크혼은 “미국인이나 러시아인은 자연은 인간에 의해 정복되어야 할 대상이라 생각하고 멕시코인은 인간은 자연에 굴복되어야 할 대상이라 생각하는 데 반해서 일본인은 인간은 자연과 조화를 유지해야 한다고 생각하고 있다” 고 논하고 있다.

2) 하지(恥)와 세켄테이(世間体)

미국의 문화인류학자 루스 베네딕트는 그의 대표적인 저서 『국화와 칼(菊と刀』(1946년)에서 일본의 문화는 전형적인 하지(恥) 즉, 수치심을 생각하는 문화라고 단정지었다. 그녀의 이 하지(恥) 이론은 일본인의 대인관계를 둘러싼 다양한 모습들을 너무 단순화시킨 면은 있지만 여전히 유효한 일본인의 정신세계를 잘 나타내는 키워드이다. 이 하지 문화의 사람들은 타인의 비판, 조소, 반대 등을 피하기 위한 행동 기준을 세우고 있어서 자신의 나쁜 행위가 타인들의 눈에 드러나지 않는 한 그 사람은 수치를 느낄 필요가 없다고 생각하고 있다.

세켄테이(世間体)는 세상 사람들의 눈에 자신이 어떻게 보이는가를 중시하는 일본인의 정신구조를 말하는 것으로, 하지(恥)의 감각과 밀접한 관계가 있다. 루스 베네딕트는 일본인은 죄를 범하는 자체보다 그것으로 명예를 더럽히는 것을 더 두려워한다고 보았다. 세상 사람들이 나쁘게 보지 않을까 하는 걱정, 즉 타인을 의식하는 행위와 사고가 세켄테이의 기조를 이루고 있다는 것이다. 공중도덕에 반하는 행위를 하지 않는 일본인은 이러한 세켄테이의 의식이 자리하고 있다는 것으로, 행위 그 자체에 대한 선악의 판단이 우선이 아니라는 것이다.

즉 일본인은 집단의 일원이 되면 상상을 초월한 강한 힘을 발휘하지만 개개인의 힘은 별것 아니라고들 말한다. 일본인이 가장 두려워하는 것은 집단으로부터 소외당하는 것이다. 그럼으로 집단 내에서 강하게 자신의 주장을 펴기보다는 주위와 항상 조화를 이루고자 노력한다. 즉 자기 자신의 생각을 강하게 피력하여 남들에게 두드러지기보다는 남의 생각에 동조하여 평균화하고자 힘쓴다.

이와 같은 배경 속에서 일본인은 자신의 행동에 대한 남의 비평에 항상 신경을 쓴다. 남에게 바보 취급을 당하거나 무언가 거부되었을 때 특히 그것이 남 앞에서 발생했을 때 강한 수치심을 느낀다. 베네딕트는 "일본인은 치욕감을 원동력으로 하고 있다"고도 하였다. 아무리 사회가 근대화되더라도 수치를 원동력으로 하는 일본인의 의식은 당분간 바뀌지 않을 것이다.

3) 네마와시(根回し), 혼네(本音), 다테마에(建前)

네마와시(根回し)란 동의를 얻어내기 위한 일본인들의 사전 작업 내지는 행위를 의미한다. 예를 들면 정식 토의나 투표가 실시되기 전에 유력자의 지지를 얻어내거나 동의를 얻기 위해 사전에 공작하는 것을 가리킨다. 일본 사회는 일반적으로 집단의 결정을 기본으로 움직이기 때문에 회의 등에서 만장일치를 끌어내기 위해서는 이 네마와시가 아주 중요한 요소로 작용한다. 이것은 대립이 표면화되는 것을 피하는 데 도움이 되기도 한다. 따라서 정식 결의 사항의 대부분은 이미 사전에 결정된 사항을 확인하는 일종의 통과의례에 지나지 않는다. '그렇다면 왜 회의를 하는가' 하는 비판의 소리에 직면할 수 있는 것이 바로 이 '네마와시' 정신이다.

한편 혼네(本音)는 개인의 본심을 가리킨다. 이에 반해 다테마에(建前)는 사회적인 규범에 의거한 의견을 나타내는 것으로, 일단 이 두 정신구조는 대립되는 것으로 파악할 수 있다. 일본인은 자기 의견을 피력함에 있어 이 두 가지를 구별해 사용하는데 익숙하기 때문에 상황 변화에 따라 이것을 수시로 활용한다. 예를 들면 공식 회의석상에서는 상사의 의견이나 회사 방침에 따르는 듯한 '다테마에'적인 의견을 피력한 사람이 회의가 끝난 후 동료들과 술을 마시는 비공식적인 자리에서는 상사나 회사를 비판하는 '혼네'의 의견을 밝히는 것은 일본인들에게서 흔히 볼 수 있는 모습이다. 이러한 일본인들의 이중적 자세는 전체의 조화를 위해 개인이 존재한다는 의미에서는 미덕으로 받아들일 수 있으나, 개인 위주의 삶을 솔직히 살아갈 것을 기본으로 삼는 사회에서는 이해하기 어려운 정신구조로 볼 수 있다.

4) 온(恩), 기리(義理), 닌조(人情)

온(恩)이란, 호의를 받았을 때 느끼는 깊은 감사의 마음으로, 그와 동시에 상당 부분 부담으로 느끼고 있는 마음도 혼재되어 있는 정신구조를 가리킨다. 우리의 '은혜'와는 다소 거리가 있는 뉘앙스이다. 사람들은 보통, 자신을 사랑해주고 키워준 부모님이나 다양한 편의와 호의를 베풀어준 고용주, 그리고 친절하게 지도해주누 선생님에게 은혜를 느끼는 법이다. 이러한 점은 일본인들도 마찬가지인데, 일본에서는 이럴 경우 은혜를 입은 사람들에게 어떤 형태로든 존경심과 충성심을 표시해야 한다고 생각한다. 신세를 진 사람들에게 때가 되면 선물을 보내는 일본인들의 습관은 바로 이와 같은 사정에서 나온 것으로 보인다. 그런데 신세를 졌으니 갚아야 한다고 느끼는 정도가 거의 사회규범 내지는 의무감의 경지에 와 있는 것이 일본인들의 온(恩)이 지니는 정신구조라고 볼 수 있다. 또한 이 개념에 진실한 인간적인 유대감과 교류가 바탕이 되어 있다고는 볼 수 없는 점이 한국어의 은혜와 비교될 수 있을 것이다.

일본어의 '기리(義理)' 역시 한국어의 '의리(義理)' 와는 뉘앙스가 다르다. 기리는 어떤 특별한 관계에 있는 사람들에 대해 하는 의무에 가까운 개념이다. 인간관계에서의 기리는 온에 보답할 것을 요구한다. 예를 들면 은혜를 베풀어준 사람에게 반드시 답례를 해야 함을 말한다. 봉건시대 무사들에게 있어 기리라는 것은 주군(主君) 즉, 영주로부터 받은 영지나 가록(家祿)과 같은 은혜에 대해 목숨을 바쳐서라도 주군을 섬기는 것을 말한다. 즉, 조선시대 선비들의 의리, 말 그대로 의롭고 이치에 맞는 의리의 개념에 비해 일본의 기리는 계약적인 성격이 짙고, 이것이 그대로 사회규범이 된 것이다.

일본인들에게 닌조(人情)는 부모자식간이나 연인과 같은 인간관계에서 상대에 대해 자연스럽게 느끼는 감정을 말한다. 즉 사랑, 연민, 동정, 슬픔 등을 가리킨다. 일반적으로는 닌조가 사회적인 기리와 대립 관계에 있는 것은 아니지만 봉건시대의 일본에서는 때로는 기리와 닌조가 대립하는 경우가 종종 있었다. 주군의 자식을 구하기 위해 자기 자식의 생명을 희생시켰던 무사의 이야기나, 혹은 신분이 다른 계층 간의 결혼을 용납하지 않는 사회제도 때문에 이루어질 수 없는 사랑을 의해 자살을 하는 연인들의 일화가 많이 전해지고 있는데, 바로 이 부분을 일본인들은 기리와 닌조의 대립과 갈등으로 받아들이고 있다. 이러한 경우 닌조를 희생하고 기리를 내세우는 것이 일본인들의 전통적 정신세계의 지향점이라고 할 수 있다.

5) 일본인의 미의식

(1) 후류(風流)

후류(風流)는 교양 있고 세련된 인간의 우아한 취향 내지는 그러한 인간이 지니는 예술 작품 등을 지칭하는 말로, 한국어의 '풍류(風流)'와 어원이 같고 뜻도 비슷하다. 원래는 좋은 행동과 작법을 의미하는 중국어로서 8세기경에 일본에 전해졌다. 처음에는 심미적인 의미로 궁인(宮人)들의 세련된 행동양식을 의미했는데, 훗날 우아한 아름다움이나 취향, 예술성이 있는 사물에 관해 사용되기 시작했다. 비슷한 뜻으로 풍아(風雅)라는 말이 있는데, 풍류(風流)쪽이 시가(詩歌)뿐만 아니라 모든 예술 전반에 폭 넓게 사용되고 있다.

12세기가 되면서 일본인들은 후류의 의미를 두 가지로 해석하기 시작했다. 하나는 대중예술에서 나타나는 보다 세속적이고 화려한 아름다움을 풍류라고 보았고, 또 하나는 정원이나 꽃꽂이, 건축, 중국의 서경시(敍景詩) 등에 나타나는 아름다움 안에서 풍류를 발견하고자 했다. 이 후자의 흐름이 무로마치 시대에 다도(茶道)를 만들어내기도 했다.

근대에는 작가 고다 로한(幸田露伴)이 쓴 단편소설 『후류부츠:

風流仏』(풍류불. 1899년)에서 '풍류'라는 이름으로 사랑과 예술, 종교의 통합을 달성하려고 시도했다. 또한 나츠메 소세키(夏目漱石)는 『구사마쿠라:草枕』(풀베개. 1906년)에서 풍류에 정과 인간성을 쏟아 넣음으로써 이 개념을 되살리고자 했다.

(2) 와비(侘)

와비(侘)는 세속적인 만사에서 해방된 한적함 안에서 정취 있는 생활의 기쁨을 내세우는 일본인 특유의 미학적, 윤리적 개념이다. 중세 일본의 은자(隱者)들의 전통에서 시작되었는데, 꾸밈없는 간소한 아름다움과 속세를 초월하려는 은둔과 자적(自適)의 정신을 강조한다. 다도 미학의 중심을 이루는 것으로, 근세 일본의 전통시가인 하이쿠(俳句)등에도 나타나고 있다. 또한 그 정신은 앞의 후류(風流)나 앞으로 다룰 사비(寂)와도 상통하는 면이 있다.

와비는 일본어 동사 '와부(侘ぶ)'(낙담하다)나 형용사 '와비시(侘びし)'(고독하다)가 그 어원으로, 원래는 곤경에 처해 있는 사람의 고통을 표현하는 말이었다. 그러나 가마쿠라시대와 무로마치시대의 수행자적인 지식인들에 의해 보다 긍정적인 개념을 나타내는 것으로 바뀌어 갔다. 즉, 가난이나 고독을 물질적, 정서적인 근심사로부터의 해방으로 파악하고 표면적인 아름다움이 없는 곳에 새로우면서 한 단계 차원을 달리하는 고도의 아름다움을 추구하려고 했던 것이다. 이와 같은 새로운 미의식의 양성에 힘을 기울인 것은 특히 다도의 달인들이었다. 그중에서도 센노리큐(千利休: 1522～1591년)는 다도에 선(禪)의 정신을 도입함으로

써 다도의 예술성을 높이고자 했고, 청빈함 속에서 풍요로움과 간소함을 통해 아름다움을 추구하는 중요성을 강조했다. 현대 일본 재벌 총수들의 검소한 전통이 화제가 되고 있는데, 이는 바로 와비의 정신이 현대에도 여전히 살아 있는 것으로 그만큼 일본인들에게 친숙한 미적 이념이라고 볼 수 있다.

(3) 사비(寂)

사비(寂)는 일본의 시성(詩聖)이라 불리는 근세의 가인 마쓰오 바쇼(松尾芭蕉:1644~1694년)와 그 문하인들의 근세시 즉, 하이카이(俳諧)의 시적 이념이다. 그러나 사비의 개념이나 단어 자체는 그 이전부터 존재해왔다. 늙음이나 고독, 체념, 정적 등의 요소가 혼합된 중세 일본의 미의식을 지향하면서 동시에 서민적이고 생동하는 근세시대의 문화의 특색을 나타내고 있다. 다도의 미적 개념인 와비와 동의어로 사용되기도 하고 '와비(侘)·사비(寂)'로 병기해서 사용되기도 한다.

저명한 시인 후지와라노 슌제이(藤原俊成)가 그의 가론(歌論)에서 처음으로 이 말을 썼는데, 그 의미로서 해변의 서리 내린 볏짚의 이미지를 예로 들어 고독과 황량한 정조(情調)를 강조했다. 제아미(世阿彌:1363~1443년)나 신케이(心敬)등과 같은 중세의 예술인들에 의해 사비의 정신은 더욱 황량한 것으로 추구되었고, 그 미적 이념은 더욱 고담의 정취를 획득했다. 이 미의식의 본바탕에는 인간의 실존적 고독을 인식하고 그 고독에 몸을 맡김으로써 아름다움을 찾아내고자 했던 중세 일본의 불교신자 특유의 우주관이 깔려 있었다.

(4) 이키(粋)와 스이(粹)

이키(粋)와 스이(粹)는 에도시대 도시의 서민계급이 지니고 있던 미적, 윤리적 이념이라고 할 수 있다. 스이(粹)의 개념은 17세기 후반, 오사카(大阪)에서 유행했고, 이키(粋)는 19세기 초 에도(현재의 도쿄)에서 유행했다. 미학적으로는 두 개념 모두 관능성을 기조로 한 도회적이고 세련된 도시 상인들 취향의 미적 양식이다. 윤리적으로는 부자들이 돈에 집착하지 않고 성적 쾌락을 즐기지만 결코 성욕에 탐닉하지 않으며, 세속의 삶의 번잡함을 알면서도 정작 그것에 휘말리지 않는 인간의 정취 있는 삶의 방식을 이상(理想)으로 삼고 있다. 사람의 감정에 대해 공감하는 마음을 강조하는 점에서 헤이안(平安) 왕조의 궁인들의 미의 이념인 아와레(あわれ)와도 비슷한 이념이지만 보다 더 서민적이라는 점에서 다르다고 할 수 있다.

스이는 현대 일본어에서는 보통 粹라고 표기하지만 당시에는 推, 水, 酸, 帥와 같은 별도의 한자로 표기되기도 했다. 이 개념은 이런 모든 의미들을 복합적으로 함축하고 있었다. 즉 인생의 쓴 경험을 통해 타인의 고통을 이해할 수 있고 스스로는 여러 상황에 대해 형태 없는 물과 같이 순응해 당대의 취미나 유행을 앞서가는 인간의 언어 행위나 처신을 나타내는 말이었다.

이키는 본래 '意氣' 를 의미했는데 뒤에 '위세가 좋다' 나 '기운이 좋다' 등의 의미로 변화했고, 위세가 좋은 사람의 이야기 분위기나 태도, 복장 등을 말할 때도 사용되었다. 이키가 에도 서민의 이상을 표현하게 되면서 오사카의 스이에 영향을 받아 때로는 거의 같은 의미로 사용되기도 했을 정도로 두 단어의 차이는 근소했다. 미적 개념으로서의 이키로 표현되는 미(美)에는 스이 정도의 화려함은 없고 또한 이키에는 스이를 조금 상회하는 관능적인 아름다움이 잇는 것으로 볼 수 있다. 여성 특히 고상하고 멋진 성적 매력을 갖춘 화류계의 여성을 표현하는 데 종종 사용되기도 했다.

(5) 모노노아와레(もののあわれ)

모노노아와레(もののあわれ)는 헤이안 시대에 만들어진 문학 미학의 이념이다. 그 중심에 자연과 인생의 여러 상황에서 나타나는 순간적인 아름다움에 대한 깊고 애절한 이해가 존재하고 따라서 애조(哀調)의 색을 내포한 경우가 많다. 그러나 경우에 따라서는 감탄이나 외경(畏敬). 때로는 기쁨을 동반하기도 한다. 모토오리 노리나가(本居宣長)의 저서에 의해 문학 비평 용어로서 부활했다.

모토오리 노리나가의 견해에 따르면 모노노아와레(もののあわれ)는 인간과 자연의 가장 깊은 부분에서 일어나는 순화된 숭고한 감정이다. 이 말은 이론적으로는 인간의 감정 모두를 함축할 정도의 넓은 의미를 지니며 또한 사람의 마음을 충분히 이해할 수 있다는 인간적 가치를 표현하고 있는데, 실제로는 주로 인생의 덧없음과 그 아름다움을 이해할 수 있는 감성에 넘치는 마음을 표현하는 데 사용되는 경향이 있다. 일본 고전문학 작품들 중에서 특히 일본인들이 전 세계에 자랑하고 있는 헤이안시대의 소설『겐지모노가타리(源氏物語)』의 미적 세계도 바로 이 모노노아와레 정신으로 이어지는 것이라 할 수 있다.

(6) 무상(無常)

무상은 한국어에서와 마찬가지로 일체의 모든 사물은 생겨나고 없어지며 변화함으로써 항상 움직이고 있다는 교의(教義)를 나타내는 불교 용어이다. '제행무상(諸行無常)'(만물은 덧없는 것)은 불교의 삼법인(三法印) 즉, 3가지 근본적인 가르침의 하나이다. 일본인은 전통적으로 사물의 변화에 민감해 무상관은 일본문학의 주요 테마가 되어 왔다.

(7) 자연관(自然觀)

일본어 시젠(自然)의 어원적인 의미는 '저절로 생성되고 전개되며 그에 의해 성립된 상태'를 뜻한다. 이 말의 한자 표기인 '自然' 은 자연 질서의 존재를 나타낸다기보다는 존재의 여러 모습과 상황을 뜻해, 문자 그대로 '있는 그대로의 모습'을 의미한다.

'시젠'이라는 말은 원래 고대 일본어에는 없었고 고대 일본인들은 자연의 모든 현상을 신들이 모습을 드러내는 것으로 파악했다. '아메쓰치(天地)'(하늘과 땅)나 '살아 있는 모든 것' 등이 일본문학에서 자연을 나타내는 포괄적인 말이 가장 가까웠다.

『니혼쇼키(日本書紀)』(720년)의 신화 중에서 원초(原初)의 부부인 이자나기(イザナギ)와 이자나미(イザナミ)의 최초의 자식들은 신(神)도 인간(人間)도 아닌 섬과 육지들이었다. 이와 같이 일본에서는 서양의 사상과 달리 인간은 자연에 우월한, 혹은 자연과 대립하는 것으로 간주되지 않고 하나의 가족과 같이 자연의 일부를 이루는 것으로 받아들였다.

2. 집단주의문화의 특징

영국의 초대주일공사 올콕(Rutherford Alcook)이 1859년에 일본에 부임한 이래 일본인의 생활태도 산업경제 종교문화 등에 대해 자신의 견해를 기록한 책이 있다. 이른바 「대군의 수도 (大君の都」 라는 일본체재기인데 여기서 그는 '일본인의 언동'에 대해 다음과 같이 기록하고 있다. 우선 일본의 상류계급의 행동거지에 대해서는 냉정하고 부드러운 어조로 말하며 게다가 생활상의 예의를 완전히 이해하고 있는 이른바 '신사'같다고 평하고, 보통의 일본인에 대해서는 상스러운 행동을 하지 않으며, 고관이나 상사에 대해서는 무한한 존경심을 표하며, 공손하지만 노예근성 같은 것은 전혀 없고, 그리고 청결한 생활을 하고 있다고 언급했다. 전체적으로 중국인처럼 과장됨이나 까다로움 같은 것도 없다고도 했다. 서양인에 비친 일본인의 모습은 그야말로 '동방예의지국'의 국민이었다.

올콕의 감상을 통해서도 확인할 수 있듯이 일본의 민족성을 이야기 할 때 흔히 온화함, 현실성, 실용성, 경건함, 예의바름 등의 정서를 거론하며 이를 장점으로 지적하는 경우가 많지만 이 정서를 지탱하고 있는 것이 바로 다름 아닌 '화'의 정서이다. 화의 정서는 기본적으로 현실을 '원점'으로 생각하고 자연과의 친화성을 강조하는 성향이 강하기 때문에 대립적 사고를 배제하고 조화의 묘(일종의 절충주의)를 추구하며 내부의 결속력을 강화하는 데는 더없는 가치라고 할 수 있다. 일본인들이 외래문화의 수용에 대한 거부감이 약한 것도 따지고 보면 절충주의적 사유양식의 반영이기도 하지만 그 근본에는 대립적이고 긴장된 관계를 싫어하는 일본인들 특유의 정서가 작용하고 있기 때문에 그러하다. 이러한 정서가 가장 극명하게 나타나면서 길러진 문화가 바로 수전(水田)농업과 무라(村)의 역사이다.

수전농업은 우선 경작을 하기 위한 노동력이 많이 필요하고, 농민들의 토지에의 집착도 강하며, 게다가 조상대대로 농업을 이어받기 때문에 정착성이 강하다는 특징을 갖고 있다. 농민들의 일상생활도 자연과의 밀착성이 강해 사회질서에 대해서는 비교적 순응적이고, 경작이나 일상적인 행사도 협력적 사고를 바탕으로 계절마다 정해져 있는 관례대로 행하는 경향이 있어, 전체적으로 보면 자연스럽게 공동체의식이 조성될 수밖에 없는 문화이다. 또 공동체 내에서 형성되는 인간관계도 끊임없이 동일한 상대와의 관계를 모색할 수밖에 없고 따라서 그 속에서는 개인적인 사고와 행동을 우선 시 하는 가치를 지향하기 어렵다.

결국 수전농업은 개개인으로 하여금 생활공동체의 일원으로서 사고하고 행동하는 집단적 생활규범을 체득하게 하면서, 동시에 스스로를 억제하고 집단의 화합을 중시하는 사고에 지배될 수밖에 없는 태생적인 사회 환경을 구비하고 있는 것이다. 이것은 일본민속학자들의 연구 성과를 통해서나, 그리고 일본의 공동체사회에서 행해지고 있는 각종의 생활실태나 마츠리(祭り)문화를 조사해보면 바로 확인할 수 있는 사실이다. 예를 들어 일본의 촌락공동체사회에서 흔히 마을의 리더로서 간주되고 있는 인물의 캐릭터를 보면 대체로 마을사람들의 어려운 이야기를 잘 들어주고 친절한 마음으로 주변을 잘 도와주며 그리고 사회적으로 필요한

다소의 지식만 갖추고 있으면 특별한 재능이나 능력이 없어도 마을의 지도자가 되는 경우를 발견하곤 한다. 마을의 화합과 평화를 위해서는 무엇보다도 덕치(德治)력을 발휘할 수 있는 리더가 필요하다는 인식이다.

일본의 공동체문화속에서는 패권적 리더보다는 덕치를 발휘하는 리더를 선호하는 것이 일반적인 관행임을 감각적으로도 느낄 수 있다. 또 일본의 전통적인 마을 공동체 가운데는 무라(村:마을)의 평화와 화합을 유지하기 위해 나름대로 몇 가지의 덕목을 강조하고 있는 경우가 많다. 예를 들면 1)살상을 하지 말라, 2)도둑질을 하지 말라, 3)불을 내지 말라, 4)소송을 하지 말라(다투지 말라) 등등. 특히 4)의 경우는 오늘날까지도 일본인의 소송건수가 극히 적다는 예에서도 확인할 수 있듯이, 내부고발과 다툼을 싫어하고 자기절제에 익숙한 일본인들의 행동양식을 그대로 반영하고 있는 것이라고 할 수 있다(한국사회의 소송건수가 일본에 비해 50배 이상 많다는 조사가 있다. 일본과의 인구비례에 비하면 엄청난 수치다).

이러한 규범들은 누구의 일방적인 지시에 의해 정해지는 것이 아니라 대체로 마을전체의 합의에 의해 이루어지는 경우가 대부분이다. 실제로는 무라요리아이(村寄合 :자발적인 촌민집회)라는 제도를 통해 합의과정을 이끌어 내고 실천하고 있다. 따라서 이에 대한 구성원들의 실천의식도 매우 자발적인 상황을 띠고 있고 합의가 지켜지지 않을 때에는 그에 대한 제재 또한 냉혹하다는 것이 특징이기도 하다. 그 대표적인 제재행위가 오늘날까지도 일본인의 코아·퍼스낼러티(중심적 성격)로서 전승되고 있는 무라하치부(村八分:집단따돌림)라는 것이다.

이것은 촌락사회가 특정의 촌민을 배제시키는 것으로서 이른바 촌락 내부에서 행해지는 모든 교제를 차단하는 행위를 말한다. 주로 촌락 내의 절도 폭행 방화 등의 형사적 범죄나, 마을의 규약이나 합의의 위반, 공동작업의 태만, 생활태도에의 반감 등의 행위를 한 자에 가해지는 것으로 알려져 있지만 실제로는 후자에 대한 제재행위로서 더 알려져 있다. 무라하치부 판정을 받게 되면 공동체의 생활이 불가능할 뿐만 아니라 이주(移住)조차 어려워진다는 점에서 당사자에게는 사형선고와 같은 것이지만 마을의 질서유지를 위해서는 불가피하다는 인식이 일본인들의 정서이다. 일본인의 행동규범으로서의 집단주의 정서를 가장 단적으로 증명하고 있는 사례라고 할 수 있다.

3. 일본 전통문화와 기업문화

1) 기업문화

농본주의적 협력심이 화의 논리를 정착시키고 이를 바탕으로 형성된 집단의 논리가 일본적 가치의 핵심이라고 한다면, 일본의 기업문화 또한 집단주의와 화(和)의 정신에 떠받혀 전승되고 있는 대표적인 일본적 가치 중의 하나이다.

<표 5-1> 미·일 기업경영스타일의 비교

미국	운영방식	일본
불황기에는 레이오프	고용관행	종신고용
능력별 임금체계	임금체계	연공서열임금체계
산업별노조	노조형태	기업 내 노조
회사는 주주의 것	회사에 대한 인식	회사는 사원의 것
개방적	경영형태	대체로 폐쇄적
단기이윤추구	경영목표	시장점유율 우선

자료출처 : 「일본경제인문」

일본적 경영이라는 것은 우선 종신고용제와 연공서열제, 그리고 기업 내 노동조합, 사생활의 영역에까지 손길이 닿는 사원복지제도, 구성원간의 인화의 존중과 집단책임체제를 강조하는 관행 등의 원리로 기업의 발전을 도모하는, 이른바 일본의 전통적인 기업경영스타일을 말한다. 이 체재 하에서는 사원들은 한번 회사에 입사하게 되면 정년 때까지 특별한 과오가 없는 한 그 회사에 근무하며 종신고용을 보장받게 되고 급료와 승진은 입사연차에 따라서 자연스럽게 차등화 된다. (포괄적으로 보면 이렇게 지적할 수 있지만 승진의 경우는 치열한 내부경쟁을 거쳐야 함은 물론이다) 노동조합은 기업 내 단일노조로 결성되어 회사제일주의라는 인식을 바탕으로 극단적인 노사갈등을 회피해가며, 회사는 최선을 다해 사원들의 사기를 북돋우어 줄 수 있는 각종의 복지 제도를 실시하여 회사 귀속의식을 강화해 간다. 이러한 행동양식이 놀랍게도 모두 자연스럽게 이루어지고 있다.

이런 관례는 언뜻 보면 마치 법적으로 뒷받침된 제도에 의해 명문화되어있는 것처럼 보이지만, 실은 일본인들의 사고방식과 행동양식을 반영한 하나의 정신문화이고 그것은 이미 전근대시대에 뿌리를 내린 지극히 일본적인 문화라는데 그 특징이 있다. 일본적 경영이 일본인들의 정서와 문화를 반영한 것이고 그 역사적 원류가 전근대 사회에 있다고 하는 것은, 일본적 경영의 핵심을 이루고 있는 내용들과 닮은 유사한 제도와 가치관이 이미 에도시대에도 널리 존재했다는 데에 근거를 두고 있다.

다시 말해서 종신고용제라는 관행은 에도시대 때 자연발생적으로 생성하여 메이지(明治), 다이쇼(大正)시대를 거쳐, 쇼와(昭和)시대에 완전히 보편화되었으며, 그 과정에서 형태는 시대에 따라 조금씩 변화해 왔을지 모르지만 가치이념은 수정, 계승, 발전된 형태로 일본사회에 뿌리 내린 것이다. 이를 반증하듯 에도시대 때 번성한 미츠이케(三井家)나 스미토모케(住友家)와 같은 대상가(大商家)에 전해내려 오는 가훈(家訓)을 통해, 오늘날의 일본적 경영의 요체라고 할 수 있는 종신고용, 연공서열, 종업원교육, 인화의 존중, 합의제의 실시, 온정주의 관리 등의 내용이 종업원 관리의 기본방침으로 강조되고 있었음을 알 수 있다.

요컨대 일본인들은 자신이 귀속되어 있는 집단을 운명공동체로 규정하여 그 공동체의 항구적인 존속과 번영을 위해 협력과 협조, 희생과 봉사의 정신을 바탕으로 공동체의 질서와 발전, 그리고 나의 가정의 안녕을 추구해갔고, 그를 통해 집단이나 조직이 번영 발전하면 그것이 바로 자신의 안녕을 보장하고 나아가 가정의 행복을 보장받을 수 있다는 인식을 일본적 가치로 공유하고 있다는 것이다. 그러한 행동규범이 이른바 일본사회의 내부에 흐르고 있는 화의 정신과 집단주의 정서의 본질이다. (노조에 대한 접대비가 필요해 비자금을 마련해야 하는 한국의 노사관계와는 아주 대조적이다)

그 규범의 이면에 존재하고 있는 부작용들, 예를 들면 집단 의존적 체질의 일반화, 가치관의 획일화, 가혹한 제재의 동반 등이 결코 만만치 않음에도 불구하고 이를 전체주의적 집단문화로 인식하지 않고 일상성에서의 고유한 전통적인 생활규범으로 받아들이고 실천하고 있다. 이것이 일본인들의 '사유양식'이라고 한다면 이러한 정서는 결코 세계 어느 나라에서나 쉽게 발견할 수 있는 보편적인 가치관은 아니며, 나아가 다른 나라가 쉽게 도입하여 제도적으로 실행할 수 있는 가치로 보기에도 어렵다고 할 수 있다.

2) 전통과 글로벌 가치의 조화

일본적 경영 시스템은 일본인의 가치관과 일본사회의 관습을 적절히 반영하는 형태로 기업의 경영목표와 번영을 달성했다. 이 과정에서 일본인들은 자신이 '시나리오 인간'으로 전락해버린 사실도 망각한 채 멸사봉공의 정신으로 기업에 대한 소속감을 강화하고 기업의 성장과 거대화는 다시 구성원들로 하여금 안정감과 평화를 제공하는 기업문화를 구축하면서 일본의 경제발전을 지탱해 왔다. 하지만 시대가 바뀌면서 이러한 구도가 향후에도 여전히 위력을 발휘할 것인가에 대해서는 논란이 많다.

특히 90년대 이후 거품경제의 붕괴와 신경제의 흐름에 능동적으로 대응하지 못하는 상황이 이어지면서 일본적 경영은 더 이상 일본의 미래를 담보할 수 있는 기업문화가 되지 못한다는 비판이 일본사회의 내·외에서 잇따라 제기되었다. 예를 들면 '일하는 사람들의 충성심과 일체감이 지나치다' '회사가 일터가 아니라 생활공동체 같다' '구성원들의 자립심과 창의력이 약하다' '회사에의 의존도가 지나치게 높다' 등의 요인들을 단점으로 지적하면서 이러한 가치들이 글로벌경쟁체제와는 적합하지 않다는 논리이다.

이런 주장들은 개인의 창의성과 능력우선주의 시대의 도래, 경제와 사회구조의 패러다임 변화, 가치관의 다원화와 고용환경 및 직업관의 변화, 글로벌 경쟁체제의 심화, 일본의 경제모델을 자국의 경제발전의 모델로 채택한 아시아 나라들의 혼미하는 상황 등이 어우러지면서 더더욱 설득력 있게 전개되기도 했다. 점차 일본적 경영의 변화 혹은 붕괴를 촉구하는 내·외적 요인이 강화되고 있음을 볼 수 있다. 그런 만큼 이에 대한 탄력적인 변화는 얼마든지 있을 수 있고 실제 다양한 형태의 변화가 일어나고 있다. 만들기만 하면 팔리던 '성장의 시대' 와는 아주 다른 경영환경의 변화가 일어나고 있기에 변하지 않으면 안 되는 것이 사실이다. 그것은 일본적 경영은 바로 일본인들의 사유양식과 전통적 정서라고 하는 문화적 특성을 반영한 것이기 때문이다.

고용형태와 임금체계, 그리고 복지문제 등에 분명 변화가 일어나고 있고 실제 변화된 룰을 적용하고 있는 기업이 늘고 있는 것은 사실이다. 게다가 외국의 경영기법의 장점을 받아들이자는 논리가 힘을 얻고 있는 것도 부인할 수 없다. 하지만 일본 사회에서 일본인들의 정서와 사회문화적 요인을 반영한 소위 역사적 산물인 일본적 경영의 내면적 장점들을 일본사회가 외면하고 해체해 갈 것으로 판단한다면 그 또한 역사와 문화적 가치를 너무나 가볍게 여긴 오판이 될 수도 있다. 그렇게 된다면 그 어떤 외풍에도 불구하고 종신고용을 최우선시 하는 도요타나 캐논과 같은 기업은 일본사회에서 존재할 수도 없을 것이다.

특히 장기지향의 경영, 인간중심주의 경영, 장기고용안정, 노사의 연대감, 신뢰와 인간관계 중시, 합의 정신의 존중, 상대적 박탈감의 최소화 등과 같은 근본적으로 일본적 경영이 갖고 있는 내적 강점들을 일본의 기업과 일본사회가 쉽게 포기할 가능성은 거의 없다. 그런 것을 부정하는 행위는 일본적 가치가 아니기 때문이다. '잃어버린 20년' 의 경험이 일본인들의 가치관을 흔들어 놓기에 충분했다 하더라도 향후 그들은 일본적 경영의 보편적 장점을 유지하면서도 도입 가능한 글로벌가치, 즉 상상력, 창의력, 전략적·개혁적사고, 규제완화, 스페셜리스트의 육성, 사원의 능력발휘와 그에 대한 보상시스템 구축 등을 취사선택하여 접목시키는 이른바 '신 일본적 경영'의 형태를 확립해 가야 할 것이다. 여기서도 화혼양재의 정신이 발휘된다는 의미가 있다.

4. 일본의 장인정신

1) 생성 배경

일본의 장인들은 자긍심을 가지고 수백 년 동안 가업을 대물림 해주는 경우가 흔히 있으며 이러한 가업계승이 일반적인 것이고 무형 문화재로까지 인식이 되는 등 만연하게 잘 이루어지고 있다.

사농공상의 서열은 우리나라와 비슷한 개념이지만 독보적 기술을 가진 직공(쇼쿠닌:職人)을 존경하는 전통이 있어 신분과 상관없이 자부심을 가질 수 있었으며 도제제도(徒弟制度:스승의 문하로 들어가 기술을 익히고 독립하는 제도)를 통하여 작업장에서 잡일을 하면서 어깨너머로 기술을 배워 제대로 습득하는데 오랜 시간과 노력이 요구된다. 이처럼 오랜 시간 어렵게 형성된 '기술'에 부여하는 가치는 당연히 귀중한 의미를 갖게 된다.

이러한 장인정신의 생성 배경에는 다양한 원인들이 있지만 가장 직접적인 영향을 미친 것은 바로 엄격한 신분제도라고 할 수 있다. 15세기에는 소위 하극상의 시대로 힘이 있다면 비록 신분이 낮아도 천하를 잡을 수 있었는데 이때 통치권을 잡은 도요토미 히데요시(豊臣秀吉)가 16세기 후반 계급이동과 신분변경을 금지하는 법령을 발포했다. 이 법령에 의해 사농공상(士農工商)의 신분제도가 형성되었고 도쿠가와 막부통치 때 완전히 정착됐다. 이 후 상공업자, 운수업자, 예능인 등이 뭉친 동업자 단체가 결성되었는데 이 단체는 막부시대의 귀족, 신사, 절 등에 각종 편의와 이익을 제공하는 대신 갖가지 판매독점권, 과세면제 등의 특권을 보증 받았다. 이 상호 이해관계에 의해 각 지방의 권력자인 다이묘들은 상인과 장인에게 각별한 대우를 했다. 이러한 역사적 배경 아래 공업화를 동반한 근대화 과정에서 이 동업자 단체는 사회적으로 보다 높이 평가되었고 마침내 기술존중의 사회적 풍토가 강화되었다. 이러한 기술존중의 풍토가 장인정신을 확립, 성장시키는 바탕이 되었다. 18세기에서 19세기로 넘어오는 과정에서 봉건 무사들의 몰락과 함께 에도시대의 상공업자인 쵸닌(町人)이 나타나서 '사농공상'의 신분제도가 무너지는 등 역사의 흐름으로 신분변동이 있었지만 '사농공상'의 사민(四民) 가운데 '공(工)'은 사회적 신분은 높지 않은데도 불구하고 사회적 변동에 초연하게 대처하며 오랜 세월 동안 장인정신을 꾸준히 지켜왔다고 한다.

2) 장신정신의 상징 노렌(のれん)

에도시대의 지배층의 본거지였던 성(城)의 아랫마을이란 뜻의 '죠카마치(城下町)'에 가신인 무사계층의 거주지를 조성하고 그곳과 이웃해서 상공단지를 만들고 이곳에 거주하는 상공업자들을 '쵸닌(町人)' 이라고 불렀다. 지배층은 쵸닌으로부터 생활에 필요한 물품을 직접 제공받았기 때문에 이들의 보호육성이 필요했다. 사농공상의 질서가 본격적으로 무너지고 근세 서민문화가 발달하자 상인이나 공인은 자신의 직업에 대한 긍지가 점차 생기기 시작했으며 비록 그 직업이 비천한 것일지라도 자기의 조상으로부터 물려받은 직업을 천직으로 여기며, 열심히 자신이 종사하는 일에 몰두하고 기량을 더욱 연마하여 장인정신의 기본적인 토대가 마련되었다.

가게 입구에 드리운 긴 무명천으로 가게 이름과 가게를 상징하는 문양의 그림으로 가게의 얼굴 역할을 한다. 가게 앞에 노렌이 걸려있으면 '영업 중' 임을 나타내며 이것을 거둬들이면 '영업 끝' 임을 나타낸다. 또한 고객들에게 제품의 품질을 보증한다는 의미도 담고 있으며 일본 상인들의 전통과 자부심의 상징이기도 하다. 이 때문에 가게의 신용이나 명성이 훼손되는 것을 '노렌에 흠집이 났다'라고 말하기도 하며 '노렌을 지킨다'라는 말은 고객에 대한 책임을 나타내는 표현이기도 하다.

3) 일본의 저력 시니세(老舗)

일본의 장인정신은 세계적으로 유명하다. '모노즈쿠리(物作り)'는 직역하면 '물건 만들기' 이지만 이 단어는 단순한 '물건 제조'의 의미를 넘어 '장인정신'의 뜻으로 쓰이고 있다. 라면 한 그릇, 칼 한 자루를 만들더라도 최고의 제품을 만든다는 뜻을 담고 있다. 이러한 장인정신이 오래된 가게라는 뜻의 '시니세(老舗)'를 낳았는데 조상으로부터 대물림을 해 몇 대(代)에 이르도록 같은 일을 이어감으로써 주위로부터 신용을 얻고 있는 가게여야 비로소 이 명칭을 부여받을 수 있다. 대개 창업한 지 3대, 약 100년 이상 된 가게를 가리키는데 세월의 무게를 전통과 혁신으로 자산 삼아 발전해온 시니세는 진정한 장인정신의 표본이라고 할 수 있

다. 2007년 자료에 따르면 전 세계에서 200년 이상 가업을 잇고 있는 가게의 수는 일본이 3146개로 가장 많았다. 일본에는 1000년을 넘긴 가게가 9개, 500년 이상은 32개, 200년 이상은 3000개가 넘는 것으로 나타났다.

(1) 호시료칸(法師旅館)

이시카와현(石川縣) 코마츠시(小松市)에서 약 10km 떨어진 아와즈 온천지대에 위치하고 있는 호시료칸은 718년 문을 열어 현재까지 약 1300여년의 역사를 지닌 여관이다. 독보적으로 긴 역사에 걸맞게 독특한 특징이 있는데 형제들 중 후계자로 선택받은 자식은 수년간 최선을 다해 교육을 받은 후 마침내 여관주인의 자리를 물려받게 되는데 이 때 이름은 무조건 '호시 젠고로(法師玄五郎)'로 개명한다. '호시 젠고로'는 1대 여관주인의 이름으로, 후계자는 여관을 물려받으면서 이름도 함께 물려받게 된다. 뿐만 아니라 직원들마저도 30~40년째 몸담고 있는 사람이 대부분이다. 호시료칸의 1300여년간의 비결은 '일기일회(一期一會)'라는 좌우명이다. 즉 한번 만날 때 이번 만남이 반드시 마지막이라고 평생 단 한번의 만남이라고 여기고 온 힘을 다해 손님을 맞이한다는 것이다.

(2) 콘고구미(金剛組)

사찰과 신사, 불각 건축의 설계 및 시공, 성곽 및 문화재 건축물의 복원과 수리 등을 주업으로 하는 일본의 건설회사로 무려 1400여년 이상의 역사를 가진 현존 하는 기업 중 세계에서 가장 오래된 기업이다. 그러나 심각한 경영난 끝에 2006년 파산해 현재는 콘고가문으로부터 경영권을 사들인 타카마츠 건설의 소유로 되어있다. 578년 쇼토쿠(聖德)태자가 일본 최초 불교사찰 시텐노지(四天皇寺) 건립을 위해 백제의 통신사와 함께 온 3명의 건축장인을 초대하였는데 그 중 한명인 콘고 시게미츠(金剛重光:유중광)에 의해 창설이 되었으며 세계에서 가장 오래된 목조 건물인 나라현(奈良縣)의 호류지(法隆寺)의 오층탑의 개축공사를 맡았다. 또 16세기에 들어와서는 오사카성(大坂城) 건설을 맡음으로써 명실 공히 일본을 대표하는 사찰건축 보수업체로 명성을 떨쳤다. 1995년 고베대지진때도 콘고구미가 건립한 사찰 가이코인의 대웅전만큼은 멀쩡했을 만큼 일본 및 백제의 장인정신을 보여주는 회사였다.

4) 카라쿠리 인형과 장인정신

일본은 16세기 중반 서양에서 총과 시계를 도입한 이래 에도시대에는 신기한 서양물건을 분해하고 연구하여 실생활에 어울릴 새로운 물건을 만들어내는 장인들이 많이 나타났다. 사회 분위기도 이들을 존중해 주었고 장인들은 대를 이어가며 연구하여 새로운 제품을 생산해 내어 과학기술이 발전을 거듭하게 되었다. 카라쿠리 인형은 18~19세기경 서양에서 태엽시계가 처음 들어왔을 때 그 정교함에 놀란 일본인들이 그걸 뜯어보고 고쳐보고 하면서 태엽과 톱니바퀴의 이치를 통달하고 만들었으며 찻잔을 나르는 인형, 글씨를 쓰는 인형, 활을 쏘는 인형 등 종류도 다양하다. 이 카라쿠리 인형을 1733년부터 281년간 9대에 걸쳐 만드는 '타마야 쇼베이' 라는 가문이 있다. 인형 장인이었던 타마야 쇼베이는 나무에 태엽과 톱니바퀴를 연결해 움직이는 나무 인형을 탄생시켰으며 그 후 가족이 모두 분업하여 함께 만들었고 그것이 어느덧 9대째다. '호시료칸'의 '호시젠고로' 처럼 이 가문의 후계자도 '타마야 쇼베이'로 개명해 기술 뿐 아니라 조상들의 장인정신까지 계승한다. 최초의 카라쿠리인형 탄생 400년 후인 2000년 일본은 세계 최초로 두 발로 걷는 로봇 아시모(asimo)를 개발했다. 일본 특유의 섬세함과 장인정신, 과거와 현재 그리고 미래를 구분하지 않고 동일선상에서 바라보는 관념이 현재 일본의 로봇 산업에 그대로 녹아들어 로봇 최강국이라는 수식어를 만들어냈다고 할 수 있다.

5) 흔들리는 장인정신 '모노즈쿠리'

물건을 뜻하는 '모노'와 만들기를 뜻하는 '즈쿠리'가 합성된 용어인 '모노즈쿠리(物作り)'는 단순한 '물건 제조'의 의미가 아닌 '혼신의 힘을 쏟아 최고의 물건을 만든다'는 뜻을 담고 있다. 장인정신을 바탕으로 한 일본의 독특한 제조문화를 일컫는 대명사로 일본 제조업의 '혼(魂)'이자 일본의 자존심을 상징하기도 한다. 제2차 세계대전 이후 도요타, 소니, 파나소닉 등의 일본 굴지의 제조업체들이 바로 이 '장인정신(모노즈쿠리)'으로 세계에서 명성을 얻었다. 하지만 디지털시대의 경쟁 환경의 변화도 일본의 모노즈쿠리를 위협했다. 일본의 장인정신은 적당주의를 용납하지 않아 좁고 깊게 한 우물을 파며 결국 그 우물에 갇혀 고립된 상태가 됐다는 것이다. 특히 전자제품의 경우 고도의 기술보다는 디자인과 마케팅이 중요해지고 대량자동생산 되면서 모노즈쿠리의 의미가 퇴색했다. 일본 제조업체 관계자는 "일본 기업들은 품질과 기능만 뛰어나면 가격은 비싸도 괜찮다는 식으로 제품을 만들어왔는데 고객을 무시한 제품을 만든 결과 한국 기업에 시장을 빼앗겼다."고 말했다. 이에 전자업체들이 소비자들의 수요와 눈높이에 맞는 제품을 기획해 판매하는 '고토즈쿠리(事作り)' 전략으로 선회하고 있다고 밝혔다. '좋은 제품' 보다 '필요한 제품'을 만드는데 힘을 쏟는다는 이야기다.

일본의 장인정신은 게임, 애니메이션, 일식 등 세계적으로 인기를 얻는 콘텐츠가 끊임없이 쏟아져 나오는 원천이기도 하다. 이러한 장인정신이 깃든 일본의 문화는 전세계에서 환영을 받으며 더불어 경제대국, 기술대국 등의 국가의 브랜드와 이미지 향상에도 직접적인 영향을 미치고 있는 것이다. 일본의 장인정신은 일본 내에서 전통문화가 크게 발달하고 이어가게 하는 긍정적인 효과도 낳았으며 생계에 도움이 안 되고 자본가치도 없다며 전통문화를 소홀히 하는 우리나라 현실을 감안할 때 이런 점은 마땅히 본받아서 우리의 아름다운 문화도 널리 알릴 필요가 있다.

5. 일본의 종교

1). 신도

(1) 신도의 역사

신도(神道, しんとう)는 일본 고유의 자연종교이며 독특한 토착신앙으로 자연에 대한 숭배심이 종교로 발전한 정령신앙 즉 애니미즘(animism)의 일종이다. 초기에는 자연물과 자연현상을 신으로 삼았지만 점차 조상을 신으로 삼게 되었다. 신도라는 용어는 『일본서기(日本書紀, にほんしょき)』(720년)에 처음 등장했는데 이때는 종교 의식, 신(神, かみ), 신사(神社) 등을 의미했으나 12세기 후반 이후 특정종교를 표현하는 용어로 사용되기 시작했다. 신을 숭배하는 습관은 역사시대 이후부터 보인다.

신도는 벼농사를 중심으로 한 농경사회의 성립과 함께 형성되어 오랜 세월 동안에 여러 형태로 변화되었지만 그 기본은 곡물신과 조상신에 대한 신앙이었다. 일본인들은 곡물신과 그 역할을 보좌하는 여러 혼령을 맞이하여 모든 지혜와 정성을 다해 모셨고 사람들은 강림한 혼령과 함께 음식을 먹고 술을 마시고 가무를 하여 신을 즐겁게 하였다. 즉 혼령과 사이좋게 지냄으로 인해 복을 받고 재앙을 일으키는 혼령의 분노를 달랜다는 정신이 있었고 이것이 축제 즉 마츠리(祭り)의 기본 구조가 되었다.

신도는 일본의 민족종교로 옛 부터의 민간신앙, 외래사상인 불교, 유교의 영향을 받아서 이론화된 것이다. 시대에 따라 헤이안시대(794~1192)에는 료부신도(兩部神道), 산오이치지츠신도(山王

一實神道)가 성립되고 중세에는 이세신도(伊勢神道) 요시다신도(吉田神道) 등이 일어났으며 에도시대에는 스이카신도(垂加神道), 요시카와신도(吉川神道)가 유행하였다. 메이지시대 이후에는 교파신도(教派神道)와 신사신도(神社神道)로 나뉘고 그 중 신사신도는 국가신도(國家神道)로서 일본이 제2차 세계대전에서 패하기 전까지 정부의 적극적인 보호를 받았다.

야마토(大和, やまと) 정권 시기에 왕족과 유력한 귀족들은 신도적 의식을 통해 권위와 정통성을 확보하게 되었고 율령체제가 완비되고 왕권이 확립된 나라시대와 헤이안시대에는 황실의 종교로서 자리 잡기 시작했다. 황실의 신도는 신화, 의식, 신관(神官), 신사를 통일적으로 완비했다.

기원 7세기에는 천황이 나라를 통일하면서 자기들의 태양 여신인 아마테라스 오미카미(天照大神)를 높여서 국가의 신과 신도 신들의 중심이 되는 신으로 삼았고 세월이 흐르면서 천황이 태양 여신의 직계 후손이라는 신화가 생겨났다. 그 신앙을 강화하기 위하여 두 권의 주요 신도 저술물, 『고지키(古事記)』와 『니혼쇼키(日本書記)』가 기원 8세기에 편찬되었다. 황실을 신의 후손으로 높이는 신화를 사용함으로써 이 책들은 천황의 지고성(至高性)을 확립하는 데 한몫을 하였다.

8~9세기에 들어 신도와 불교 간에 상호 영향을 받아 좀 더 체계적인 교의와 의식 등이 완성되었다. 처음에는 뒤늦게 유입된 불교와 마찰을 빚기도 했으나 신불습합(神佛習合)이 이루어지면서 신도와 불교를 동시에 믿을 수 있게 되었다.

한편 에도시대에 유교가 전래되면서 신도는 불교의 영향에서 벗어나 주자학의 영향을 받으며 체계적인 교의가 정립되었다. 또한 국학운동의 영향으로 불교가 도래하기 전의 고대 일본의 문화와 신앙을 재인식하는 과정에서 신도의 교의는 재확립되었다. 메이지 이후 신도는 일본 역사상 특수한 역할을 담당하게 되었다. 고대 천황제를 부활시키면서 근대국가를 건설한다는 메이지유신(明治維新) 과정에서 철저한 불교 파괴가 행해지고 신도를 국교(국가신도:國家神道)로 삼으려고 하는 움직임이 일어났다. 그 결과 그때까지만 해도 중심을 잡지 못하고 명확한 구별도 대립도 존재하지 않았던 신도가 신사신도(神社神道)와 교파신도(教派神道)로 분리하게 되었고 배불(排佛)운동이 전개되면서 신불(神佛) 분리가 추진되었고 신사신도(神社神道)는 국가의 제사를 맡게 되어 국가신도가 되었다.

1868년 막부가 붕괴되고 왕정복고가 되는 메이지유신의 일대 변혁은 일본의 전종교를 하나로 통합하는 새로운 국교로서 국가신도를 만들었다. 국가신도는 황실제사를 기준으로 하면서 신사의 제사를 획일적으로 재편성하면서 그 형태가 이루어졌다. 1889년 황실전범과 일본 제국 헌법이 제정되어 근대 천황제 국가가 확립되었고 천황은 정치상의 주권자이고 군수상의 통수권자이면서 동시에 국가신도의 최고 제사를 행하는 신성불가침의 현인신이라고 지정해놓았다.

신도가 통일된 종교로서 인식되면서 천황주권 국가시스템을 만들어 천황의 권력을 절대화, 신격화하기 시작한 것이었다. 이를 위해 메이지 정부는 천황의 조상신을 숭배한 신도를 전국적으로 조직화·국교화 했고 각 지역별로 신사를 정리 체계화하여 그 정점에 천황을 두었다. 이로써 신사는 국가의 보호를 받게 되었고 교육기관에서 신도의 교의가 교육되었다.

제국주의 당시 일본 헌법에도 "천황은 영원히 하나의 혈통이며 신성불가침" 이라고 명시해 놓았을 정도로 천황에 대한 숭배의식을 고착화 시켜나갔다. 또한 교육칙어를 반포하였는데 이것은 천황에 대한 국민의 애국심 등 교육의 기본이념을 담은 칙어로 전국의 학교에 배포하였다. 그 내용은 국가가 위급할 때 모든 것을 바쳐 국가에 충성하고 황실의 운명을 도와야 한다는 점이 강조되어 있다. 즉 천황을 위해 목숨까지 바쳐야 한다는 사상을 국민들에게 심어준 것이다.

이 같은 신도이즘에 근거한 일본의 민족적 에고이즘은 일본국민들이 나라에 목숨까지도 바치면서까지 충성하는 애국심을 가져다주었고 이러한 민족적 에고이즘은 일본자체를 신격화함으로 다른 나라를 지배하는 당위성을 제공하였다. 제2차 세계대전 당시 일본이 전쟁에 패하게 되자 전쟁의 사상적 배경의 중심에는 신도가 있다고 생각한 연합군 총사령부는 정치와 종교의 철저한 분리를 시도하였으며 국가신도는 폐지되고 지역의 신사가 중심이 된 신사신도(神社神道)만이 존속하게 되었다.

(2) 재래신사

신사(神社)는 황실의 조상이나 신화에 등장하는 신 또는 국가에 공이 있는 역사적 인물이나 지역신(地域神)을 모시는 신전이다. 신사는 신도의식을 행하고 소원을 비는 목조의 사전(社殿)과 부속 건조물을 둘러싼 장소를 포함한다. 신사에서는 신도의식을

행하고 도시에서는 동일한 우지가미(氏神, うじがみ, 마을의 수호신)를 가진 사람들에게 공동체 의식을 부여한다. 그리고 농촌에서는 동일한 신에게 연결된다는 공통의 유대감을 강조해 동족 의식을 확대시킨다. 신사 안의 본전(本殿)에는 신의 영이 살고 있다는 신체(神體)가 있다.

본전 앞에는 예배를 드리는 배전(拝殿)이 있어 신관(神官)이 이곳에서 의식을 행하고 참배자는 예배한다. 참배자는 박수를 치고 배전 기둥에 매달려있는 두꺼운 밧줄을 당겨 종을 울림으로써 본전에 모셔져 있는 신에게 자신의 존재를 알린다. 본전에는 신직자(神職者)에 한해서 올라갈 수 있는데 특별한 의식이 있을 경우에는 참배자도 배전까지 올라갈 수 있다. 신사 입구에는 토리이(鳥居, とりい : 입구에 세운 기둥 문)를 세워 본 건물이 신사임을 상징적으로 알렸다.

현재 일본 전역에 퍼져 있는 신사 수는 8만 5천 개 이상이다. 그리고 그들 신사에서 섬기고 있는 신의 종류도 일본신화 속에 등장하는 '팔백 만의 신(八百萬の神)'이란 "헤아릴 수 없이 많은 신"이라는 뜻이다. 현재 일본에 산재한 신사는 전설의 인물 또는 신격화된 실존 인물에게 제사를 지내는 곳이 있고 누구를 내세우는지 불분명한 곳도 있으며 수많은 신 중에는 역대 천황이나 우리나라 침략 주동자였던 도요토미 히데요시(豊臣秀吉, とよとみひでよし), 이토 히로부미(伊藤博文, いとうひろぶみ) 등과 같이 실제로 존재했던 인물들도 있다. 심지어는 후지산(富士山) 같은 산 전체가 하나의 신체(神體) 역할을 하기도 한다.

(3) 야스쿠니(靖國)신사

야스쿠니신사는 메이지 천황의 지시로 도쿠가와 막부군(德川幕府軍)을 완전히 물리친 보신(戊辰)전쟁에서 사망한 관군(官軍) 3천5백88명을 위령, 현창하는 것을 목적으로 1869년에 세웠다. 1879년에 야스쿠니신사로 개명하였고 패전까지 육, 해군 대신이 관리하였다.

신사라기보다는 침략 전쟁 수행을 위한 하나의 군사적 장치였다. 전후에는 일본국 헌법의 정교분리 원칙에 의해 극진했던 국가적 보호가 끊어져 도쿄 도지사 승인 단위의 종교법인으로 오늘에 이르고 있다. 야스쿠니신사는 전국에 10만 가까이 있다는 크고 작은 많은 신사들 중에서 다음과 같은 특이한 성격을 갖고 있다.

첫째는 메이지 유신 직후, 메이지 천황에 의해 창건된 새로운 신사다. 이것은 천황이 자주 찾아 참배하는 특별 신사였다. 둘째, 야스쿠니신사는 육해군성이 관할 운영하여 궁사는 대대로 육군 대장이 하였고 헌병이 수위가 되어 불전은 군에 봉납하는 그야말로 군국 신사였다는 것이다. 이것은 신사라기보다는 침략 전쟁의 수행에서 뺄 수 없는 군사적 장치의 하나였다. 셋째, 아주 평범한 국민을 신으로 떠받아 제사하는 신사라는 것이다. 역사상 저명한 인물이거나 고급 군인이었으며 압도적 다수의 민중이 제신(祭神)이 된 것은 야스쿠니 신사 뿐이다. 넷째, 제신이 246만 여 명이나 되는 대단히 많은 수이며 게다가 신사의 창설 이래 제신이 끝없이 늘어난 유일한 신사라는 것이다. 이것은 최초의 본격적인 대외 침략전쟁인 청일전쟁(1894~1895)에서 아시아 태평양

전쟁의 패배에 이르기까지 끊임없이 전사자가 늘어난 것에 의해 야스쿠니신사의 제신의 수도 증가해 왔다는 것을 가리키고 있다. 그야말로 야스쿠니신사의 역사는 일본의 침략전쟁의 역사와 불가분의 일체인 것이다. 다섯째, 천황이 그런 야스쿠니 신사에 자주 참배했다는 것이다. 일본 정치인들의 야스쿠니신사 참배문제는 역사문제이면서 뜨거운 오늘의 문제이기도 하다. 게다가 그것은 일본의 전쟁책임을 어떻게 생각해야만 하는가 하는 여전히 미해결 문제의 중심적 과제의 하나이다. 그 점에서 평화인가 전쟁인가 아시아와의 공생 공존인가 아니면 군국주의의 부활인가 라는 일본의 진로가 달린 과제들 중에 언제나 야스쿠니문제를 정치로부터 사상, 문화, 우리들의 도덕 문제로까지 의식하여 다루지 않으면 안 된다는 것을 깊이 자각해야 한다.

2) 불교

(1) 불교의 전파

불교가 일본에 전래 된 것은 538년이며 이 때 오오미(大臣)라는 직책의 친 백제계 소가노 이나메(蘇我稻目)는 찬성파였고 군사와 제사의 리더였던 오오 무라지(大連)라는 직책의 모노노베 오코시(物部尾輿)는 반대파였다. 불교가 전해지기 전에 일본에는 신도(神道)가 있었다. 모노노베(物部)씨는 "외국의 가르침 따위를 받아들이면 신도(神道)의 신이 노한다" 며 극구 반대했다. 이에 대해 소가(蘇我)씨는 "외국의 문물이라도 좋은 것은 들여와야 한다" 라며 양보를 하지 않았다. 이것을 숭불논쟁(崇仏論爭)이라고 한다. 그때 천황은 신도를 지지하면서도 "사적으로 불교를 믿는 것은 좋다"는 모호한 태도를 취하고 있었다. 당시 종교는 일본 정치체제와 관련이 있었다. 신도를 중심으로 한 정권은 죽은 조상을 신으로 하는 각 호족들이 연합하여 정권을 만들고 있었으며 그들의 정점은 천황이 아니라 조상신이었다. 이에 소가씨는 신도나 조상신과는 전혀 관계가 없는 불교를 받아들여 천황중심의 중앙집권국가를 만들려고 노력했다. 이른바 모노노베씨는 보수파, 소가씨는 개혁파였던 것이다. 찬성파 소가노이나메(蘇我稲目)가 절을 짓고 안치하였고 불교수용의 적극적인 일면을 보여줬다. 그러나 얼마 후 질병의 유행으로 천황이 죽자 모노노베는 불교의 전파로 인한 재앙이라 하여 상황은 역전되어 불상을 땅에 묻고 절을 불태우는 등의 새로운 국면을 맞았다. 결국 이것은 전쟁으로 이어져 도래인을 등에 업은 백제계 소가씨의 승리로 끝나면서 나라의 중앙집권화가 급물살을 타고 불교가 전파 되었다.

(2) 불교의 발전

일본에 불교가 처음 들어온 시기는 백제성왕 때인 538년경으로 도장(道藏)이 불상과 경전을 가지고 일본으로 건너가 성실종을 세웠다. 이후 혜총, 도림, 담혜, 혜미 등 백제의 승려들이 건너가 불교를 전파했으며 쇼토쿠태자의 불교장려책으로 일본에서 한 종교로서의 위상을 굳혔다.

그리고 나라시대에는 중국 불교가 황금기를 이룬 때로 그들의 여러 종파가 차례로 건너와 삼론(三論:さんろん), 법상(法相:ほう

そう), 성실(成實:じょうじつ), 구사(俱舍:くしゃ), 율(律:りつ), 화엄(華嚴:けごん) 등 주요 6종파가 성립되었다.

헤이안(平安)시대에 이르러 불교는 천태(天台:てんだい), 진언(眞言:しんごん)의 2종이 중심이 되어 전개되었다. 천태종의 사이초(最澄:さいちょう), 진언종의 구카이(空海:くうかい) 등은 당나라에 들어가 새로운 불법을 구한 개조(開祖)들이다. 나라시대에 성립한 6종파는 이들 2개 종파가 발전함에 따라 점차 그 세력을 잃어갔다. 특히 결정적으로 사이초가 개설하고 사망한 대승계단(大乘戒檀)이 국가의 공인을 얻음으로써 6종파가 몰락하기에 이르렀다.

또 헤이안불교는 귀족들의 열성적인 귀의와 보호를 받아 귀족불교라 일컬어졌는데 귀족들은 권세를 자랑하기 위해 조정을 본떠 조사(造寺), 조탑(造塔)에 힘쓰는 한편 기도와 법회를 자주 열었다. 이에 승려들은 귀족들과 깊은 관련을 맺게 되면서 세속적 권위와 결탁하게 되었고 절은 귀족으로부터 기부 받은 토지를 지키기 위해 승병(僧兵)을 둠으로써 많은 폐단을 낳는 원인이 되었다.

가마쿠라 막부시대에는 일본 불교가 민중 속에 뿌리내리게 됐다. 말법사상(末法思想)을 배경으로 일어난 정토종(淨土宗:じょうどしゅう)은 아미타불의 명호를 외우는 일만이 정토왕생(淨土往生)의 정정업(正定業)이라고 설파하면서 급속히 교세를 넓혀나갔으나 이 종파는 천태 이외의 종파를 부정하는 등 도전적인 언동때문에 자주 법난(法難 : 박해)을 받았으나 후에 민중들 사이에 교세가 널리 퍼져 지금은 진언종(眞言宗)과 나란히 대종파를 이루고 있다. 무로마치시대 이후 불교는 점차 쇠퇴일로를 걷다가 오다 노부나가(織田信長:おだのぶなが)와 도요토미 히데요시(豊臣秀吉:とよとみひでよし)가 천하를 통일한 후에는 완전히 교세가 꺾였다. 또한 에도시대에는 정권의 도구로 타락했다.

침체되고 부패한 불교에 대해 비난과 배척운동이 자주 일어났으나 메이지유신 이후 뜻있는 불제자들에 의해 혁신의 기운이 높아지고 여러 종파의 부흥운동이 추진되어 근대적 종교로서 불교가 발전하게 되었다. 특히 1613년에는 당시 확산되고 있던 가톨릭을 금지하고 농민, 무사 등 신분에 관계없이 어느 절이든 단가(檀家 : 불교신자)로서 등록할 것을 강요했다. 이로써 단가 등록부는 당시의 호적 역할까지 하고 있었다. 이 때문에 오늘날까지도 대부분의 일본인은 어느 절의 단가로 되어 있어 죽으면 불교식으로 장례를 치르게 된다.

일본인의 생활은 불교와 밀접한 관계가 있다. 신도(信徒)가 아니더라도 절에 참배하고 장례를 불교식으로 행하며 죽은 후에는 불교식 이름을 붙인다. 일본의 미술, 문학, 건축, 혹은 일본인의 사상, 도덕 등 문화 전반에 걸쳐 불교의 영향이 매우 크다. 현재 일본의 절은 약 7만 5천 개에 달하며 승려 수는 18만 명, 신도 수는 9천만 명 정도로 추정된다.

(3) 불교의 영향

538년 불교가 전파되어 정치적 문화적으로 많은 영향을 끼쳤고 일본의 비약적 발전을 도와줬고 불교의 전래와 더불어 아스카문화가 생길 수 있었다. 정치적으로는 왕권강화를 위한 이데올로기로 이용되었는데 당시의 지배자를 부처와 동일시하는 측면을 지적할 수 있다. 당시 불교가 전파되면서 미륵과 현실적인 위정자와 동일시하였고 지배자는 세속적인 지배자일 뿐만 아니라 종교적인 구원자로서 인식되었던 것이다. 문화적인 영향으로는 뛰어난 건축술을 들 수가 있다.

일본의 당시 건축술은 주춧돌과 기와를 갖춘 건물이 전래되기 이전에는 땅에 구덩이를 파고 기둥을 세우는 이른바 굴립주 건물이 일반적이었다. 하지만 불교가 전파되고 당시 백제의 뛰어난 건축술도 같이 전파되어 주춧돌과 기와를 쓰는 사찰이 생겼고 그것은 왕궁의 건축물에 응용되어 당시 일본사람들이 볼 수 없었던 장대하고 화려한 건축물을 지어 줬다. 그러한 건축물은 일본의 지배자의 권위와 권능을 더욱 높여주고 백성들도 그것을 보고 지배자에 대한 권위를 느꼈다. 또한 백제의 많은 지식인이 건너가 일본에 선진문화를 전달하였는데 오경박사, 역박사, 의박사 등이 건너가 한자, 유학, 불교, 역술, 역법, 의학 등 무형적인 측면에서 광범위하게 영향을 끼쳤으며 고립된 일본열도를 동아시아 문화권의 일원으로 참여할 수 있도록 결정적인 계기로 작용하였다.

3) 유교

일본에서 유교는 6세기에 들어왔다. 백제의 오경박사(五経博士)가 531년에 전파했다. 특히 사서(四書)·오경(五經) 중의 『논어(論語)』는 일본인의 정신생활에 단단히 뿌리를 내리고 사회생활의 각 분야에도 깊게 침투해 있다. 『논어』가 일본에 전해진 것은 약 1,700년 전이지만 공자의 사상과 유교의 전승에 큰 역할을 한 사람은 쇼토쿠 태자(聖德太子;574~622)이다.

스이코(推古) 천황 시대인 604년에 쇼토쿠 태자는 유명한 「17조헌법」을 제정했는데 그 사상적 근거가 『논어』였던 것이다. 이러한 의미에서 쇼토쿠태자는 「17조헌법」을 근본으로 유교적 이상 국가를 구축하려 했다고 말할 수 있다. 또 쇼토쿠태자는 당시 수(隋)나라와 당(唐)나라에 많은 유학생을 파견했는데 그것이 견수사(遣隋使)와 견당사(遣唐使)이다. 특히 견당사의 경우 200년간 19회에 달했으며 때로는 한 번의 견당사에 500명 남짓의 유학생이 동행했다. 이들 유학생은 당나라의 문화를 들여오는데 힘썼으며 공자의 사상을 일본에 전달하는 가교 역할을 했었다. 이렇게 상륙한 공자의 사상은 그 후에 급속히 뿌리를 내렸다. 나라시대와 헤이안시대에 율령제가 쓰이자 관료를 양성하기 위해 유교교육이 도입되었으며 유교가 정치나 문화뿐만 아니라 교육 분야에서도 일본에 큰 영향력을 끼쳤다. 하지만 일본에는 과거시험이 없었고 불교가 융성하면서 존재감을 상실했다.

가마쿠라 막부에는 주자학이 전파되었다. 15세기에 이르면 오닌(応仁)의 난이 일어나고 수도인 교토가 황폐화되면서 유학자들은 각 지방으로 들어갔으며 승려가 유학을 연구하는 일도 빈번하였다.

에도 막부가 들어서자 불교와 유교를 분리하여 유교를 제왕학으로 사용하였다. 특히 에도막부의 쇼군들 중엔 도쿠가와 츠나요시 같이 유학을 장려한 인물들이 있었다. 에도 시대의 유교는 관립학교의 설립에 의하여 후원을 받았으며 에도막부의 주요한 통치이념으로 자리잡았다. 유교적 이념은 특히 신분제도의 확립과 함께 현실생활 속에 오륜(五倫)과 오상(五常)을 중시하는 봉건도덕으로 뿌리내렸다. 이에 따라 가부장적 가족제도가 확립됨으로써 가장의 권위가 절대화되고 장자의 단독상속이 일반화되었다. 특히 무가(武家)사회에서의 권위와 복종을 중시하는 논리는 촌장과 촌민, 주인과 종, 지주와 소작인, 스승과 제자, 오야분(親分)과 고분(子分), 부모와 자식 등의 모든 인간관계에 확대 적용되었다. 그러나 일본에 수용된 유교는 중국이나 조선의 유교와는 성질을 달리하였다. 일본은 유교에서 중시하는 '효'보다 '충'을 우위에 두었으며 이는 무사사회에 적합한 상무정신을 고취하는데 이용되었다. 또한 일본에서는 윤리체계의 표현으로서 중시되는 예(禮)는 도입하지 않았다. 유교는 신분계층을 확정함으로써 지배체제를 유지하기 위한 수단으로서 이용된 측면이 컸으며 이상적인 인간사회를 추구하며 예를 중시하는 유교의 기본원리는 받아들이지 않았다.

근세의 일본은 무가(武家)가 정권을 잡은 신분제 사회로 중국이나 조선과 같은 과거는 실시되지 않았으며 유교를 수양한 자가 정권을 잡지 못하였다. 유교는 어디까지나 무가의 교양, 정치를 실행할 때의 참고에 지나지 않았지만 그 반면 권력에 규제되는 것도 적지 않아 중기 이후 이토 진사이(伊藤仁齊)나 하규 소라이(荻生徂徠) 등이 독자적 유학설을 세워 성행하는 등 자유롭게 전개되었다. 유교는 주자학 이외의 학문을 배격하는 일은 없었으며 주자학 뿐만이 아니라 중국에서 들어온 양명학, 일본의 유학자들이 창안해 낸 조래학, 절충학, 실학 , 미토학 등이 발달하였다. 또한 유학을 중심으로 한 학예·교양의 토대 위에 일본학이나 난학(蘭學)이 발흥하였다. 막부 말기에 정치를 흔들었던 존왕양이(尊王攘夷) 사상 등은 유교사상의 일본에서의 독자적 전개 속에서 등장하였고 존왕양이 사상은 메이지 유신의 밑거름이 되었다.

메이지 유신 후 일본은 서구의 여러 나라를 따라잡기 위해 적극적으로 서구의 과학 기술이나 제도를 수용했다. 한편 정부는 체제를 보다 강화해야 할 필요에 부딪쳤다. 서구의 기술을 수용하더라도 국민이 흩어져서는 근대화를 달성할 수 없었다. 근대화를 위해서는 국민을 하나로 모으고 근대화라는 공통 목표에 매진할 필요성에 직면했던 것이다. 이를 위해 정부는 공자의 사상을 체제에 추가하고 이용하기로 하였다. 예를 들어 자유민권운동이 절정기를 맞이했을 무렵 정부는 천황의 권위를 지키기 위해 공자의 사상에 주목했다. 공자의 사상은 충이나 효를 중요시하므로 천황의 권위를 지키고 질서를 유지하는 데 도움이 된다고 판단하였기 때문이다. 그 때문에 정부는 (1) 국민 교육에 유교를 부활시킨다. (2) 공자에 대한 제사를 계속 거행함으로써 공자를 신격화한다. (3) 유교의 연구 활동에 힘을 기울인다는 등을 정책의 기본으로 하였다. 이러한 정책은 그대로 교육면에 반영되었으며 학생들은 정치사상과 도덕교육으로서 유교사상을 배우게 되었다. 청소년을 근대화의 첨병으로 삼는 동시에 충성스런 백성으로 만들기를 노렸던 것이다. 이를 위해 메이지정부는 연달아 유교부활의 교육방침과 정책을 공포하였다. 그 후 1890년에는 「교육

칙어(敎育勅語)」를 공포하였는데 그것으로써 유교 사상의 존중이 교육에서 결정적인 것이 되었다. 이 칙어는 전쟁이 끝날 때까지 일본의 교육 방침이 되었는데 그 목적은 유교적 윤리로써 충군애국(忠君愛國)의 신민(臣民)을 양성하는 것이었다. 이처럼 공자의 사상은 도쿠가와막부의 종언과 더불어 위기를 맞이했지만 근대화를 향한 일본에서 다시 탄생하였던 것이다.

4) 기독교

(1) 기독교의 전파

근세 봉건사회의 성립을 향해 치닫고 있던 전국시대는 미지의 세계로부터 새로운 문명과 문화의 파도가 일본에 밀려들어온 때였다. 16세기 중반 포르투갈의 흑선이 가져 온 총과 '동양의 사도'로 칭해진 프란시스코 자비에르가 전한 기독교(천주교)가 그것이다. 그러나 전국시대의 무장들에게 총이 보물로 취급되었던 데 반해 기독교는 항상 불교계와 위정자의 공격 대상이 되어 선교활동은 1세기도 존속하지 못하였다. 그럼에도 불구하고 기독교의 유입은 일본근세의 서막을 장식하기에 충분한 일대 문화활동이었다. 즉 아즈치 모모야마(安土桃山)문화를 다채롭게 만들어 주었고 또한 당시 일본 사회에 결핍되어 있던 가치관, 인간관, 세계관을 사회적 실천을 통해 영주 지배층만이 아니라 일반서민에게까지 가르쳐 주었다.

일본에 최초로 기독교가 전래된 것은 1549년 예수회를 창설한 신부인 프란시스코 자비에르에 의해서였다. 당시 센고쿠 다이묘

(戰國大名) 중에는 서양의 문물에 대한 관심이나 무역상의 이익 등을 고려하여 기독교 포교에 호의적인 자도 있었고 스스로 기독교로 개종한 자도 나타나 17세기 초에는 신자수가 수십만으로 늘어난다. 처음에 기독교에 호의적이었던 도요토미 히데요시는 1587년 선교사 추방령을 내려 '신국(神國) 일본에 사법(邪法)의 포교를 금지 한다' 고 나가사키를 몰수해 버린다. 이때부터 기독교 탄압이 시작되어 1597년에 일본 최초의 기독교 순교인 이른바 26성인의 순교가 일어난다. 에도막부도 기독교 금교정책을 답습하여 1612년 막부 직할지의 금교령의 공포, 1614년 금교령의 전국 확대실시로 박해시대로 들어간다. 이에 따라 선교사는 국외로 추방되거나 잠복 활동에 들어가고 각지에서 순교자가 나오게 된다. 특히 기독교신자들이 중심이 되어 일으킨 1637년 시마바라의 난 이후에는 기독교신자에 대한 철저한 색출과 박해가 벌어지고 근세 쇄국 하에서 기독교는 완전 금기시 되어버린다

19세기 후반 서양과 국교를 수립한 이후 일본에는 또 다시 기독교 포교 활동이 활발해졌다. 특히 외국인 선교사들은 일본에서 사회사업이나 교육사업에도 힘써 일본에 서양 문화를 도입하는데 크게 공헌했다. 일본의 근대화는 거의 영국, 미국 문화를 의미하지만 서양 문화의 중심을 이룬 기독교적 생활방식과 도덕규범 등도 일본에 전해졌다. 이후 30여 개의 교단이 생기는 등 메이지 유신을 전후해 일본의 기독교 세력은 다시금 활기를 띠게 되었다. 현재 일본의 기독교 신자는 프로테스탄트 43만 명, 가톨릭 95만 명 수준인 것으로 알려져 있다.

(2) 기독교 박해

일본에서의 기독교는 400년 이상의 역사를 자랑하고 있으나 한국과는 달리 일본 사회의 깊숙한 곳까지는 침투하지 못했다. 한국보다 훨씬 이른 시기에 서양의 문물을 받아들인 일본으로서는 의외의 상황이라 할 수 있을 것이다. 그러한 이유를 몇 가지 면에서 살펴보면 먼저 에도 막부의 쇄국정책에 의한 기독교 탄압 정책을 들 수 있다.

도쿠가와 이에야스는 전국 통일 이후 계속해서 세력을 확장해 가는 기독교 세력에 위기감을 느껴 기독교 금제를 내렸다. 이와 관련해 규슈의 시마바라(島原)에서는 영주의 학정과 기독교에 대한 탄압에 대항한 시마바라의 난(島原の亂)이 일어났다. 4개월간의 반란은 막부군에 의해 진압되었고 이후 기독교는 혹독한 탄압을 받게 되어 약 250년간 사회적으로 금지를 당하게 되었다. 1640년에는 종문인별장(宗門人別帳)이라는 제도를 통해 지위 고하를 막론하고 모든 일본인을 불교의 사원에 소속하게 했으며 이러한 과정에서 기독교인을 색출하는 한 방법으로 후미에 제도(踏繪制度)가 행해지기도 했다.

이러한 박해를 통해 20만 명이 넘는 기독교 신자들이 목숨을 잃었고 박해를 피한 소수의 신자들은 '카쿠레 크리스천(숨은 기독교인)'이 되어 신분을 숨기고 살아야 했다. 미국의 페리 제독에 의해 문호가 개방된 후 1859년에 미국의 개혁파 장로교회의 선교사들에 의해 개신교의 선교역사가 시작되어 성공회, 오순절교회, 루터교 등이 차례로 들어오게 되었다. 이후 30여 개의 교단이 생기는 등 메이지유신을 전후해 일본의 기독교 세력은 다시금 활기를 띠게 되었으나 1941년 태평양전쟁 개전 이후 쇼와천황은 난립해있던 교단을 하나로 통합해 일본 크리스트교단을 만들었다.

일본 크리스트교단은 천황 숭배와 신사참배를 앞장서서 했으며 기독교는 어용 종교화되어 침략전쟁을 위해 기도와 헌금운동을 벌였다. 제2차 세계대전이 끝난 후에 많은 교단이 일본 크리스트교단으로부터 탈퇴해 새롭게 조직을 정비하였고 또 새로운 선교단체들이 많이 들어와 현재의 130여 개의 개신교 교단을 이루었다.

이러한 오랜 기간에 걸친 기독교 탄압에 의해 일반인들의 머리 속에는 기독교를 기피하는 인식이 자리 잡게 된 것이다. 또한 에도시대의 현세 중시적인 삶의 방식과도 무관하지 않을 것이다. 선과 악, 천당과 지옥이라는 사후세계에 대한 두려움과 걱정보다는 돈과 쾌락, 어떠한 정신적 구속으로부터도 자유로운 현실의 삶을 향유하길 원했던 에도시대의 현세 긍정적인 조닌문화(町人文化)는 스스로를 구속하는 기독교의 계율로부터 자유로워지고자 했다.

5) 일본인의 종교관

일본의 풍토에 적응하면서 발달한 일본인들의 연중행사·제례·장례 의식 등은 주위 여러 나라의 영향으로 유사한 점들도 많지만 일본인들의 기질과 어우러진 의식과 신앙으로 그들만의 독특한 문화로 발전하였다. 불교와 신도(神道)는 일본의 2대 종교이

다. 오쇼가츠(お正月:양력 1월 1일)에는 신사에 가고 오봉(お盆:양력 8월 15일 전후)에는 절에 가며 한 집안에 신단과 불단이 모두 모셔져 있는 것에서 알 수 있듯이 이 두 종교는 일본인의 신앙 속에 깊숙이 스며들어 있다고 할 수 있다. 일본의 종교는 일본에 오래 전부터 있었던 신도와 외국에서 들어온 불교가 기본을 이루고 있다. 이 2대 종교는 서로 영향을 주고받으며 독특한 신불(神佛)신앙을 탄생 시켰다. 이런 현상을 외국인은 신단을 향해 절을 하고 또 조상을 모신 불단을 향해 절을 하는 일본인들의 이중적인 종교관을 이해하기 어려울 것이다. 일반적으로 일본인이 종교에 기대하는 것은 현세의 이익이며 그것은 기원하는 내용에 '가내안전'과 '상업번성' 등의 상투어구에 잘 나타나 있다. 대부분의 일본인은 종교에 규제받기는커녕 오히려 다양한 종교를 생활의 도구로서 이용하고 있다. 나날의 생활을 풍요롭게 하는 것이 최대의 목적이기 때문에 교의(教義)라는 것은 문제가 되지 않는다. 아이가 태어나면 신도의 신사에 참배를 가고 결혼식은 기독교의 교회, 장례식은 불교의 절로 하는 구분 사용은 당연한 것이기도 하다. 오봉은 불교의 우란분회(盂蘭盆會)와는 관계없이 그저 고향에 돌아가 쉬는 휴가이며 크리스마스는 그리스도의 탄생과는 관계없고 선물을 받는 찬스에 불과하다. 둘 이상의 종교를 일개인이 동시에 이용하는 배경에는 과거 천 년 이상에 걸친 신불혼효(神仏混淆)의 역사가 있다고 본다.

현대일본의 사회

VI

Ⅵ

현대일본의 사회

1. 일본의 중앙과 지방사회

일본에 있어서 중앙과 지방의 관계는 매우 복잡하다고 할 수 있는데 그것은 끊임없는 확산을 특색으로 하는 미국 타입도 아니며 모든 활동이 파리에 집중 환원되는 프랑스와 같은 중앙집권 타입과도 다르다. 그것은 문화적 사회적 다양성 확산성과 정치적 중앙지향과의 미묘한 조화로부터 이우러져 있다.

첫째, 일본의 사회구조나 문화는 각 지방마다 놀란 만큼 다양성을 나타내고 있다는 점이다. 복잡한 지리적 조건에 의해 각 지방이 독립 분산할 수밖에 없었다는 점에 그 근본적인 이유가 있다고 할 수 있는데 예를 들면 일본어의 방언은 전국 일률적인 학교교육이나 매스미디어가 보급되기 전까지는 크게 달랐었다. 또한 촌락공동체의 사회구조는 동등한 이에(家)끼리의 비교적 원만한 결합을 특색으로 하는 서일본과 복잡한 구성을 가지는 대가

족주의의 동일본과는 서로 다르다. 그리고 이와 같은 지방의 문화적 · 사회적 다양성을 더 한층 강화시킨 것이 일본의 봉건제였다.

에도시대에 전국 각지는 300개에 가까운 제후의 영지로 세세하게 분할되어 있었다. 각 다이묘의 영지는 단순한 정치적 지배의 단위가 아니라 독자적인 제례, 관습, 학문을 가진 문화단위가 되었다. 특히 에도로부터 멀리 떨어진 곳에 여기저기 존재했던 커다란 다이묘의 영지는 일본문화의 다원적 중심지의 하나가 되어 있었다. 그리고 커다란 번 중 몇 개는 독자적인 외교, 내정, 산업정책을 지닌 독립국가에 가까운 존재였다. 센다이, 가나자와, 나고야, 오카야마, 히로시마, 후쿠오카, 구마모토 등 현재의 현청소재도시의 대부분은 에도시대의 정치적 · 문화적 중심지였던 곳이며 각 지방의 대표도시로서의 성격은 오늘날에도 전혀 변함이 없다.

둘째, 그러나 일본의 정치풍토는 반드시 지방분권적인 것이 아니었고 이것은 에도시대에 있어서도 마찬가지였다. 서양봉건제의 주요한 특징 중 하나가 봉건제후의 국왕권력으로부터의 상대적 자립이었다고 하면 도쿠가와 막부하에서의 일본의 정치체제는 만약 봉건제라는 말을 여기에서 이용하면 오히려 절대주의에 더없이 가까운 봉건제라고 설명할 수 있을지도 모른다.

도쿠가와막부를 무너뜨린 메이지 정권은 이와 같은 정치체제에 한층 더 중앙집권화를 기도했다. 1871년 제후의 정치적 거점이었던 번은 폐지되었다. 제후의 영주권은 부정되고 번의 독자적인 군대는 해체되었다. 번에 대신하는 중앙정부의 하부기관인 현이 생기고 현의 지사는 중아정부가 임명하게 되었다. 군사, 행정, 재판, 경찰 등의 권한은 중앙정부 아래 일원화되어 지방은 정치적으로 더욱더 중앙에 종속되게 하였다.

이와 같은 정치적 중앙집권화가 필요하게 된 것은 중안의 통제가 필요할 만큼 지방에 견고한 정치적·문화적 독립성이 존재하고 있었기 때문이었다. 옛날의 번 의식을 중심으로 한 지방의 심리적 일체감은 정치적 중앙집권화가 실현된 이후에도 쉽게 사라지지 않고 그 비 정치화된 지방의 에너지는 한편으로는 현인회, 육영회 등 문화단체의 형태를 위하거나 다른 한편으로는 정당의 지방지부나 현회라는 루트를 거쳐 국회에서 지방의 이해를 대변하는 국회의원의 형태를 취하며 나타나곤 했다.

여기에서 보이는 공통된 경향은 지방의 에너지를 중앙에서 발산시킨다는 것이다. 중앙에 의해 인정받고 중앙에서 활동무대를 발견함으로써 지방의 자존심을 만족시킨다는 구도는 지금도 역시 일본인을 지방도시들로 부터 중앙으로 사람들을 진출시키고자 하는 정신적 활력주의의 존대를 잘 나타내고 있다. 일본인에게 있어서 중앙이라는 것은 지방의 집합체이며 도쿄는 그와 같은 의미에서 일본 최대의 촌락인 것이다. 중앙의 에너지, 문화적 다양성은 지방의 활력과 다양성의 반영이며 이런 의미에서 중앙과 지방의 관계는 다원적 상호 의존관계에 있다고 할 수 있다.

2. 일본사회의 균일과 배타성

일본사회는 메이지시대를 전후하여 단일민족국가, 단일문화라는 이데올로기적 일본관이 형성되어 고정적이고 일원적인 일본사회론이 구축됨으로써 다원적이고 복합적인 일본문화와 사회의 실상이 왜곡되어왔다는 사실이다. 현재의 단일민족국가 일본이라는 것은 북방의 아이누민족이나 남쪽의 오키나와민족, 그리고 재일한국인들의 존재를 애매모호하게 하였으며 오늘날의 각종 차별문제의 원인들 제공하고 있기도 하다. 즉 근·현대사의 맥락 속에서 형성되어온 '동질'적이며 '균질'적이라는 강고한 일본민족관은 다른 문화나 언어, 습속 등을 가진 '이질'적인 '타자'를 억지로 동화시킴으로써 형성되어온 허상이라는 것이다.

다시 말해 일본 국내의 문화적 이질성이나 재일외국인이라는 사회구성원들의 다양성을 인정하지 않고 안으로의 동화를 사회적 분위기 속에서 강요하고 그러한 동화의 과정을 거치지 않는 것에 대해서는 철저하게 바깥으로 내몰아 차별하는 이중적인 자세가 밑바탕에 깔린 일본의 단일문화, 단일민족관에 대해 일본의 일부 학자들도 문제를 제기하고 있다.

동화라는 것은 원래 이질적인 것들을 여러 가지 방법을 통해 동질적인 것으로 변질시키는데 그 중점이 놓여 있으므로 반드시 배제나 차별의 논리가 작용하는 구조적 성격을 띠고 있다. 따라서 균일성을 강조하면 할수록 동화의 문제는 많은 차별을 생산하고 균일성=배타성의 등식이 성립하게 되는 것이다. 앞으로 일본사회를 이해하는데 있어 이와 같은 논리구조가 일본사회의 다양성을 어떻게 규제하고 있는지 혹은 일본사회에 존재하는 각종 차별의 문제에 어떠한 영향을 미치고 있는지에 대해서도 인식해야 할 과제의 하나라고 할 수 있다.

1) 부락차별(部落差別)

일본에 존재하고 있는 차별문제에서 가장 뿌리 깊은 것 중의 하나는 부락차별이다. 사회문제로서 별로 표면에 나타나지 않기 때문에 더욱 심각하다고 할 수 있다. 부락이라고 하는 것은 비교적 소수의 가옥을 구성요소로 하는 지역단체, 공동체로서 보통 집단을 이루는 민가의 한 무리 또는 촌락의 일부라는 의미로 사용되는 반면 여기서 말하는 부락은 '신분상 사회적으로 심한 차별대우를 받아온 사람들이 집단적으로 사는 지역'이라고 하는 독특하고 차별적인 의미로 사용되는 것이다.

현재 일본에서 이 문제는 지역적으로 큰 차이를 나타낸다. 긴키(近畿), 지금의 교토부근]지방이나 서일본(西日本), 중부지방의 일부에서는 부락에 대한 차별의식이 현저하게 나타나고 있으며 그 외의 지역에서는 그다지 표면화되고 있지는 않다. 결혼이나 취직 등에 있어서 '피차별부락(被差別部落)' 출신자는 가혹할 정도로 차별을 받아왔고 지금도 여전히 차별을 받고 있다. 이 차별문제에는 일본문화의 저변에 있는 '게가레(穢れ:불결부정)'의 관념이 깊이 관여되어 있기 때문에 이성적인 해결을 곤란하게 하고 있다.

부락차별의 기원은 멀리 일본의 고대나 중세까지 거슬러 올라

간다. 고대의 율령제도 하에서 전 국민은 양민과 천민으로 대별되었고 천민(賤民)에는 다섯 종류의 신분이 있었다(五色の賤). 또한 중세에는 히닌(非人]), 에타(穢多), 산조(産所), 가와라모노(河原者) 등으로 불린 사람들이 게가레라고 하는 관념과 연결되어 비천한 것으로 여겨졌다. 그러나 이러한 사람들이 그대로 현재의 '피차별부락민'으로 된 것은 아니다. 그들 중에는 예술을 비롯하여 각 분야에서 활약하고 있는 사람들도 꽤 많이 나왔기 때문이다. 오히려 현대의 '부락차별'로 연결되는 직접적이고 본질적인 기원이 된 것은 17세기 에도시대의 신분제도이다.

에도막부에는 사농공상(士農工商, 무사·농민·공인·상인의 순번으로 지위가 낮아진다)이라는 신분제도가 확립되었는데 이외에도 에타, 히닌이라고 하는 천민신분 또는 신분 외 신분이 있었다. 에타 중에는 농업에 종사하고 공물을 바치던 사람도 있었는데, 그 대부분은 소나 말과 같은 가축의 시체처리나 피혁세공을 생업으로 하기도 하고 범죄자를 단속하거나 감옥의 간수 등의 일을 보았으며 또한 히닌은 유예(遊芸) 등을 생업으로 하였다. 이렇게 특정한 신분차별 정책을 실시함으로써 에도막부가 노린 것은 농공상에 속하는 사람들에게 일종의 우월감을 부여하여 그들의 무사에 대한 불만을 다른 곳으로 돌리려고 한 것이었다. 어쨌든 이러한 격리정책이 300년 가깝게 계속됨에 따라 일반 사람들 사이에 그들을 싫어하고 피하는 경향이 생기게 된 것만은 틀림이 없다.

그러나 메이지시대에 들어오면서 수많은 제도적인 개혁이 이루어져 에도시대의 신분제도는 폐지되었다. 이렇게 해서 형식적으로는 사민평등(士農工商의 四民平等)이 실현되었는데 에타, 히닌이라고 하는 피차별문제는 해소되지 않았다. 에타, 히닌의 명칭은 폐지되어(1871년) 신분이나 직업은 평민(에도시대의 농공상)과 동등하다고 일단은 인정되었지만 촌락 공동체 내에서의 그들에 대한 차별적 인습은 뿌리 깊게 남아 있었다. 그들이 살고 있던 지역은 특수부락이라고 하는 명칭으로 불리고 인접하고 있는 지역은 쪼손:(町村:읍면) 통합에 강력하게 반대했으며 함께 행사를 같이하는 것을 극도로 꺼려하였다. 역시 에도시대 300년 동안 만들어진 인습과 관념은 쉽게 사라지지 않았다.

물론 피차별부락민도 이러한 상황에 강력하게 대처하지 않은 것은 아니다. 특히 다이쇼(大正) 데모크라시라고 하는 민주주의 풍조 속에서 그들은 차별에서 해방되기 위해 전국수평사(全國水平社, 1922년) 라고 하는 전국조직을 결성하는 운동을 일으켰다. 그 조직은 당초 차별 규탄투쟁을 중심으로 운동을 전개했지만 서서히 노동운동이나 농민운동과 연대하는 방향으로 진행되었다. 태평양전쟁 중에는 잠시 동안 소멸하였다가 전후 부락해방위원회로 부활하였으며 1955년 부락해방동맹으로 이름을 바꾸어 현재에 이르고 있다.

전후의 부락해방운동으로는 우선 교육을 통하여 부락차별을 없애고 진정한 의미의 자유와 평등한 인간사회의 건설을 지향한다고 하는 동화(同和)교육이 행하여졌다. 그리고 행정적으로는 1969년에 제정된 동화대책사업 특별조치법에 의한 부락차별의 해소를 위하여 국가 및 지방공공단체가 실시해야 하는 복지와 그 외의 시책들이 정하여져 이것은 지역개선대책 특별조치법

(1982년)으로 연결되었다. 그러나 여전히 부락차별의 해소는 이루지 못하고 있다.

이 또한 일본인의 본능적인 차별의식의 문제라고 할 수 있다. 이러한 부락민의 경우가 아니더라도 일본 속의 신분으로서 해결되지 못한 일본인의 차별은 상당히 고질적인 것이라고 할 수 있다.

2) 가이진(外人)

외국 사람을 가이진(外人)이라고 부른다. 그러나 일본인이 말하는 가이진은 오로지 구미(歐米)의 백인을 가리키는 것으로서 절대 아시아인은 포함되지 않는다. 한국인이나 중국인도 일본인에게는 외국 사람인데 가이진이라고 불리우지는 않는다. 그런 의미에서 가이진이라고 한자로 표기하기보다는 가타카나로 표기하거나 로마자로 'Gaijin'이라고 표기하는 것이 이 단어의 뉘앙스를 제대로 표현하고 있는 것 같은 느낌을 받기도 한다. 옛날에는 외국인을 가리켜 이진(異人)이라는 호칭을 사용하였다. 지금도 항구도시 고베(神戶)에 가면 외국인이 많이 들어와 살던 서양식 집들이 남아 있는데 이진칸(異人館)으로 불리고 있다. 드물게는 게토(毛唐, 몸에 털이 많은 야만인)라는 멸칭(蔑稱)이 사용되기도 하였다.

오래 전부터 일본어에 있었던 가이진이라는 말은 원래는 '나카마(仲間, 동아리)가 아닌 사람' '적대시하여야 할 사람' 이라는 의미로 사용되어 왔다. 서구의 외국인이라는 의미로 가이진을 사용하게 된 것은 비교적 최근인 제2차 대전 이후라고 할 수 있다. 따라서 외국인을 가리키는 현재의 가이진이라는 용법에도 '나카마가 아닌 사람' 이라는 뉘앙스가 들어 있다고 해도 좋을 것이다. 일본인끼리는 '가이진부대(部隊)'라는 표현이 사용되기도 하는데 그 경우의 가이진이라는 것은 역시 평상시에 나카마가 아닌 사람을 가리킨다.

우치(內), 소토(外), 즉 안팎을 엄격하게 구분하여 외부로부터 온 사람을 좀처럼 미우치(身內, 집안사람)로서 받아들이지 못하는 일본인의 대인관계의 특징이 여기에 나타난다고 볼 수 있다. 이러한 일들을 피부로 느끼고 있는 일본 주재 외국인들의 경우 가이진이라고 불리워지고 있는 것을 매우 싫어한다. 가이진이라고 하는 것은 이러한 의미에서 볼 때 일본인에게는 요소모노(よそ者, 자기가 속해 있는 집단이나 그 사회 이외의 곳에서 온 사람) 이기 때문이다.

그러나 일본인에게 있어서 가이진이라는 말은 단순히 이방인만을 의미하는 것은 아니다. 서구인(西歐人), 특히 미국인에 대한 일본인의 태도를 이해하려고 할 때 정신분석학(精神分析學, psychoanalysis)에서 얘기하는 양면성(兩面性:ambivalence)이 참고가 된다. 즉 너무 사랑하는 사람에 대해서는 정말로 깊이 관련하게 되고 거리감을 잃어버린 탓으로 동시에 미움도 느끼기 쉽다. 이처럼 서로 상반되는 두 개의 감정이 동일한 대상을 향하여 있는 심리상태를 양면성이라고 한다. 일본인이 가이진에게 품고 있는 감정은 동경(憧れ)과 두려운(畏れ)이 공존하는 양면적인 감정이다. 이것이 '가이진 콤플렉스' 라고 말하는 일본인 특유의 태도의 본

질이다. 마귀와 짐승 같은 영미 (귀축미영:鬼畜米英)라고 외치면서 무모한 전쟁을 일으키는가 하면 전쟁에 패하자마자 그 태도를 정반대로 바꿔서 미일안보조약(미일군사동맹)을 맺는다. 적대감정과 우호감정, 과대평가와 과소평가 사이에서 흔들리다 보니 결국 대등한 관계를 갖지 못하는 것이다.

3) 일본 속의 다문화

다문화, 다문화주의란 한 국가 내에서 여러 민족, 국가 간의 다른 문화들이 공존하는 형태를 뜻하는 말이며 근현대 이민사회를 이루고 있는 국가에서 쓰이는 개념이다. 초기에는 문화의 우열을 가리지 않고 문화 그대로를 인정하고 거기서 인류가 화합할 것이라는 기대를 걸었었다. 당시에는 다양성이 중시되는 인간 사회에서 다양한 문화와 인종이 어우러져 더 나은 미래를 열 수 있는 새로운 문화를 창출할 수 있을 거란 기대로 긍정적 평가를 받았다. 그런 만큼 이상적인 개념이라 할 수 있다. 그러나 폐쇄적인 일본사회에서 그 문제점이 들어 나고 있다.

재일한국인의 형성 역사는 근대사에서 일본의 한국침략 이후로 볼 수 있다. 고대 한반도에서 일본으로 건너간 도래인은 선진문화를 가지고 들어간 귀빈적은 존재였다. 또한 중세 임진왜란 때에 끌려간 많은 도공이나 기술자들은 조선시대의 한국에서는 미천한 신분이 많았지만 일본에서는 벼슬을 부여받아가며 문화와 기술을 일본에 전수하였기 때문에 차별이 아닌 대접을 받은 사람들도 있다. 그러한 흔적은 지금도 일본의 여기저기에서 확인

할 수 있다. 그러나 일본이 근대화에서 서양문명을 먼저 수용하는데 한발 앞선 관계로 한국의 통치가 가능했고 일제강점기 이후에 일본으로 건너갔거나 억지로 끌려간 한민족은 지금 일본이 차별하는 자이니치가 된 것이다.

재일한국인의 수는 19세기 말부터 일본의 식민지지배를 거쳐 서서히 늘어나 관동대지진 당시에 8만 명 수준이었으며. 1950년대부터 신규 유입이 줄어들고 자연 증가하는 만큼 귀화자가 생기면서 일정한 숫자를 유지하고 있다. 현재 일본인구 중 재일한국인은 60만명이며 그중 상당수가 오사카 및 관서지방에 살고 있다. 특히 오사카의 이쿠노구(生野區)는 츠루하시(鶴橋)시장으로 대표되는 일본 최대의 코리아타운이 형성되어 있을 정도다. 관동쪽의 코리아타운으로 도쿄의 신주쿠구(新宿區) 오쿠보(大久保)로 대표되는 동신주쿠 일대가 있다. 해방 이후 비교적 현대 일본에서 정착생활을 하기 위해서 건너오는 한국인들은 보통 재일교포사회에서 뉴커머로 불리고 있다.

뉴커머는 1965년 한일 국교정상화 이후 일본에 건너가 정착한 한국주민등록 소지자를 말하며. 특히 1988년 해외여행자유화 이후로 일본에 건너가 정착하기 시작한 사람을 뜻한다. 반대로 올드커머는 1965년 한일 국교정상화 당시 이미 일본에 정착하고 있어 일본정부로부터 특별영주권자 지위를 부여 받아 대를 이어 한국 국적을 유지한 채 일본에 살 수 있도록 된 이른바 재일동포를 일컫는 말이다. 주로 일제 강점기에 징용으로 끌려온 사람들과 국교정상화 이전에 밀입국한 사람들과 그 후손으로 이루어진다.

재일한국인 차별문제는 근대 이후 일본의 한반도 침략이 만들어 낸 역사적 산물인 것이다. 또한 부락차별에는 게가레(穢れ)라고 하는 일본 특유의 관념이 깊게 작용하고 있는 반면 자이니치는 한국인에 대한 멸시라고 하는 일본인의 그릇된 역사인식에서 오는 태도가 주된 요인이 되어 있다. 다만 자이니치에 대한 차별에는 일본인이 피 차별부락에 대해 이미 품고 있는 차별적인 정신구조가 이진(異人)으로서의 재일한국인의 집단에 그대로 적용되고 있는 측면도 있어 양측 면이 전혀 관계가 없다고는 할 수 없다.

3. 일본사회의 우경화

1) 우경화의 전개

1990년대 중반이후 일본사회의 이념적 변화를 한마디로 특정지운다면 그것은 "우경화의 흐름"이라 할 수 있을 것이다. 그렇다면 우경화란 무엇을 의미하는 것일까? 전후 일본사회에서 우경화에 대해 정의를 내리는 것은 결코 단순하지 않으나 광의의 의미에서 '과거사의 합리화', '국가주의', '군국주의'가 정당화되고 강화되는 현상이라 볼 수 있다.

1990년대 중반이후 과거 침략의 역사를 정당화하려는 우파 지식인과 정치인들의 주장이 부쩍 강해졌을 뿐만 아니라 이 주장들이 각종 매체를 통해 확산되고 있다. 그리고 이들을 추종하는 사람들도 눈에 띄게 늘어나고 있다. 또 천황제와 군국주의의 상징인 기미가요와 히노마루의 법제화가 이루어졌는가 하면 국회에는 헌법조사회가 공식 설치되어 평화헌법의 개정문제가 본격적으로 논의되고 있다. 법 개정을 통해 자위대 역할의 확대가 진행되고 있다. 이제 일본의 우경화 추세는 일본국내의 어떤 세력도 거스를 수 없는 거대한 물결을 형성하고 있는 것으로 보인다.

최근 일본사회의 우경화 현상은 여러 곳에서 나타나고 있다. 1990년대부터 보수·우익인사 및 단체들이 정계, 재계, 학계, 언론 등을 통하여 우경화 분위기를 노골적으로 조장하고 있다. 보통 일본사회의 우경화는 여러 형태로 전개되고 있지만 그 중에서도 크게 과거사 문제, 천황제의 이념화 문제, 군사대국화 문제 등과 관련하여 논의되는 것이 일반적이다. 이러한 문제들은 여러 측면에서 국가주의 및 군국주의와 맥을 같이하고 있다.

2) 과거사의 정당화

일본의 우익세력들은 역사교과서를 통해 침략의 역사를 전면 부인하고 있으며 과거 일본의 행위를 미화하고 있다. 역사 교과서에는 전범국 일본을 '아시아 국가들의 근대화'를 위해 선구적 역할을 한 국가로 기술함으로써 침략과 식민지배의 정당성을 주장하고 있다. 예를 들면 조선에서 철도와 관개시설 등 식민지 수탈시설을 마련한 것을 마치 조선을 개발하기 위한 것처럼 왜곡하고 있다. 일본 역사교과서의 왜곡된 기술에 대해 한국이나 중국이 강한 유감의 표시와 함께 재수정을 요구했음에도 불구하고 일본 정부는 기본적으로 거부의 입장을 표명하였다. 이러한 우익 세력들의 과거사 왜곡은 역사교과서를 통해 무엇보다도 일본의 젊은 청소년들에게 전달되고 있다는데 큰 문제점이 있다.

이러한 역사교과서 왜곡의 중심에는 "새로운 역사교과서를 만드는 모임" (이하 새역모) 이 새역모는 후지오카 노부카츠(藤岡信勝)의 '자유주의사관'에 동조하는 지식인들이 함께 결성한 단체이다. 후지오카에 의하면 일본의 전후 역사교육은 어두운 면만 강조되고 잘못된 면만이 부각되어서 '일본은 나쁜 나라' 라는 부정적인 인식만 심어주고 있다고 한다. 따라서 일본의 과거사에는 좋은 점, 자랑할 점도 있게 마련인데 선과 악의 이분법에 의해서만 평가하지 말고 건강한 내셔널리즘을 갖고 일본의 역사를 평가하자는 것이 후지오카의 자유주의사관이다. 즉 일본이 올바른 국가진로를 선택하기 위해서는 긍정적 역사관을 바탕으로 한 확실한 국가의식이 필요하다는 것이 이들의 주장이다.

새역모가 무엇보다도 역점을 두는 주요사업은 전국적으로 전개하는 역사교육 캠페인, 심포지움과 끊임없이 생산해내는 출판작업이라고 할 수 있다. 이러한 활동의 최종목표는 새역모가 만든 역사와 사회교과서의 채택률을 높여서 일본국민들에게 궁극적으로 국가의식을 강화하는 것이다.

또한 야스쿠니신사 참배도 과거사를 정당화하는 상징적 행위이다. 야스쿠니신사는 전술한 바 일본이 일으킨 청일전쟁, 러일전쟁, 만주사변, 제2차 세계대전 등에서 숨진 246만여명을 신격화해 제사를 재내는 곳이다. 이 신사는 특히 태평양전쟁의 주범이라 할 수 있는 도조 히데키를 비롯하여 A급 전범자 14명의 위폐가 합사되어 있는 곳이다.

이러한 야스쿠니신사에 일본 총리가 공식적으로 참배한다는 것은 A급 전범의 혼령 앞에서 일본인을 대표해 존경과 추모의 뜻을 표시하는 행동으로 전사자의 유족이나 후손이 개인적으로 참배하는 것과는 전혀 다른 상징성을 가진다. 이러한 참배는 한국, 중국 및 동남아시아 주변국에게 잘못된 과거사를 청산하겠다는 의지가 부족한 것으로 비춰지게 되며 동시에 일본 군국주의의 망령이 되살아나는 듯한 인상을 주어 주변국의 비판을 받아왔다.

1985년에는 나카소네가 총리로서 처음으로 공식 참배하였고 2000년에는 이시하라 신타로 도쿄도지사가 2001년에는 고이즈미 총리가 공식 참배하였다. 야스쿠니신사 참배에 대한 이웃국가들의 우려에도 불구하고 고이즈미 총리는 취임후 6번이나 참배를 강행하였다. 1985년 나카소네 총리가 최초로 총리의 자격으로 공식참배를 한 것이 문제가 되자 그 이후부터 총리의 공식 참배는 없었고 '개인자격'으로 참배하는 경우가 있었다. 그러나 2002년 4월 고이즈미 총리는 야스쿠니신사 방명록에 '내각총리대신 고이즈미 준이치로' 라고 적어 논란이 되었다. 또한 2005년 9월 30일 오사카 고등법원에서 총리의 야스쿠니신사 참배는 '위헌'이라고 판결이 났음에도 불구하고, 고이즈미는 그해 10월 17일 참배를 강행하였다. 특히 2006년에는 주변국들의 깊은 우려와 거듭된 항의에도 불구하고 패전일인 8월 15일에 신사참배를 전격적으로 강행하였다.

2006년 6월부터는 한국어와 중국어로 된 야스쿠니 홍보책자를 야스쿠니신사 방문자들에게 배표하기 시작하였다. 홍보책자의 내용 중에는 태평양전쟁을 '대동아전쟁'으로 기술하면서 "일본의 독립을 지키고 아시아 각국과 함께 번영하기 위해 싸우지 않을 수 없었다"라고 설명하고 있다. 제국주의적 대동아 전략과 태평양전쟁을 정당화하고 있는 것이다. 이러한 곳에 일본 총리가 일본인을 대표해 존경과 예의를 표하는 것은 침략전쟁과 잘못된 과거사를 정당화하고 주변국 자극을 통해 일본 우익세력의 결속을 강화하려는 의도를 드러낸 것으로 보인다.

2013년 12월 26일 재집권 1년이 되는 날, 우경화의 선두주자 아베총리도 직접 중개방송 되는 가운데 외조부 기시 노부스케(岸信介) 전 수상도 함께 합사된 야스쿠니 신사를 참배하였다.

3) 국가주의

일본의 우경화 세력들은 천황제의 이념화를 기반으로 일본 민족의 통합과 정체성 확립, 나아가 신국가주의의 부활을 꿈꾸고 있다. 일본의 천황은 메이지 유신이후 신격화를 통해 국가주의 이념의 절대적 지위와 중심에 서있었다.

패전이후 절대천황제는 상징천황제로 바뀌어서 정치적인 실권을 부여하지는 않지만 천황이라는 호칭을 그대로 사용하면서 일본국민과 국가의 상징으로서 나아가 종교적 심벌로서도 존재하였다.

일본사회에는 천황 중심의 국가라는 의식이 반영된 공휴일이 많다. 예를 들면 제2차 세계대전 당시 천황이던 히로히토(裕仁)

를 기리기 위해 그의 생일인 4월 29일을 '초록의 날'로, 메이지천황의 생일인 11월 3일은 '문화의 날'로 명명해 공휴일로 지정하고 있으며 현재의 아키히토(明仁)천황의 생일인 12월 23일도 공휴일이다.

일본의 막강한 정치지도자나 혹은 정치조직들은 천황을 중심에 두고 국가의 결속을 강조하기도 한다. 2000년 6월 모리총리는 "일본은 천황이 중심이 되는 신의 나라" 라는 발언을 하여 큰 물의를 일으켰다. 이 발언은 군국주의적 이미지를 불러일으키기도 하였는데 실제로 도조 같은 전 총리를 포함한 군국주의적 지도자들이 자주 입에 담았던 내용이어서 그 충격은 더욱 컸다.

일본은 1999년 8월 13일 히노마루와 기미가요를 일본의 국기와 국가로 공식 법제화시켰다. 보통국가 일본이 자국의 국가와 국기를 갖는 것은 당연한 권리다. 그러나 그동안에는 일본사회에서는 히노마루의 게양과 기미가요의 제창은 일종의 사회적 금기였다. 각급학교 등 공공기관의 공식행사에서 그 같은 금기는 불문율로 지켜져 왔다. 거기에는 과거사에 대한 국민적 참회의 실천이라는 의미가 함축되어 있었다. 그러나 전전의 군국주의 상징이자 태양신의 자손인 천황을 상징하는 히노마루와 천황을 숭배하는 내용이 담긴 기미가요를 부활시키고 공식적인 행사와 교육현장에서 의무적인 사용을 강요한 것은 다른 의도를 감춘 것으로 보인다. 즉 교육과정을 통해 천황제를 정신적인 상징으로 승화시키고 국가주의 의식을 확산시키려는 시도로 비추어졌다. 특히 1999년 '국기 · 국가법'이 시행될 때 오부치 총리는 담화문에서 "국민에게 새로운 의무를 부과하는 것이 아니다" 라고 분명히 언급했음에도 불구하고 국기 · 국가의 의례를 거부하는 교사들이 징계를 받고 있는 것이 현실이다. 2003년 도쿄 시정부는 개학식과 졸업식 때 국기와 국가의례를 반드시 수행해야한다고 명시한 공문을 발송하였다. 이에 저항하는 교사들도 꾸준히 늘어났다. 그러자 시정부는 각 학교에 감시원을 파견하여 기념식 절차를 비디오로 찍었으며 국가를 부르는 동안 입도 열지 않은 교사가 누구인지를 보고하고 목소리의 크기는 어떤 수준이었는지를 기록하기도 했다. 북큐수의 교육위원회는 한술 더 떠 국가가 연주될 때 모든 교직원과 학생들이 기립해야 할 뿐 아니라 올바르게 마음을 담아 노래해야 한다고 규정하였다. 이는 1930년대 메이지 헌법이 천황숭배 교육의 일환으로 학생들에게 지시한 내용과 유사한 것이다.

4) 우경화 확산의 이유

일본사회의 우경화에는 다양한 원인이 작용했다. 첫째, 정치적으로 거대보수정당인 자민당을 견제하는 세력이 사라졌다는 사실이다. 냉전의 해체와 소선거비례대표 병립제라는 새로운 선거제도 도입이후 사회당과 공산당 같은 진보정당들의 의석수가 급격히 줄어들었다. 현재 제 1야당인 민주당의 성향은 자민당과 큰 차이가 없는 보수정당이다. 결국 자민당을 견제할 진보세력의 약화는 정치의 '총보수화 현상'을 낳았다. 이는 일본사회의 우경화를 막을 수 있는 견제세력이 사라졌다는 것을 의미한다.

둘째, 일본의 장기불황은 일본인 내면에 민족주의 정서를 심어주었다. 일본경제의 오랜 침체는 현재 자신들의 곤경을 미국의 음모 탓으로 돌리며 스스로의 가련한 피해자로 생각하는 '반미민족주의'와 역사를 거꾸로 올라가서 타국을 정복할 정도로 강한 자신감에 넘치던 자신을 상기하는 '회고적 민족주의'가 대두하게 만들었다.

일본의 우익인사들은 미국 중심의 신자유주의적 위협에 대처하기 위해서는 무엇보다도 미국의 '전횡'으로부터 독립적인 국제적 조건을 찾아내는 것이 중요하다고 보았다. 결국 이들이 모색한 것은 '혐미(嫌美)' 정서를 배경으로 한 '아시아주의'의 확대였다. 일본의 대표적인 극우인사인 이시하라 도쿄지사의 경우 미국의 약탈적 패권에 대한 대안으로 유럽연합을 거울삼아 대동아에도 강력한 엔권의 형성이 필요하다고 강조하였다.

다른 한편으로 경제적 위기의 상황을 타파하기 위해 우익인사들은 '일본・일본인'의 새로운 자각, 더 나아가 '일본적인 것', '일본다움'에 대한 자부와 긍지를 찾고자하는 회고적 민족주의를 이용하였다. 노마 필드 같은 학자들은 1990년대 일본이 장기화된 불황을 히노마루, 기미가요의 법제화와 같은 일본 국민들의 감성적 자극을 통해 불만을 해소하고자 한다고 주장하고 있다.

셋째, 일본의 보수우익들은 북한의 미사일 발사, 중국의 군사력 강화 등과 같은 주변국가의 위협을 적극 활용하였다. 북한의 1993년 노동 1호 미사일 실험과 그에 이은 1998년 대포동 1호 미사일 실험은 일본사회 내에 북한 위협론을 팽배하게 만드는 결정적 계기가 되었다. 그리고 북한의 핵실험을 더욱 강화하였다. 또한 중국의 군사현대화는 일본에게 잠재적인 중국위협론을 강화하였다. 보수우익들은 이러한 주변국가의 '위협론'을 적극 활용하여 우경화의 확산을 도모하였다. 일보 강경우익 인사들은 북핵위협에 대응하기 위해 일본도 핵을 무장해야 한다고 주장을 하고 있으며 일본정부는 2004년부터 중국을 가상의 적으로 공식적으로 규정하고 있다. 일본은 북한의 미사일 위협과 중국의 군사력 강화의 빌미를 내세우면 군사대국화를 추구하고 있는 것이다.

넷째, 우경화에 관한 내용들이 각종 대중매체를 통해 확산되고 있으며 이를 추종하는 사람들도 크게 늘어나고 있다는 사실이다. 예를 들면 고바야시 요시노리의 만화책『전쟁론』,『대만론』,『혐한론』이 베스트셀러가 되었고 일본 청년들이 '천황군'으로 자랑스럽게 전쟁터로 나간다는 내용의 NHK 드라마 '스즈란'도 인기를 끌었다. 최근 세이론(正論), 쇼군(將軍), SAPIO 등 공공연하게 애국심의 고취와 수정주의적 역사해석을 주장하고 있는 우익적 대중잡지의 부수들도 크게 늘어나고 있다. 2004년 8월에는 각종 우익단체들의 집회나 행사를 집중보도하는 위성TV방송국 '채널 사쿠라'까지 생겼다. 반면 세카이(世界) 등의 진보성향 매체는 판매부진을 거듭하고 있다. 거품경제 이후 제대로 된 직업을 얻지 못하거나 직업을 구해도 장시간 노동과 저임금에 시달리게 되어 살아가는 목적이나 즐거움을 잃어버린 젊은 세대들은 극우잡지를 통해서 그들의 울분과 불만을 일본인의 우월감으로 자위하고 있는 것이다. 이는 과거 전쟁을 경험하지 못한 젊은 청소년들에게 배타적 민족주의를 불러오게 하는 큰 원동력이 되고 있다.

5) 21세기 일본국가의 방향

일본의 우경화가 "파시즘", "극단적 민족주의", "군국주의" 같은 선동적인 단어와 직결시켜 논의하는 것은 지나친 비약이라는 주장도 많다. 그러나 우경화 현상이 계속해서 강화되고 있으며 정치권을 통하여 저변을 넓혀가고 있다는 현실에 주목할 필요가 있다. 그리고 분명한 것은 최근 일본은 과거사의 정당화, 국가주의, 민족주의 등을 통해 일본을 하나로 묶는 정신적 가치를 찾고 있다는 점이다.

일본은 '패전' 이후에는 공개적으로 과거를 미화하고 국가주의 강화를 주장하기 힘든 사회였다. 우파 정치인들의 인기는 그 주장에 공감해서가 아니라 '공개적으로는 하기 힘든 발언을 거리낌 없이 하는' 호방한 인물이라는 이미지 때문에 얻어진 것이 대부분이었다. 그러나 이제 일본인 스스로도 '일본만의 것'을 추구하는 국가주의를 일본사회의 트렌드로 인정하고 있는 분위기이다. 특히 아직 가치관 확립이 안된 일본 청소년들에게 국가주의 강화는 더욱 더 체계적으로 주입되고 있다. 이는 일본 청소년들이 즐겨보는 만화 같은 대중매체를 통해서 뿐만 아니라 국가에 의해서도 이루어지고 있기 때문이다.

일본사회 내부에서도 우경화 흐름에 저항하는 운동은 자주 일어나고 있다. 양심적인 시민단체들은 일본정부의 전쟁책임회피, 천황제의 부활, 역사왜곡 같은 문제에 저항하고 있기도 하다. 하지만 우경화로 대변되는 최근의 상황전개는 21세가 일본의 국가진로에 많은 의문과 우려를 던지고 있다. 이것은 또한 대동아 공영권의 망령에 뼈아픈 경험을 가진 주변국들에게도 새로운 과제를 던져주고 있다.

6) 아베의 우경화

2012년 12월 16일 벌어진 일본중의원 선거에서 집권여당인 민주당은 57석으로 참패하여 3년 3개월의 짧은 집권을 마감 지었다. 반면 자민당은 총의석 480석 중 294석을 얻어 단독과반수로 화려하게 복귀하였다. 연립여당 파트너인 공명당 31석을 합치면 일본 집권여당은 2/3석이 넘는 325석을 확보하여 안정적으로 중의원을 장악하였다.

더욱이 새롭게 떠오른 극우정당인 일본유신회도 54석이나 획득하여 일본중의원의 보수 우경화는 더욱 심화되었다. 이를 반영하듯 한 신문사의 조사에 의하면 일본 중의원 당선자중 89%는 평화헌법 개정에 찬성을 하고 집단자위권 행사에도 79%가 찬성하는 것으로 나타났다. 2009년 민주당이 정권교체에 성공했을 때는 개헌 찬성이 59%, 집단적 자위권 행사에 대한 찬성은 33%에 불과하였다.

사실 이러한 선거결과는 자민당의 선전에서 기인한 것이라기보다는 민주당의 자멸에 의한 것이라고 할 수 있다. 민주당은 주일미군 후텐마(普天間) 기지이전과 소비세 인상 등 주요 현안을 놓고 심각한 내분에 휩싸였으며 내각에 대한 국민들의 불만도 최고조에 달한 상태였다. 더욱이 선거직전에 터진 북한의 장거리 로켓발사, 중국 항공기의 센카쿠 상공 진입 등과 같이 민족주의적 정서를 자극하는 주변 환경도 일본의 자긍심을 내세운 보수 우경화 세력에게 유리하게 작용하였다.

자민당의 아베 신조(安倍晋三)총재는 2006년~2007년에 이어

두 번째로 일본 총리에 취임하게 되었다. 아베는 강경한 보수우익을 상징하는 정치인이다. 외조부가 A급 전범이었던 기시 노부스케(전총리)이고 부친이 외상을 지낸 아베 신타로(阿部晉太郞)이다. 아베가 국민적 인기를 얻게 된 것은 북한의 납치문제에 대한 강경한 입장을 주도하면서부터였다. 관방장관이었을 당시 아베는 북한이 마약, 위조지폐, 납치 등 폭력단과 같은 짓을 하는데 대화만이 중요하다고 말하는 사람이 비상식적인 사람이라고 비판하면서 대북압박정책을 주도하여 왔다.

아베의 자민당은 이번 선거에서 미국과 동맹을 강화하고 헌법을 개정하며 국방력과 영토지배를 강화한다는 공약을 내세웠다. 특히 과거사 문제에 대해서도 강경한 입장을 견지하였다. 자위대를 국방군으로 전환하기 위해 절차가 어려운 헌법 개정 대신 각의결정을 통한 헌법 해석개정을 단행하였다. 이로써 동맹국이 공격받을 경우 일본이 공격받은 것으로 간주해 반격할 수 있는 집단적 자위권의 행사를 가능하게 하였다. 이것은 전후 유지되어온 평화헌법의 골간을 부정하는 처사다.

아베의 우경화를 단적으로 보여주는 것이 과거사에 대한 태도이다. 아베는 재집권 이후 국회 발언에서 일본군의 위안부 동원 강제성을 부정해 왔으며 이를 인정하고 사죄한 고노(河野) 담화(1993년)와 식민지 지배·침략의 역사를 사죄한 무라야마(村山) 담화(1995년)도 수정하겠다고 주장했었다.

그러다가 2015년 12월 말에 그간 한국정부의 종군위안부에 관한 집요한 사과 및 보상요구에 일본 아베정부는 한일국교정상화 50주년을 넘기기 전에 외교적인 타협을 고려해 일단 정식 사과와 보상금 아닌 위로금 명분의 10억엔 송금으로 박근혜정부와 합의를 보게 되었다. 그러나 합의문에 "최종적 불가역적"이라는 사과에 관한 단서 문구가 들어가 있고 일본대사관 앞 소녀상 철거 조건도 들어있어 아베의 진정한 사과 보다는 외교적 타협 측면이 컸던 것을 알 수 있다. UN 고문방지위원회에서도 일본 정부 사과의 진실성을 지적하고 있다.

새로 등장한 문재인 정부는 이런 점을 감안해서 이 합의는 종군위안부 당사자는 물론 대다수 국민정서에도 맞지 않는다고 실질적 재협상을 주장하고 있으나 아베정부는 이미 마무리 된 일이라며 변함없는 합의이행을 요구하고 있다.

오늘날 독일정부의 과거 나치스 범죄 행위에 대한 영구적 사과와 시한부 없는 법적책임 관철이라는 자세와 비교할 때 아베의 역사관과 사상적 배경에서 오는 한계성을 지적 안할 수가 없다. 국제적 상식에도 맞지 않는 일본의 사과자세에 대한 시정요구는 철저히 해야 한다고 본다.

영토문제에 대해서는 더욱 강경하다. 독도 영유권을 주장하는 시마네(島根)현의 지역 행사인 2월 22일 '다케시마(竹島)의 날' 행사를 아베 집권 후 국가 행사로 승격시켰다. 또 중국의 센카쿠 영유권 주장을 견제하고 실효적 지배를 강화하기 위해 센카쿠에 공무원을 상주시키고 등대와 항만도 설치하겠다는 주장을 하고 있다.

7) 일본회의의 목표와 활동

2014에 10월 2016년 7월에 치루었던 참의원 선거에서 '헌법 개정 국민투표'의 실현과 과반수 찬성에 의한 헌법 개정의 성립을 목표로 1,000만 명의 찬성자를 모집할 것을 운동 목표로 하는 '아름다운 일본의 헌법을 만드는 국민의 모임'이라는 단체가 출범했다. 이 단체는 '새로운 시대에 맞는 새로운 헌법'의 재정을 운동 목표로 하는 일본회의가 1,000만 명의 일반 신민 찬성자를 모으기 위해 만든 병동단체였다. 실제로 2014년 10월 1일 설립 총회에는 다수의 일본회의 회원이 참석했다. 에토 세이이치는 늘어진 일본회의 회원들에게 "아베 내각은 우리 모두의 힘으로 만들었다"라고 성원을 보냈다. 아베를 등 뒤에서 조종하는 극우조직 '일보회의'의 면모를 볼 수 있다.

일본회의가 지원하는 단체인 '일본회의국회의원간담회'에 소속된 국회의원이 2014년 9월 설립한 제3차 아베 내각의 모든 각료 19명 중에서 차지하는 비율은 80퍼센트를 넘었다. 공명당 출신 각료 외에는 거의 모두가 일본회의국회의원간담회에 소속되어 있어서 '일본회의 동료 내각' 이라고 해도 과언은 아닐 것이다.

이처럼 일본회의는 이제 내각의 거의 모든 각료에 소속 의원을 배출하기까지 세력을 확대했다. 일본회의기 목표로 하는 것을 일본회의 웹사이트를 살펴보면 다음 6가지다.

1. 아름다운 전통의 국민성을 내일의 일본에
2. 새로운 시대에 맞는 새로운 헌법을

3. 국가의 명예와 국민의 생명을 지키는 정치를
4. 일본의 감성을 키우는 교육의 창조를
5. 국가의 안전을 높이고 세계 평화에 기여를
6. 공생공영의 마음으로 이은 세계와의 우호를

이 6가지 항목 각각에는 이사여구가 동원된 설명문이 붙어 있다. 그 내용에는 들어 있지 않지만 설명 글을 읽으면 다음과 같이 요약할 수 있다.

'황실을 중심으로 삼아 우러러보며 동질적인 사회를 창조해야 하지만 쇼화헌법이 저해 요인 되고 있기 때문에 개헌하고 그에 더해 쇼와헌법의 부산물인 지나친 가족관이나 권리의 주장을 억제하고 야스쿠니신사 참배 등으로 국가의 명예를 책임질 인재를 육성하는 교육을 실시하고 국방력을 강화하고 자위대의 적극적인 해외 활동을 실시하며 그렇게 해서 각국과의 공존공영을 도모한다.'

키워드로는 '황실 중심' '개헌' '야스쿠니 참배' '애국 교육' '자위대 해외파견' 이다. 그간 우익세력이 주창한 핵심내용이 모두 들어 있다. 일본회의는 각료의 80% 이상을 지원하는 어마어마한 세력이다. 실제로 그들은 이런 주장을 확실하게 정책화하고 현실화하고 있다. 이 단체의 별동운동 방법의 전형적인 성공사례가 '새 역사 교과서'의 채택운동이다.

4. 한류(韓流)와 혐한(嫌韓)

1) 한류(韓流)

한국문화에 대한 선호현상을 포괄적으로 나타내는 용어이다. 1996년도 중국으로 수출된 한국드라마가 인기를 얻으면서 중국 언론이 붙인 용어인 '한류'에 '열풍'이란 단어가 더해져 하나의 사회현상을 표현하는 신조어로 부상했다. 이 용어가 확대된 대표적 사례로 2002년도에 일본 NHK에 방영된 한국드라마 '겨울연가'를 들 수 있다.

한류가 본격적으로 맹위를 떨치기 시작한 것은 2000년대 초반. 당시 한류 열풍을 주도한 것은 드라마였다. '겨울연가'와 '대장금'은 한류 확산의 일등공신이었다. '겨울연가'는 배용준이라는 한류스타를 배출했고 '대장금'은 한국 음식 붐을 일으키며 이영애를 한류스타의 반열에 올려놓았다. 특히 배용준은 '욘사마(배용준을 부르는 일본식 존칭)' 신드롬을 일으키며 한류 열풍의 진원지 역할을 했다. 이 때문에 한류에 흠뻑 빠진 부인들이라는 뜻인 '한류처(韓流妻)'라는 신조어가 생겨나기도 했다. 일본 주부들이 한류스타를 만나거나 드라마 촬영지를 보기 위해 한국을 찾으면서 일본 가정이 망가지는 세태를 꼬집은 말이다. 〈겨울연가〉의 한류 바람이 불기 시작할 당시 배용준은 일본에서 음료, 자동차, 통신, 제과, 전자제품 등의 광고를 통해 4개월 동안 무려 60억 원에 가까운 수익을 올렸다

한류의 성공 이유는 첫째, 한류 콘텐츠의 높은 완성도를 들 수

있다. 기획사에서 전 세계적인 오디션을 통해 인재를 발굴하고 이렇게 발탁된 인재들은 길게는 7-8년 동안 집중적인 트레이닝을 받아 치열한 경쟁을 뚫고 데뷔를 하게 된다. 아울러 분야별로 세계최고 전문가들이 참여하여 작품의 완성도를 높이게 된다. 걸그룹 소녀시대의 노래 'The Boys'는 작곡은 테디 라일리(미국), 작사는 유영진(한국), 안무는 나카소네 리노(일본)가 맡은바 있다.

둘째, 한류 콘텐츠의 국제화 지향성이다. 기획 단계부터 한국 시장뿐 아니라 세계시장을 염두에 두고 작업을 시작한다. 우리나라의 음반 등 문화콘텐츠의 내수시장의 규모가 크지 않기 때문에 태생적으로 국제화 및 현지화를 추구하게 되었다. 가수 보아의 경우 어렸을 때부터 일본에 거주하면서 언어와 문화를 익혔고 일본 현지 기획사의 네트워크를 적극적으로 활용하여 큰 성공을 거두었다.

셋째, 한류 콘텐츠의 특수성이다. 드라마 '사랑이 뭐 길래'에는 한국의 가족주의, 예의범절이 있었고 드라마 '겨울연가'에는 기존 일본 드라마에서 흔히 볼 수 없는 한국적인 순수한 사랑이야기가 있었다. 또한 한국 아이돌의 일사불란한 군무는 전 세계적인 커버댄스 경연대회를 만들어 낼 정도로 매력적이고 독특한 것이었다.

넷째, SNS 등 디지털 미디어의 활용이다. 기획사에서 유튜브, 페이스북 등에 소속가수의 뮤직비디오를 올리고 적극적으로 홍보하면서 세계 곳곳에서 K-pop에 열광하는 팬들이 나타나기 시작했다. (2009년 발매된 소녀시대의 '지(Gee)'는 2012년 3월 7천만 번에 가까운 조회수를 기록.)

그러나 한류에도 문제점은 있다. 일본, 중국, 대만 등에서 언론 매체들이 한류를 국가 자존심의 문제로 여겨져 이것이 한국에 대한 경쟁심, 시기심으로 비화된 부분이다. 한류가 지나치게 외모를 앞세운 인기전략에 치중하고 있는 부분도 문제가 되고 있으며 서구+일본 이미테이션 느낌으로 문화 콘텐츠에 대해 빈약성과 세계에 내세울 만한 한국적인 이미지의 상품이 없다는 것이 큰 문제점을 갖고 있다. 또 10대와 20대에 집중된 문화소개의 편중성, 경제적 가치에로의 편중성으로 한류문화 열풍의 본연의 의미를 상실하였다.

우리가 한류에 관심을 기울이는 이유는 이를 통해 느끼는 우리 문화에 대한 민족적 자긍심 때문이다. 자긍심을 넘어 의기양양함을 느끼기도 한다. 오랫동안 억눌린 삶을 살아온 우리 민족이 유사 이래 이렇게 전 세계에서 큰 영향력을 행사했던 적이 없기 때문이다. 그리고 이러한 의기양양함은 사실 한반도에 사는 우리보다 어쩌면 해외동포들이 더욱 크게 느낄 것이다.

그런데 우리가 여기서 한 번쯤 생각해 봐야 할 것은 한류를 대하는 우리의 태도가 매우 공격적이라는 점이다. '아시아 정복'이니 '유럽시장 공략', '프랑스 점령한 K팝', 'K팝 전사들'이니 하는 매스컴의 표현들에서 이러한 태도가 확연히 드러난다. 이런 공격적 표현들은 사실 그 자체로는 흔히 쓰는 수사법으로 문제 될 것이 없다고 볼 수도 있다. 그러나 이것이 단순한 수사가 아니라 근저에 우리 문화에 대한 의기양양함이라는 자양분을 먹고 올라온 것이라면 문제가 된다. 우리에게는 의기양양한 것이 현지인들에게는 우쭐거림으로 비치게 되기 때문이다. 이러한 태도는 은연

중에 드러나게 되어 있으며 현지인들을 자극할 수 있다.

2) 혐한(嫌韓)

한류의 반작용으로 주변국에서 나타나는 흐름이 있었는데 소위 혐한류(嫌韓流)라고 하는 것이다.

사실 유럽 현지 언론들도 벌써 한류에 대한 부정적 논평들을 내놓았다. 기획된 문화산업의 결과물이라는 점, 자본의 힘을 바탕으로 기획, 공연, 홍보 등이 연예기획사의 프로젝트를 통해 만들어진 상품이라는 점, 그리고 소위 노예계약과 성형수술에 의해 창출된 인공미 등에 관한 부정적 평가들이 그것이다. 문화현상이란 본디 긍정적인 측면과 부정적인 측면을 함께하는 것이다. 아무리 장점만 갖춘 것으로 보여도 단점은 장점의 피할 수 없는 이면이기 때문에 필연적으로 발생한다. 그러므로 현지 언론의 비판을 반성의 기회로 삼지 않고 단점을 애써 외면하는 아전인수적 해석에 골몰해서는 안 된다.

여러 외국 중 반한감정이 가장 심한 일본에서는 혐한(嫌韓)이라는 용어가 반한 감정의 대표적인 용어로 널리 쓰이고 있으며 1990년대 중반 무렵부터 사용되기 시작하였다. 그 외에도 반한(反韓), 염한(厭韓), 멸한(蔑韓), 증한(憎韓), 이한(離韓), 정한(征韓), 망한(亡韓)등 다양한 용어가 반한 감정의 맥락에서 쓰이고 있다.

중국에서는 반한정서(反韓情緒) 또는 반한주의(反韓主義) 등의 말을 쓰고 있다. 일본어 위키백과 설명에 따르면 혐한이란 용어는 적극적인 반대보다는 소극적인 혐오감을 표현하는 말이며 이

자체가 한국이란 나라는 진지하게 반대할 만큼, 대단한 나라가 아니라는 멸시의 의미가 들어가 있는 것이기도 하다.

혐한을 선동하는 작가로 야마노 샤린(山野車輪, 1971년생)이 있다. 야마노 샤린은 혐한류를 생산해 내는 작가다. 야마노는 필명이며 출판한 책은 거의 한국관계 서적들이다. 일본 매스컴은 2004년 불어 닥친 한류를 돈벌이로 이용하였다. 그는 반한류, 혐한류를 주제로 책을 출판하였다. 혐한류도 그러한 매스컴의 상업주의의 일부라 할 수 있다. 다만 그것이 일반 대중에까지 파급된 것은 일본 내 뿌리 깊게 잔재해 있던 반한 분위기가 한 몫을 하였다고 볼 수 있다.

사쿠라이 마코토(櫻井誠, 1972년생) 또한 야마노와 같은 혐한주의자로 매스컴의 유행을 이용해 돈벌이로 이용하는 저질 저널리스트중의 한 사람이다. 이들의 연령을 보더라도 이제 30대 중, 후반에 해당되는 세대임을 알 수 있다. 일본의 버블시대에 대학을 다녔던 세대로 강한 일본에 대한 향수를 간직한 연령에 속한다. 이들에게 한류란 어떤 면에서는 충격이었음이 틀림없다. 어떤 면에서는 한류란 일본사회에 잠재되어 있던 문화적 열등감의 표출이기도하다.

지금도 지속되고 있는 일본의 '한류 붐'은 참으로 바람직한 것이라고 할 수 있다. 사실 한 편의 한국 드라마나 한국 영화, 한 곡의 '케이팝'(k-pop)이 한일 간에서 이룩한 우호적 성과는 그 동안 한국의 주일대사, 일본의 주한대사 수 십 명이 나서서도 이룩할 수 없었던 외교적 성과이기 때문이다.

하지만 아직도 한일 간에 해결해야 할 과제는 산더미처럼 쌓

여있다. 역사의 문제에 진솔하지 못한 일본, 점점 더 보수화의 길을 걸으며 아시아의 진정한 일원으로서 새로운 미래에 대한 비전을 찾지 못하는 일본의 지도자들의 행태를 비판하고 우려하지 않을 수 없다.

하지만 일본의 '혐한류', '반한류' 시위는 일본 우익계 인사들의 자체 진용(陳容)에 대한 단속과 그 경각심을 위한 '제스처'라고 여긴다. 이런 시위나 이런 데모는 일본 전체의 민간인들에게는 더 역효과가 날 수 있는 가능성도 있다. 일본 우익의 행태는 일본 내에서도 가장 혐오되는 사회적 행태의 하나 인 것도 잘 지켜보아 왔다. 다만 일시적으로라도 진정한 '주일본 한국 민간대사관' 거리인 '신오오쿠보(新大久保)'를 비롯한 거리거리의 한국 분위기가 위축을 받을지 염려가 된다. 이미 불경기 등으로 타격을 입은 바인데 이런 이유로 다시 영향을 받지 않기만을 바란다.

'반 한류' 데모를 하는 사람들은 일본에서 소수라고 본다. 사실 무언의 다수는 여전히 김치와 비빔밥을 먹고 한국 드라마를 열심히 보고 있다. 그리고 창조적 소수는 일본이 겸허히 지불해야 할 역사적 책임과 그 다음의 화해를 위해 우리보다도 정작 더 열심히 뛰고 있다.

현대일본의 사정

일본의 천황

VII

Ⅷ

일본의 천황

1. 시대에 따른 천황제의 변화

1) 천황제란

천황(天皇)이라는 칭호는 6,7세기경 일본의 통치자를 가리키는 칭호로 처음 사용된 이래 오늘날까지 계속 사용되어 오고 있다. 세계에서 가장 오래된 세습 군주제인 천황제(天皇制)는 일본이 역사상 기록에 등장하기 전에도 이미 존재하고 있었고, 여자천황도 있었지만 전체적으로 남계(男系)에 의해 존속되어 왔다. 천황은 역사적으로는 일본 고유의 종교인 신도(神道)의 최고 사제(司祭)로서 그 역할이 강조되어 왔고 일상적으로는 명분상의 지배자일 뿐 정치 권력의 대부분은 장군과 같은 타인들에게 위임되어 왔다는 점이 주목할 만한 특징이다.

일본의 천황제는 역사, 사회, 문화 등 일본 전체를 총괄적으로 이해하는 데 있어 매우 중요한 의미를 갖는다. 많은 일본인들은 천황제가 일본의 역사화 문화이며 일본 그 자체라고 말한다. 일본의 천황가(天皇家)는 일본 역사의 중심에 있었고 일본 사회의 정체성을 대표하고 상징하는 존재라는 것이다. 일본의 천황에 대한 현행 일본헌법의 규정을 보면 천황의 지위는 다른 입헌군주국가의 국왕과 같이 상징적인 의미로서의 군주에 가깝다. 일본국가 또는 일본 사회, 일본 역사를 대변하는 상징적인 존재이면서 일본인들의 존경의 대상으로 비쳐진다. 천황가의 역사는 일본의 역사 시대부터 현재까지 일본의 역사와 함께한다.

막부 시대의 천황은 역사의 전환기나 일본열도가 외침의 위기에 처했을 때에는 정치적으로 중요한 역할을 했다. 즉 천황가는 정치적 지배권을 상실하고 있었지만 일본열도가 혼란에 처했을 때에는 단합과 통합의 구심점 역할을 해왔다. 또한 천황가는 야마토(大和)정권 이래 오늘날까지 단 한번의 역성혁명(易姓革命) 없이 단일 혈통으로서 이어져 내려오고 있다. 오늘날의 일본인들이 현 시점의 천황에 대해 구체적으로 어떻게 생각하고 어떠한 역할을 기대하고 있는지는 확실하지 않다. 또한 일본인들 모두가 기대하는 역할도 각각 다르다. 그러나 일본 국가 또는 일본 사회의 단합과 통합의 구심적 역할로서의 천황가의 역할은 모든 정치적 권한이 상실된 채 상징적인 군주로서 남아 있는 현 시점에서도 달라지지 않고 있다.

2) 고대의 일본천황가(日本天皇家)

일본의 실제 역사 속에서 천황이란 명칭이 등장한 것은 '일본(日本)'이란 국명이 새롭게 사용되기 시작한 배경과 밀접한 관련이 있다. 『니혼쇼키(日本書紀)』와 『고지키(古事記)』에는 기원전 660년 진무천황(神武天皇)때부터 일본의 천황제가 시작된 것으로 기록되어 있다. 그러나 기록에 등장하는 천황의 계보에서 최초의 실존 천황은 스이코천황(推子天皇: 재위 592~628년)이다. 그러나 이 천황도 7세기 말부터 시작된 역사 편찬과정에서 천황의 호칭이 소급되어 사용되었을 뿐이며 실제 재위 기간 동안 천황으로 호칭된 최초의 천황은 덴무천황(天武天皇: 재위 673~686년)이다. 덴무천황은 한반도로부터 백제와 고구려의 수많은 유족이 유입되어 사회적으로 혼란한 시기에 천황 및 귀족 세력 간의 지배권 다툼을 제압한 천황이다. 그는 전국적으로 통합된 율령국가체제를 완성하였다.

천황이라는 호칭이 사용되기 전인 야마토정권 시기의 군주의 명칭은 오키미(大王:대왕)였다. 기원 후 4세기 초 북큐슈(北九州), 긴키(近畿), 세토나이카이(瀨戶內海) 일대에서는 지역의 연합수장을 오키미(大王)라고 불렀다. 4~6세기에 이르는 동안 일본열도에는 많은 전란과 정치세력들의 부침이 있었다. 5세기까지 일본은 백제와 많은 교류를 했으며 유전적인 혈통도 서로 비슷해졌다.

6세기에 들어서 야마토정권이 국가체제를 이루고 전국적인 지배력을 확대해 가는 시점에서 야마토정권의 오키미는 중국과 한반도에서 왜왕(倭王)이라 불리기도 했다. 6세기 후반 일본 최초의 통일정권으로서 현재의 나라현(奈良縣)을 본거지로 한 야마토정권이 성립된 이후에도 긴키 지역의 유력 수장들 사이에서는 오키미를 둘러싼 항쟁은 계속되었다. 이 시기의 오키미는 주술적인 역할까지 담당한 정치적 수장이었으며 다른 수장들에게 절대적 권한이 인정된 지배자는 아니었다.

7세기 들어서도 야마토정권은 중앙 귀족 또는 황족간의 지배권 다툼이 계속되었다. 672년 '진신의 난(壬神の亂)'에서 승리한 덴무천황은 율령체제를 완성하고 황족 중심의 정치와 중앙과 지방의 통치기구를 정비했다. 덴무천황은 스스로를 아키쓰미카미(現御神) 즉 신과 같은 존재로 신격화시켰다. 또한 이세진구(伊勢神宮)를 받들게 해 이후 이세진구는 천황가의 가문 신 즉 우지가미(氏神)인 아마테라스오미카미(天照大神)를 섬기는 신사(神社)가 되었다. 여기에 율령체제에서 스스로를 천황이라 규정했고 황후와 황태자도 확립하여 제도화했다.

천황이란 명칭이 새롭게 사용된 배경은 당시 일본의 대외 관계에서 찾아볼 수 있다. 이전까지의 일본은 중국과 한반도에서 왜국(倭國)이라 불렸고 그 지배자인 대왕은 왜왕(倭王)으로 호칭되었다. 그러나 660년 나당 연합군에 의해 백제가 멸망하자 663년 야마토정권은 백제 부흥을 위해 3만여 명의 지원군을 파병하였다. 그러나 지원군은 나당 연합군에 대패하고 그 후로 야마토정권은 나당연합군에 대해 큰 위기의식을 갖게 되었다. 또한 국내적으로 중앙집권화된 강력한 국가 체제를 완성했다. 이러한 과정에서 669년경 덴지천황(天智天皇: 재위 668년~671년)은 국호를

'일본' 으로 새롭게 정하였다. 672년 임신(壬申)의 난을 평정하고 절대 지배자가 된 덴무천황은 중앙집권화 된 강력한 율령 체제 국가를 건설했다. 덴무천황(天武天皇:재위 673~686년)은 일본이 과거의 왜국과는 구별되는 별도의 독립국임을 과시하기 위해 당나라의 천자를 의식하여 '천황(天皇)'이라는 명칭을 사용한 것으로 분석된다. 또한 덴무천황은 천황의 절대적 권한과 일본의 건국을 정당화하기 위해 국사편찬을 지시했다. 이로써 712년 천황가의 역사서인 『고지키(古事記)』가 완성되었고 720년에는 중국 사서의 영향을 받아 일본 최초로 국가에 의한 정식 역사서인 『일본서기(日本書紀)』가 완성되었다.『고지키』와『니혼쇼키』에서는 태양신(日神:일신)의 자손인 천황가가 대대로 일본을 통치해왔다고 기술하고 있으며 태양신으로서 아마테라스오미카미(天照大神)를 명시하였다.

덴무천황의 뒤를 이은 지토천황(持統天皇: 재위 686~697년)부터는 천황으로서 정식 즉위했다. 그러나 천황이라는 명칭이 그 이후 일관되게 사용된 것은 아니다. 천황이라는 명칭 이외의 중국풍인 천자(天子), 황제(皇帝)라는 명칭이 사용되기도 했다.

절대 권력이 인정되었던 천황제는 9세기 헤이안시대 이후 그 지위가 약화되고 불안정해졌다. 중앙에는 귀족 세력들이 득세했고 지방에는 독립적인 정치권력을 행사하는 무사 계층이 등장했다. 이 시기에는 역사상 두 명의 천황이 동시에 대립, 존재하기도 했고 방계천황이나 여자천황도 적지 않았다. 천황의 계승도 황족 또는 귀족간의 세력 관계에 따라 천황이 중간에 교체되기도 했으며 섭정이나 무사 권력에 의해 천황이 폐위되기도 했다.

이 시기의 천황가와 관련해 고고학자 에가미 나미오(江上波夫)는 1948년 기마민족 정복왕조설(騎馬民族征服王朝說)을 발표해 천황가가 북방계 기마민족 출신이라고 주장했다. 그의 주장에 따르면 4세기를 전후해 한반도에는 북방계 기마민족이 남하해 백제를 건립하였고 백제와 인접해 있던 가야 연맹국들에도 기마민족이 대거 유입되어 지배하게 되었다. 당시 가야국들과 동일 문화권에 속했던 일본(왜국)도 기마민족에 의해 지배당했는데 기마민족은 먼저 북큐슈(北九州)를 정복한 뒤 긴키(近畿)지방을 침범해 야마토정권을 수립했다고 주장했다. 그 증거로 일본의 고분시대는 전기와 후기의 고분들이 기마민족의 정복에 의한 것이라고 주장했다. 기마민족에 의해 야마토정권이 통일되었으므로 천황가는 일본에 도래한 기마민족의 후예라는 것이다. 이러한 주장은 제2차 세계대전 때까지 일본에서 주장되었던 황국사관(皇國史觀)과는 정반대의 입장이었다. 종래의 황국사관에서는 『니혼쇼키』에 기록된 대로 고대 왜국은 가야에 정부조직을 설치하고 한반도를 지배했다는 임나일본부설(任那日本府說)을 주장했다. 에가미의 기마민족정복설에 대한 일본 사학계의 논란은 현재 진행 중이다. 그러나 1990년대 이후 고고학적 유물 발굴과 고대사 연구의 진전과 함께 DNA분석에 의한 과학적 연구 성과로 기마민족 정복설은 많은 학자들의 지지를 얻고 있다.

3) 중세의 천황제

천황의 정치적 지위는 12세기 말 가마쿠라 막부시대에 들어서 더욱 약화되어 천황권은 일본의 긴키(近畿)지역을 포함한 서일본(西日本)지역에만 영향력을 행사했고 동일본(東日本)지역은 가마쿠라막부가 지배권을 행사했다. 쇼군(將軍)은 천황으로부터 정이대장군(征夷大將軍)이란 호칭을 부여 받았다. 가마쿠라막부 시대에는 천황가의 자손이 쇼군을 계승한 경우가 있었고 무로마치막부 때에는 쇼군이 천황 지배력에 대한 간섭과 통제를 강화하면서 대립한 천황을 유배시키고 폐위시키기도 해 천황의 지배력은 점점 약화되어 갔다. 그리고 정권담당자로서의 천황의 모습은 나오지 않지만 그렇다고 해서 중세 전기의 천황이 비정치적 존재였다는 것은 아니다. 그것은 천황이라는 지위는 관위의 원천으로 장군이든 태정대신이든 모두 천황이 임명하기 때문이다. 또 형식적으로나마 법을 실현하여 군사와 경찰, 재판권을 최종적으로 쥐고 있었다. 천황은 국가의 이름으로 징세권으로 소유하며 종교계와 세속계의 맨 꼭대기에 서서 국가를 체현하는 신성한 존재로서 더러움을 제거하는 종교행사는 국가적 행사로서 천황이 주재한다. 또 신분제의 정점에 서 있어 단 한 번도 피지배자로 전락한 적이 없으며 중세의 신분구조에서 비인(천민)과 대극에 서있다. 이러한 것만 보더라도 천황이 정치적 존재였다는 점은 명확하다. 이렇게 중세 전기의 국가에서 사실상 천황가는 다른 세력과의 균형을 유지하면서 일본의 통치권자로 군림하고 있었다.

4) 근세의 천황제

14세기의 남북조시대는 천황에게 획기적인 시대였다. 그 이유는 이후 천황은 끝없는 나락의 길을 걸었고 전국시대에는 정치적, 경제적 궁핍이 그야말로 극에 달했기 때문이다. 이 시대에 대부분의 권력기관은 무가가 장악하고 황실영지는 재지영주들에게 빼앗겨 천황은 즉위의례조차 제대로 거행하지 못하는 형편이었다. 이렇게까지 몰락한 천황을 구원해 준 것이 오다 노부나가와 도요토미 히데요시, 도쿠가와 이에야스의 통일권력이었다. 이 정권들이 천황을 구원해 준 이유는 통일정권이 봉건영주계급으로서 성숙하지 못했기 때문이다. 즉 노부나가와 히데요시, 이에야스는 각각의 시점에서 보면 무사계급 내에서는 탁월한 존재였지만 계속되는 전쟁으로 전국적이고 완전한 봉건적 주종제를 형성할 만한 상황이 못 되었다. 한편으로는 전란을 종결시켜야 하는 사회적 요청이 있었고 다른 한편으로는 피지배계급의 저항을 억눌러야 한다는 봉건영주적 계급의식이 존재하고 있었던 것이다. 그래서 그들은 전국적인 주종관계를 미처 확립시키지 못한 상태에서 중앙 권력을 구축해야 했고 그렇게 해서 만들어진 것이 기존의 관위제도를 이용한 봉건국가였다. 노부나가, 히데요시, 이에야스는 모두 자신을 관위제의 상위에 두고 다른 무가들은 하위에 위치시키는 방식으로 서열화함으로써, 다시 말해 봉건적 주종제의 허약성을 관위제로 보강함으로써 정권을 확고히 다진 것이다. 그런데 관위제란 그 자체가 고대 율령제에 뿌리를 둔 것으로서 조정이 임명하는 것을 전제로 한다. 따라서 통일권력은 관위제를 이용하면서 천황과 조정의 지위를 끌어올리는 일을 동시에 진행하였다. 그렇게 해서 천황과 조정은 관위제를 통해 무가정권의 지배에 정당성을 부여하는 원천으로서 자리하게 되었다.

5) 에도막부시대의 천황제

전국시대에 목숨이 경각에 달려 있던 천황이 에도 시대에도 살아남을 수 있었던 것은 결국 통일권력이 그 이용가치를 찾아냈기 때문이다. 천황은 결코 정권과 무관하게 존재한 적이 없다. 반대로 정권의 귀추에 크게 좌우되면서 존속해왔다. 천황이 임명한 관위들은 명예칭호로서 유효하였고 피지배계급의 신분 편성에도 일정한 역할을 수행하였다. 또한 그 동안 단절되었던 몇 가지 제사의례가 통일정권의 재정지원을 받아 부흥되어 정례화 되었다. 이처럼 천황과 조정은 여러 기능을 수행하면서 막부와 오랫동안 안정된 관계를 유지해왔다.

에도시대의 천황은 막부의 엄격한 통제 하에서 전통적 권위는 인정받았지만 정치적 권한은 일체 인정되지 않았다. 천황으로부터 막부의 쇼군이 정이대장군으로서 승인되는 형식은 계속되었지만 아무런 정치적인 구속이 없는 관례에 불과했다. 에도 막부 때의 실질적인 군주는 막부의 쇼군이었다고 할 수 있다. 에도시대는 기본적으로 각 번(藩)마다 봉건 영주인 다이묘(大名)에 의한 독자적 지배 체제가 운영된 시기였다. 따라서 천황이 거주하고 있던 긴키지역을 제외한 일본 각지의 일본인들에게 천황의 존재는 거의 미지의 존재였다. 따라서 일본이 천황국가라는 의식은 더욱 더 배양될 수 없는 시대였다.

그러나 가마쿠라시대부터 에도시대에 이르기까지 쇼군들이 천황제를 폐지하지 못한 것은 각각의 조상이 천황가의 왕이었거나 천황가와 밀접한 혈연관계를 가진 경우가 많았기 때문이다. 한 예로 가마쿠라 막부를 건립한 미나모토노 요리토모(源 頼朝)의 경우는 자신의 조상이 천황가의 왕자였기 때문에 본가인 천황가를 폐위시키지 못했다. 또한 에도 막부를 건립한 도쿠가와 이에야스(德川家康)는 정이대장군으로 임명된 후 에도 막부를 건립하면서 미나모토의 예를 따르겠다고 공언했다. 그 결과 미나모토 쇼군이 행했던 예에 따라 천황가 또는 조정(朝廷)과의 관계를 일정하게 유지했을 뿐 군주의 역할은 하지 않았다.

그러나 18세기 말에 이르러 『고지키(古事記)』와 『니혼쇼키(日本書紀』 등의 고전 문헌 연구를 통해 유교와 불교의 영향을 받기 이전, 즉 외래사상에 의해 물들기 이전의 일본의 고대 정신을 해명하려는 국학(國學)운동이 전개되었다. 이러한 일본의 고대 정신을 체계화시킨 연구가 모토오리 노리나가(本居宣長)는 『고지키』의 신화 속에 기록된 천황가계(天皇家系)를 연구했다. 그는 이 연구를 통해 신화 내용을 사실로 인식하고 태양신인 아마테라스오미카미(天照大御神)는 일본 태생이고 태양신의 자손인 일본 천황가의 혈통은 연속되고 있으며 일본은 신이 지켜주는 국가라고 주장했다. 또한 이러한 사실은 중국이나 세계 어느 국가와도 비교할 수 없는 일본 국가 및 민족의 독자성과 우수성을 나타내는 것이라고 주장했다. 이러한 주장을 통해 천황은 일본 국가 체제의 독자성과 우수성을 상징하는 존재라는 관념이 확립되었다. 또한 이 주장은 메이지유신을 주도한 무사 계층에게 에도 막부 말기 천황을 받들고 막부를 타도하자는 존황도막(尊皇倒幕) 정신을 심어주는 계기가 되었다.

막말의 정치과정은 각각의 정치적 목적을 갖고 정치무대에 등장한 다양한 정치세력이 대립과 분열, 항쟁을 전개하면서 천황과 조정의 권위가 급속히 부상하고 이윽고 막부의 권위에 저항하여 결국 막부를 타도하는 과정이다. 이 조정의 권위상승을 촉구하는 여러 정치세력의 운동을 지도한 정치논리가 존왕양이론(尊皇攘夷論)이다. 이 존왕양이론의 사회적 기능을 살펴보겠다.

1858년 미일통상조약이 조인되었다. 이 조약은 크게 두 가지 점에서 문제가 되었다. 첫째, 막부가 천황의 칙령을 받지 않고 5개국의 조약을 인정, 즉 위칙조인 함으로서 막부와 조정은 정치적으로 충돌하게 되었다. 둘째, 이 조인 자체가 군사적 압력에 굴복한 것으로서 쇄국의 원칙을 포기한 것이라고 간주되어 굴욕적인 외교자세가 도마 위에 올랐다. 이에 따라 조약은 막부정치에 대해 광범위한 비판을 불러왔고 이는 다양한 정치세력을 정치무대에 등장시키고 천황의 정치화를 촉진하는 계기가 되었다.

이제 존왕양이론은 단순한 정치이론을 넘어서서 현실의 정치운동으로 발전하게 되었다. 이 시기 존왕양이론의 내용은 서구의 외압에 대해 굴욕적인 외교자세를 취함으로써 손상 받은 독립국가의 위신을 회복하기 위해 천황을 중심축으로 하여 국가적 통일을 유지 강화한다는 것이었다. 그리고 통일과 독립의 주체인 국가는 상하의 차별의식을 온존시킨 채 천황중심주의와 외국에 대한 대항의식과 멸시를 포함하는 국체론을 기초로 한 국가였다.

한편 막부 말기 민중의 세계에서는 제정(祭政)일치를 주장하는 후기 국학사상이 보급되어 존왕양이 운동에 많은 사람들이 참가했고 지지를 받았다.

이러한 가운데 존왕양이를 주창한 요시다 쇼인(吉田松陰)은 미일통상조약의 위칙조인에 분개하며 막부의 요인들을 암살할 계획을 세웠다는 이유로 막부에 의해 처형당한다. 요시다 쇼인은 '천하는 천황이 지배하고 그 아래 만민은 평등하다'는 즉 천황 아래에서 만인이 평등하다는 '일군만민론'(一君萬民論)을 주창하였다. 또한 그는 한국을 정벌해야 한다는 정한론(征韓論)을 주장하기도 했다. 정한론은 그의 제자인 이토 히로부미(伊藤博文) 등에 의해 계승 발전되었다.

6) 근대의 천황제

막부타도와 왕정복고는 근대 천황제의 성립에 중요한 계기가 되었다. 메이지유신에 의해 에도막부가 타도되고 근대적인 국가체제가 성립되었다. 메이지유신을 주도한 신진 무사계층은 에도막부 타도의 명분으로 천황의 왕정복고(王政復古)를 내세웠다. 1868년 신정부의 메이지천황(明治天皇: 재위1867~1912)은 교토(京都)에서 도쿄(東京)로 거처를 옮겼다.

그러나 근대 천황제가 메이지 유신기에 성립된 것은 아니다. 국가기구 안에서 천황의 지위와 기능이 안정적으로 정비된 것은 대일본제국헌법과 황실전범의 제정, 황실재산의 확충, 국가주의 중심의 의무교육 보급, 청일, 러일전쟁에서 거둔 승리로 강화된 군국주의와 일본제국주의의 성립 등 이러한 조건이 맞물려 19세기말에서 20세기 초에 걸쳐 성립되었다.

봉건지배자들은 정체 변혁을 통해 하층민과 외적을 억누를 수 있는 권력의 통일과 군비의 확충을 조속히 실현해야 한다는 데 의견이 일치했다. 이 실현을 위해서 위로부터의 방책, 즉 대번연합을 통한 무력과 천황의 조칙에 의지하기로 했다. 그렇게 천황의 권위가 유효할 수 있었던 것은 그것이 봉건권력의 통일의 상징이었기 때문이다. 그러나 그들은 위로부터 변혁을 단행하는 데 천황을 마음대로 이용했다. 이렇게 해서 돈도 무기도 하나 없던 천황이 느닷없이 제 번 연합정권의 우두머리로 떠올랐다. 따라서 천황제는 그 부상 과정에서부터 실력을 갖춘 봉건영주가 통일국가의 수장이 되는 절대군주제와는 다른 특색을 띠게 되었다.

왕정복고 후 신정부가 즉시 착수한 것은 궁정개혁이었다. 조정공작을 담당한 오쿠보 도시미치는 지금까지의 천황은 너무 궁궐 안에만 틀어박혀 지나치게 고귀한 존재로 비침으로써 끝내 상하가 완전히 단절되었다고 보고 그 잘못된 관습을 개혁할 것을 강력히 건의했다. 이에 따라 천황은 기존의 후궁생활을 청산하고 매일 공석에서 정무를 보는 천황친정을 포고했다. 두 번째로 천황의 종교적 권위는 그 후에도 궁중과 신사의 제사를 주축으로 지속되어 천황의 권력을 보강하는 역할을 담당하였다. 세 번째는 문명개화이다. 1871년 양복의 채용을 명하고 솔선해서 양복을 입은 천황이 국민들 앞에 모습을 드러냈다. 그러나 천황이 입은 양복은 군비근대화를 상징하는 군복이었고 천황제의 문명개화는 대개 군국주의와 연관되어 있었다. 문명개화는 신권적인 전제군주가 민중을 억압하는 새로운 기인이 되면서 천황제의 한 특징을 이루었다. 네 번째는 입헌군주의 모습이었다. 이와쿠라 도모미가 황실제도를 정비하고 군권을 강화할 필요가 있다고 천황에게 건의하였고 입헌제 도입의 방침 아래 새로이 복고적이고 신권적인 전통의 고수가 결정되었다. 이상과 같이 천황이 가지고 있던 네 개의 얼굴은 시간의 흐름에 따라 차례차례 바뀐 것이 아니라 각각 정점에 달한 시점에 약간씩 차이는 나지만 상호 보충하며 병존한 것이 특색이다.

7) 일본제국주의와 천황제

1908년 10월, 천황의 이름으로 발포된 보신조서(戊辰詔書)는 이후 교육의 방향을 제시하는 기축이 되었다. 그 내용의 중점은 마땅히 상하의 마음을 하나로 하고 충실히 맡은 바 업무에 복종하고 근검하게 생산에 종사해야 한다. 이 믿음과 뜻이 도타운 풍속을 이루어 사치를 멀리하고 실질을 거두며 태만을 서로 경계하도록 부단히 힘써야 한다는 것이었다. 러일전쟁 이후 일본 국내 상황이 동요하는 중에 충군애국의 정치와 교육체제를 재구축하여 국민통합을 도모하고자 하였음을 알 수 있다. 학교교육에서도 도덕과 일본사 교육이 중시되고 청년야학교나 보충학교 등을 통해 국가주의가 철저히 주입되었다. 학교의식에서도 충군애국이 중시되었는데 전국에 걸쳐 획일적인 학교의식이 강제되고 몸으로 체득하는 충군애국교육이 강조되었다. 즉 교과교육은 천황을 살아 있는 현인신(現人神)으로 주입시키는 데 중점을 두었고

1910년대에 확립된 천황의 신격화(절대화)를 위한 학교의식은 계속적으로 체계적인 실시를 꾀했다. 여기에서 천황을 위해서라면 목숨을 아끼지 않는 소국민(신민)을 길러내는 교육이 뿌리를 내리게 되었다.

인간으로 태어난 천황이 아무리 살아 있는 현인신이라고 우긴다 해도 아기가 성장하여 성인이 되고 이윽고 죽어 없어지는 것은 다른 인간이나 매한가지다. 특히 일본 천황의 경우 혈통을 거의 유일한 존재가치로 삼는 군주인 이상 교체 문제는 항상 그 내부에 위기를 포함하고 있다고 할 수 밖에 없다. 천황의 교체의식은 보통 3단계를 거친다. 첫 번째는 천황지위의 상징인 3종의 신기를 전수받아 황위계승을 여러 신하 앞에서 선언하는 천조고, 두 번째는 중국식으로 본격적으로 거행하는 즉위식, 세 번째는 천황이 최고 제사장으로서 천신에 제사를 올리고 스스로 신이 되는 의식인 대상제다. 천황이라는 자리가 천황 개인의 능력에 좌우되지 않게 하기 위해서는 제도를 확립해 두는 것이 가장 급선무였다. 근대적인 즉위의례는 황실전범과 등극령 이라는 두 가지 법령의 제정을 통해 완성되었다. 황실전범을 구체화 시켜 천황제를 영원한 것으로 만들고자 하는 천황의 의지가 표명된 것이다. 이러한 황실의 여러 법령의 제정은 기이하게도 중국 의화단운동을 진압하기 위한 출병으로부터 러일전쟁, 조선의 식민지화라는 움직임과 병행하고 있다. 여기에는 일본 제국주의의 발전에 발맞추어 천황을 중심으로 하는 제도와 의례를 보강함으로써 일본국내의 지배체제를 재편, 강화하려 한 정치적 의도가 명백히 드러난다. 법령을 통해 천황을 찬미하는 제전의식에 국민 모두를 끌어넣는 데 성공한 것이다.

8) 패전 후의 천황제

1945년 8월15일, 원폭 투하로 일본은 패배하고 아시아가 해방되었다. 인도네시아 자바에서는 원폭 투하 이야기에 사람들은 기뻐하였고 한 이슬람 도사는 '일본은 천벌을 받은 것이다' 라고 말했다고 한다. 하지만 원폭투하가 결코 아시아의 해방을 위해서가 아니라 오히려 미국에 의한 냉전의 개시를 알리는 사건이고 인류에게 핵시대라는 새로운 위기시대의 도래를 상징하는 사건이기도 하였다. 그러나 아시아인들은 원폭을 일본의 압정으로부터 해방시킨 신의 구제로 인식하였다. 또 천황을 평화주의자로 미화하려는 캠페인과 말레이 반도에서 저지른 일본군의 만행을 은폐하려는 움직임이 동시에 추진된 것은 일본군국주의에 대한 강한 경계심을 불러일으켰다. 일본이 일으킨 전쟁으로 희생된 아시아인의 숫자는 2천만명을 넘는 것으로 추정되는데 이 숫자는 침략전쟁으로서의 성격을 여실히 보여준다. 이러한 일본의 패전 즉 8.15는 아시아인에게는 해방의 날, 광복의 날이고 동시의 독립의 출발점이 된 날이었다. 그러나 일본인은 패전을 종전이라는 말로 바꿔 부르면서 일본 패배의 의미를 제대로 이해하지 못하였다. 이것은 일본의 아시아 침략전쟁에 대한 책임을 모호하게 만들고 나아가 천황의 죽음을 계기로 아시아로부터 천황과 일본에 대해 엄중한 비판을 불러오게 만들었다.

(1) 천황제 유지

1945년 8월 15일 "국체를 보호할 수 있다" 고 종전조서는 냈으나 반드시 국체보호(천황제보호)를 보증할 수 는 없었기 때문에 천황 히로히토는 불안하였다. 이러한 불안한 상황 하에서 천황은 전승자가 일본을 군사점령하기에 앞서 미리 그의 권위로 군대를 해체·복원시켜 둘 필요가 있었다. 천황은 8월 25일, 육해군인에게 내리는 칙유를 냈다. 이는 대원수의 입장에서 군인들의 사회 복귀를 명한 것이었다. 패전했다고는 하나 일본의 위정자는 변함이 없었고 대일본제국헌법체제도 계속되고 있었기 때문에 가능한 명령이었다. 천황의 이 지시는 후에 연합국 최고사령관 맥아더가 천황제의 이용가치를 확인하는 하나의 재료가 되었다. 중화민국이나 호주에서는 천황 히로히토를 전범 리스트에 올려놓고 있었다. 미국에서는 전 주일대사와 국무차관 그룹 등을 중심으로 천황제 존속, 이용론이 주장되기도 하였지만 역시 강세는 천황을 전범으로 처벌해야 한다는 여론이었다. 후에 맥아더와 천황의 첫 회견이 있었는데 거기서 맥아더는 그 때까지 이루어진 점령 진척 상황에 대해 만족을 표시하여 천황을 감동시켰고 맥아더 역시 점령 수행에 협력을 약속하는 천황의 발언에 감동하여 이 회견에서 천황은 맥아더에게 높은 점수를 받아 자신과 천황제를 지키는 첫 번째 관문을 일단 통과하였다.

그 후 미 점령군은 민주개혁에 착수하였다. 10월 4일 '자유제한 철폐에 관한 각서'를 통해 치안유지법이 철폐되고 천황제 폐지를 내건 일본공산당이 합법적 활동을 개시하였다. 헌법개정이 문제로 떠오른 12월 15일에 '국가와 신도 분리에 관한 각서'가 나왔다. 이후 천황은 1946년 1월 1일을 기해 소위천황의 '인간선언'으로 알려진 조서를 발표하였다. 이는 "천황을 살아있는 신으로 간주하고 일본국민을 다른 민족보다 우월한 민족으로 보며 나아가 세계를 지배할 운명을 갖고 있다고 하는 가공의 관념에 기초를 두지 않는다" 라고 하여 천황신격화와 초국가주의를 부정한 것인데 배후에는 이를 통해 일본 내외의 냉엄한 여론 속에서 천황제를 존속시키려는 의도가 있었다.

황실제도의 기둥인 황실전범의 개정도 헌법 개정에 따라 같이 시행되었다. 천황의 지위는 황통에 속하는 남계 남자가 계승하고 첩제도는 삭제되었다. 또한 황실재산이 모두 국유재산으로 환수되었다. 또한 천황의 즉위와 관련된 법률 등이 모두 폐지되었다.

(2) 천황의 전범재판 면죄

일본의 패전이 명확해진 1945년 8월, 연합국 사이에서는 일본천황이 침략전쟁의 개시에 책임이 있는지의 여부를 둘러싸고 통합된 의사결정을 내리지 못하고 있었다. 하지만 전범 지명의 확대 움직임에 위기감을 느낀 시데하라 내각은 전쟁책임 등에 관한 건의라는 제목으로 통일된 견해를 비밀리에 결정하였다. 그 중심 내용은 천황은 개전 결정에 실질적으로 관여하지 않았으며 이 결정을 승인한 것은 헌법상의 관례에 정부의 결정사항을 인정한 데 지나지 않는다는 것이었다. 시데하라 내각은 이 같은 견해를 전제로 하여 관계자들과 말하자면 말이 어긋나는 일이 없도록 미리 입을 맞추어 전범 지명이 천황에게까지 미치지 못하게 하려 하였다.

미 점령군의 정치고문인 에치슨이 개인적인 소견으로는 천황이 전범이며 천황제 역시 폐지해야 한다고 확신 했지만 현재 점령군이 수행하고 있는 민주화 정책의 추진에는 천황이 극히 유용하므로 천황을 면책하고 이용하는 정책이 적절할 것이라는 견해를 밝혔다. 이는 맥아더의 주장과 더불어 천황의 전범 처리 문제에 대한 미국정부의 태도를 결정하는데 중요한 역할을 하였다.

만약 천황이 전범으로서 연합국의 재판을 받았다면 그것은 소위 도쿄 재판으로 불리는 극동국제군사재판장에서였을 것이다. 도쿄 재판은 침략전쟁의 개시, 수행을 담당했거나 이를 위한 공동모의에 참가한 행위를 평화에 대한 죄로 간주하고 전시기 일본의 최고지도자 28명을 고발한 재판이다. 재판소의 구성과 재판방식을 결정한 극동국제군사재판소의 조례를 공포한 것은 맥아더였다. 그러다보니 재판소의 틀도 미국과 영국 등이 주도권을 잡기 쉬운 형태를 취했다. 나치 독일의 전범을 다룬 뉘른베르크 재판의 군사재판소 조례는 국가원수든 정부관리든 상관없이 그 공무상의 지위 때문에 면책될 수는 없다고 못 박고 있다. 그러나 극동국제군사재판소 조례에서는 '국가원수든' 이라는 말이 빠져 있다. 이는 처음부터 천황 면책을 목적으로 한 것이었다고밖에 할 수 없다. 이렇게 해서 천황은 도쿄 재판의 피고 명단에서 빠지게 되었고, 미국정부는 최종적으로 천황불소추의 방침을 확정하였다.

(3) 현대의 천황제와 일본인

일본국헌법은 천황을 일본국의 상징이자 일본국민의 통합의 상징이며 헌법에서 정한 국사행위만을 행하며 국정에 관한 기능은 갖지 않는다는 존재로 규정하고 있다. 따라서 어디에도 천황이 국가원수라는 규정은 없다. 그러나 정부 여당을 비롯한 보수진영은 사실상 천황을 원수화 하기 위해 여러 가지 책동을 거듭하고 있다. 또한 황실의 경사나 불행을 캠페인을 통해 정치적으로 이용하는 부분도 대단히 크다. 이러한 정치적 이용은 천황을 일본국민의 독자성의 중핵에다 위치시킴으로써 국가에 대한 복속의식을 강화시켜 주었다.

1945년 이후 1986년에 이르는 사이에 40년간 일본에도 정치, 경제, 사회에도 우여곡절이 많았다. 그런데도 상징천황제에 대한 일반 여론은 거의 변함없는 지지를 보이고 있다고 한다. 청년층에서는 천황이 자신과 무슨 관계가 있는지에 대해 심각하게 생각해 본 적이 없다는 반응이 주류를 이루고 있다. 그러나 이들은 있어도 그만, 없어도 그만이라고 하지만 막상 천황제를 폐지해도 좋으냐고 물으면 굳이 있는 것을 없앨 필요까지 없다는 반응이다. '아무래도 좋다'는 이런 자세가 역설적으로 천황제를 안정적으로 지탱해 주는 정서적 기반이 되고 있다. 패전의 참담한 상황 속에서도 일본인들은 천황을 중심으로 똘똘 뭉쳐 오늘의 경제대국을 이루었다고 믿고 싶어 한다. 19세기 말 일본 근대화를 단기간 내에 실현시킬 수 있었던 기적도 천황을 구심점으로 한 노력의 결과라고 평가한다. 마찬가지로 일본인들은 유사시 정치가들의 폭주를 견제해 줄 수 있는 마지막 권위는 역시 천황일 수밖에 없다는 공통된 인식을 갖고 있다.

2. 일본인의 천황숭배의 연속성

법과 제도 그리고 교육과 사상적 통일을 위해 잉태된 일본인들의 천황숭배의식은 자신들의 일상성을 지배하여 정신적 가치의 황폐화를 초래하였음에도 불구하고 패전이후에도 식을 줄을 몰랐다. 여론조사를 통해 나타난 숭배사상의 일관성을 보면 그 실체를 여실히 느낄 수 있다. 천황제가 일본사회에서 여론조사의 대상이 되기 시작한 것은 1946년 4월부터라고 한다. 일본 정부에 의한 신헌법 초안이 발표된 직후 실시한 마이니치신문의 여론조사에 의하면 「정부의 신헌법 초안의 천황제를 인정 하는가」에 대해 「인정한다」가 85%, 「인정하지 않는다」가 13%였고, 「천황제를 폐지하고 공화제를 취해야만 하는가」에 대해서는 「찬성」 11%, 「반대」 86%의 결과가 나왔다. 2년 뒤인 1948년 8월, 요미우리신문이 실시한 여론조사에 의하면 「천황은 국민의 동경이고 국가의 상징으로 신헌법에서 정하고 있지만 천황제 존폐여부의 질문에 「있는 편이 좋다」가 90%인 반면, 「폐지하는 편이 좋다」는 불과 4%정도 밖에 되지 않았다.

패전직후임을 감안한다면 아주 놀라운 지지도이지만 그 이후의 각종 여론조사에서도 국민들의 천황에 대한 경애사상과 천황제에 대한 확고한 지지태도는 오늘날까지도 거의 변함없이 이어지고 있다. 이것은 보수 세력들이 일본인들의 의식세계와 일본사회 내면에 잠재한 숭배사상을 언제든지 체계화 할 수 있는 이데올로기적 기반을 확보하고 있다는 것을 의미한다. 간 다카유키(管孝行)가 「現代天皇制の總合論理」에서 지적한 것처럼 「천황제지배의 최고도로 완성된 형태」라고 할 수 있는 '상징천황제'가 완전히 뿌리를 내린 것이다. 그것을 확인할 수 있는 대표적인 사례가 바로 1988년 9월의 천황의 중태로 시작된 일련의 「병상일지」와 사망이다.

당시 일본사회가 보여준 여러 현상들은 과거로부터 현재를 거쳐 향후 일본사회의 이데올로기의 실체를 체험적으로 가늠할 수 있는 실증적이며 구체적인 계기가 되었다는 점이다. 우선 당시 일본 수상으로서 추도정국을 주도한 다케시타 노보루(竹下登)수상의 다음의 추도사를 살펴보도록 하겠다. (「요미우리 신문(讀賣新聞)」1989. 1. 7).

> "되돌아보면 쇼와시대는 세계적인 대공황으로 시작되어 슬퍼해야 할 대전의 참화, 혼란과 궁핍하기 그지없는 폐허로부터의 부흥과 진정한 독립, 유래가 없는 경제성장과 국제국가에의 발전이라고 하는 참으로 격동의 시대였습니다. 그 동안 대행 천황은 세계의 평화와 국민의 행복을 오로지 기원하셨고 매일 몸소 실천해 오셨습니다. 본의 아니게 발발한 과거의 대전에 있어서 전화(戰禍)에 고통스러워하는 국민의 모습을 차마 보지 못해 자신을 되돌아보지 않고 종전 결정의 영단을 내리셨습니다만, 이것은 전후 전국각지를 순행하시며 폐허 속에서 어찌할 바를 몰라 했던 국민들을 위로하고 조국부흥의 용기를 복 돋아 주셨던 모습과 함께 지금도 국민의 마음 속 깊이 새겨져 있습니다."

추도사에 어울리는 문장이라 볼 수 있지만 다케시타 수상이 이를 통해 강조한 것은 쇼와는 격동의 시대였고 그 격동의 시대를 히로히토 천황은 슬기롭게 헤쳐 온 위대한 존재였다는 사실이다.

즉 세계적인 대공황과 본의 아니게 발발한 세계대전, 일본의 전후 부흥과 진정한 독립 등이 모두 쇼와시대에 일어났고 천황은 이 대변혁시대를 살면서 오로지 세계평화와 국민의 행복만을 기원하였다는 것이다. 그리고 국민의 고통을 견디다 못해 자신의 입장을 되돌아보지 않고 「종전」의 영단을 내렸으며 조국 부흥을 위해 전력을 기울였다는 논조이다.

비록 추도사라고는 하나 천황은 과거 전군의 통수권자로서 초헌법적 지위를 부여받았고 그를 중심으로 전시체제를 구축하여 세계대전을 일으켰다. 또한 국민에게 충효사상 교육을 강요하였고 일본이 세계대전을 일으키는 동안 수많은 어전(御前)회의를 주재하면서 전쟁의 결과를 확인, 재가하고 우리나라 민족혼을 박탈하며 자신을 숭배하게 하고 아시아인들에게 엄청난 고통과 희생을 강요한 주체였다는 사실을 아주 외면하고 있는 것이다. 전쟁에 대한 역사적 책임은 단 한마디도 언급하지 않은 채, 오로지 그의 인간적인 측면만을 부각시켜 조국 부흥을 일으킨 위대한 인물로만 묘사하였다. 또 수상의 추도사는 여기서 끝나지 않았다.

> "대행천황의 인자하신 마음, 공평무사하고 동시에 진지하게 성실한 모습을 접하며 감명을 받지 않았던 사람은 없습니다. 그 성덕(聖德)은 영구히 계승되어 사람들의 마음속에 살아있을 것이라고 확신합니다. 신 폐하는 이 맑고 밝은 마음을 계승하면서…, 황실과 국민을 맺는 경애와 신뢰의 끈이 점점 강화됨과 동시에 제 외국과의 우호 친선도 보다 더 심화되기를 염원해 마지않습니다."

쇼와라는 시대는 끝났지만 그가 남긴 「성덕」은 국민들의 가슴속에 영원히 살아 숨 쉬게 될 것이고 그의 인자함은 새로운 천황에게 계승되어 황실과 국민을 잇는 강한 끈으로 작용할 것임을 믿어 의심치 않는다는 것이다. 비록 일본공산당이 「60여 년간의 역사를 통해서 일본국민이 잊지 말아야 할 것은 절대주의적 천황제를 정점으로 한 일본군국주의가 아시아 여러 나라에 무모한 침략전쟁을 감행한 일이다. 천황 히로히토는 침략전쟁의 최대, 최고의 책임자이다.」라는 성명(1989. 1. 8)을 발표하며 역사의 진실을 상기시키려는 의지를 표하기는 했지만, 일본사회에서 이러한 목소리는 그저 메아리에 불과했고 보수우익세력이 주도하는 황국사관적 이데올로기만이 오로지 추도정국을 지배하였다.

요미우리신문은 천황의 사망을 추모하는 사설(1989. 1. 7)에서 천황의 중태이후 그의 쾌유를 기원하는 수백만 명의 기장행렬과 각종행사의 자숙, 그리고 전쟁책임을 둘러싼 논의 등 지난 3개월간의 투병과정이 던진 여러 파문들이 천황의 큰 존재감을 실감케 한다고 언급하였다. 그만큼 천황의 존재는 일본인들의 의식세계에서 지워버릴 수 없는 마음의 고향과 같은 존재임을 일본인들 스스로 생각하고 있고 실체 또한 그렀다고 할 수 있다.

이를 보면 21세기에도 천황은 국민들의 정신적인 지주, 국가 통합의 주체로서 엄연히 존재할 것을 예고하고 있다. 실제로 천황의 사망과 관련한 여론조사에서도 일본인들의 이전부터 변함없는 모습을 확실히 보여주고 있다.

요미우리신문이 1989년 1월 10일에 보도한 여론조사에서 쇼와천황의 서거에 즈음한 심경을 물어본 질문에 대해「슬프고 쓸쓸하다」17.6%,「쇼와가 끝났다」12.8%,「유감이다」10.7%,「고생하셨다」9.9%,「마음고생이 많은 천황이었다」7.5% 라는 결과가 나타났다. 또 향후 황실과 국민의 바람직한 모습에 대한 질문에는「지금 보다 더 국민과의 접촉이 친밀하고 열린 황실이 되었으면 좋겠다」51.3%,「지금 이대로가 좋다」39.9%,「너무 개방해서는 안 된다」5.0%의 의견을 보였다. 또 현 천황제에 대한 질문에는「지금의 상징천황제유지」82.0%,「천황의 지위와 권한을 강화」8.7%,「천황제폐지」가 5.1%를 차지하였다.

이상의 결과를 종합해보면, 일본국민들의 79.2%가 쇼와천황의 죽음에 대해 어떤 형태로든 애도의 뜻을 표하고 있음을 확인 할 수 있다. 또 쇼와천황에게 전쟁책임을 묻는 일본인들이 거의 없고 오히려 그의 죽음을 슬퍼한 것이 일본인들의 정서임을 확인할 수 있었다. 국민과 황실의 관계에 대해서도 대부분의 국민들은 더 좋은 관계를 갖기를 원했으며 천황제에 대해서도 82%는 긍정적인 생각을 하였다. 심지어 천황의 권한을 강화해야한다는 일본인도 8.7%나 되었다.

결국 일본인들은 쇼와천황의 죽음을 단지 인간적 슬픔으로만 생각했을 뿐, 그의 죽음을 통한 역사적 청산의 어떤 시도조차도 하지 않았다. 일본사회가 천황의 죽음을 국가적 차원에서 추모했을 때 아시아 여러 나라 국민들은 엄청난 희생을 치르며 경험한 역사적 상흔을 달래고 있었음을 일본인들은 간과하였다.

여론을 통해 확인된 바 아시아인들이 역사의 저편에 묻어둔 회한의 세월들을 일본사회가 계속 외면하고 자신들에 의한 자신들 만을 위한 가치관을 부각시켜 그것을 국제사회에 끊임없이 관철하려 든다면 아마도 일본은 역사가 다하는 그 날까지 국제사회로부터 존경 받는 나라가 되기는 어려울 것이다.

이와 같이 천황은 일본의 이데올로기 통합과 정신적 지주로서의 역할을 완벽하게 수행하고 있다. 과거 그 귀결로서 아시아 제국을 차지하고 또한 그 일이 일본과 일본인 자신들에게 큰 불행이었음에도 불구하고 일본인에게는 그다지 중요한 사안이 아니었던 것이다.

그들에게 진정 중요했던 것은 천황의 존재와 천황제의 존속 그 자체였고 그것은 패전 이후 일관된 일본사회의 통념이기도 하다.

3. 일본인의 "천황제적 심정"

천황의 중태 이후 일본사회가 보여준 천황에 대한 재평가는 우리에게 역사의 경각심을 불러일으키는 분명한 시그널이었다.

물론 현재 일본의 사회 분위기로 보아 천황을 과거와 같이 신격화하고 천황의 권한을 강화하여 정치의 전면에 부상시킬 가능성은 현실적으로 희박하다. 오히려 일본사회는 그런 가능성 자체를 거부하려든다.

실제 일본역사를 돌이켜 봐도 천황이 실질적 통치자로서 전면에 나섰던 시대보다 민족 통합의 상징으로서만 존재했던 기간이 훨씬 더 길었으며 일본사회도 그런 사실을 인식하고 있다. 우파로 알려진 나카소네 전 수상도 천황이 권력의 중심에 등장하는 것을 반대한다.

그러나 분명히 기억해야 할 일은 2차 대전 직후 미국 정부가 천황에 대한 일본인들의 특별한 정서를 캐치하여 그에게 전쟁 책임을 추궁하지 않고 그로 하여금 일본 재건의 주춧돌로 삼으려 한 전략이 유효했다는 점이다. 또 천황추모정국에서 나타난 숭배사상의 실체를 통해서도 확인 할 수 있듯이 천황은 일본사회에서 바로 시공을 초월하여 언제나 일본인들의 경애 속에 일본사회의 정점에 군림할 수 있다는 사실이다. 이 불변의 진리를 염두에 둔다면 일본이 위기적 상황에 처했을 때 일본사의 전통이 그러했듯이 지도층은 천황을 구국과 통합의 상징으로서 항시 이데올로기의 정점에 부상시킬 수 있다. 또 일본인들은 자신들의 의식 속에 전통적으로 잠재되어 있는 '천황제적 심정'과 '일본인'이라는 아이덴티티에 의거하여 지배이데올로기의 하강을 자연스럽게 받아들일 수 있는 것이다.

이것은 이른바 천황을 통한 사상적 일체화를 구축할 수 있는 정치적 · 문화적 · 전통적 가치기반이 일본사회의 심층에서 소리

없이 축적되어 왔다는 것을 의미한다.

한때 일본사회에서는 황실의 남자손이 태어나지 않자 여성천황 대망론이 급부상했다. (2006년에 차남이 득남함으로써 이에 대한 논의는 수면 아래로 잠복하였다). 일본헌법은 '황위는 세습'으로 규정하고 있고 이를 받아 황실전범(典範)은 황위를 계승하는 것은 '남성' 이라고 못 박고 있다. 그러나 천황이 남성이라는 것은 헌법상의 요청이 아니라 황실전범의 규정이기에 이를 개정하면 여성천황도 가능하다는 여론을 일부 식자층이 주도하였고 국민들의 의식도 이에 동조하는 흐름을 보였다. 일본여론조사회가 2001년 6월에 실시한 여론조사를 보더라도 「여자천황도 좋다」는 의견이 1999년 53%에서 71%로 급증하였다. (2001. 12. 2) 그 배경에는 과거 고대사에도 여성천황이 존재했다는 역사적 배경이 작용했겠지만 남녀평등사상에 근거하고자 하는 시대적 이념도 한 몫을 차지했을 것이다.

이러한 사실은 천황제에 대한 일본국민들의 지지하락은 커녕 오히려 여성천황을 세워 보다 더 열린 황실을 만들고 이를 통해 국민과의 정서적 유대감을 지금보다 더 좁혀가자는 쪽으로 여론이 움직였음을 의미한다. 이런 흐름을 의식하여 일본공산당도 2004년 1월, '신강령'을 채택하여 천황제와 자위대를 인정하는 입장을 만장일치로 결의하였다. 이제까지 공산당의 공식 입장이었던 천황제의 즉시폐지 강령을 삭제하는 대신에 천황제의 존폐문제는 「국민의 총의에 의해 해결한다」는 내용을 대치하여 삽입한 것이다. (『마이니치신문(每日新聞)』 2004. 1. 17) 패전 이후 천황제폐지를 일관되게 주창해 왔던 당의 노선을 드디어 포기하고 앞으로는 국민들의 정서와 부합하는 진로를 모색하겠다는 의도를 보인 것이다.

돌이켜 보면 쇼와천황의 죽음과 헤세(平成)천황의 등장은 고통과 영광으로 얼룩진 20세기를 마무리하고 앞으로 어떤 새 시대를 열 것인가에 대한 일본인들 스스로의 자각을 일깨워 준 사건이었다. 그러나 당시 일본은 자기검증 계기를 통해 책임 있는 모범국가로서 다시 한 번 새롭게 탄생할 수 있다는 확신을 국제사회에 보여주지 못하였다.

일본인들의 자기성찰의 실패는 일본사회의 후진성을 대변한 것이기도 하고 21세기 국제사회가 요구하는 국가적 도덕성에 치명적 결함이 될 수도 있다. 더 나아가 일본의 국제공헌 의미를 감소시키는 요인이 될 수도 있다.

천황의 중태와 사망을 통해 조성된 일본사회의 천황숭배정국은 일본인과 천황과의 관계를 포함해 천황제이데올로기의 가공할 위력을 실증적으로 보여주었다고 할 수 있다.

현대일본의 사정

한국과 일본

VIII

Ⅷ

한국과 일본

1. 한국과 일본의 근대사상의 차이 (유길준과 후쿠자와 유키치)

1) 문명개화사상

일본근대화의 방향과 성격을 조명하기 위해 한국개화사상가의 유길준(1856~1914)과 일본의 근대문명사상의 선구자 후쿠자와 유키치(福澤諭吉: 1835~1901)를 비교해보고자 한다. 19세기 서세동점의 대변동기의 계몽사상가였던 그들 사상 속에 양국 근대화의 방향성과 근대국가의 모델이 내재되어 있다고 봐도 과언이 아니기 때문이다.

유길준과 후쿠자와는 양국 전근대시대에 같은 유교사상의 토양 속에서 교육을 받으며 성장하였다. 이 영향이 이후로 양자가 구축한 학문과 사상체계의 기초에 깔렸다고 할 수 있다. 그러나 유길준은 당시 조선의 사회신분상 학문을 숭상하는 전형적인 양반가문에 태어나 성장기에 받은 유학교육의 영향을 긍정적으로 받아들여 그것을 그대로 간직해서 그 후의 일본, 미국, 유럽으로의 유학과 외유를 통해 형성한 개화사상 속에서도 견지하였다.

한편 후쿠자와는 에도(江戶)말기 태어났으며, 가정은 당시 일본에서의 지배계층인 무사였으나 말단 하급무사였다. 특히 아버지의 문벌봉건제도하의 신분적 고충을 실감한 그는 유학교육을 받았지만 그 문벌제도를 사상 면에서 뒷받침한 유교를 아버지의 적으로 간주하여 철저히 증오하였다. 그래서 그가 외유 후 형성한 문명사상에는 반유교주의를 내세웠고 평생 그는 그것을 관철하였다.

양자의 이 출발부터의 기본적 차이가 안으로 반근대적 봉건체제를 타파하고 밖에서 서양문물을 도입하려는 문명개화사상의 유사성이 있었던 반면 사상적 본질 면에서 큰 차이를 보였다.

유길준과 후쿠자와의 관계는 다른 조선 개화사상가와는 달리 사제지간이었다. 따라서 유길준이 그에게 많은 영향을 받았으며 어쩌면 개화사상의 본질면도 영향 받을 수 있었을 것이다. 그러나 같은 서양문물을 접하고 체험했음에도 불구하고 그들의 전통사상관에서 상극적 차이를 보였다. 그것이 문명개화사상과 정치사상 및 대외사상에 나타나 있다. 두 사람의 근대사상의 차이성은 한국과 일본의 차이라고도 할 수 있다.

문명개화사상에서 유길준은 개화의 중심은 오륜에 입각한 행실개화라고 했는데 후쿠자와는 문명화에서 유교도덕을 아주 경시했다. 그는 동양의 유교주의와 서양의 문명주의를 대치시켰으며 동양에 없는 것이 유형의 수리학과 무형의 독립심인데 그 중 수리학 속의 실증적인 실험정신이 전통사상인 유교정신과 대치되는 것으로 보았다. 따라서 그는 서양문명화를 위한 반유교주의를 철저히 내세웠다. 그러나 유길준은 문명개화를 전통 유교적 가치를 견지하면서 추진했기 때문에 이점 후쿠자와와 근본적으로 다르다.

2) 정치사상

정치사상의 민권론에서 유길준과 후쿠자와가 국권 위주의 민권론을 내세운 부분은 유사하다. 그것은 양국 모두 주변 열강 속에 나라의 독립과 국권확립이 시급한 과제였기 때문이다. 그러나 민권 구현의 시각에서 차이를 보였다.

유길준은 도덕적 교화와의 조화 속에서 민권을 구현하고자 했다. 즉 국민의 교화 후의 정치참여라는 민권제한은 후쿠자와와 비슷하나 민권과 국권을 대립개념으로는 보지 않았다. 이에 비해 후쿠자와는 민권과 국권을 대립개념으로 갈파하여 국권을 위한 민권의 예속을 꽤했다. 그것은 후쿠자와가 국권확장과 대외침략을 위한 민권제한의 불가피성을 인식했기 때문이다. 그리하여 후쿠자와가 『서양사정(西洋事情)』, 『학문의 권장(學問のすすめ)』 집필 때는 보편적 민권론자였는데 『통속민권론(通俗民權論)』과 『통속국권론(通俗國權論)』 집필 때는 이미 변화하였다. 그리고 『시사소언(時事小言)』에서는 「천연의 자유민권론은 정도(正道)며 인위의 국권은 권도(權道)다」 라고 하면서 「나는 권도에 따르

는 자」라고 고백하며 국권을 위한 관민조화론, 내안외경론, 대외전쟁론 등을 피력하며 민권제한을 주장하였다. 따라서 유길준과 후쿠자와의 유사하게 보인 민권제한은 그 목적과 방향성에서 본질적 차이가 있었다.

유길준이 후쿠자와한테서 많은 영향을 받아 집필한 『서유견문(西遊見聞)』중의 천부인권론과 자연법사상을 전통가치관인 유교와 융합하여 국민교화에 진력했던 모습을 볼 수 있다. 또한 국제외교에도 천부인권론을 천부국권론으로 확대하여 세계평등주의를 주창하였다. 이렇듯 유길준은 서양자연법사상에서 이상적인 것을 잘 수용하며 전통유교사상과 융합시키면서 민권론에 반영하였다.

그러나 후쿠자와는 당초 서양의 자연법적 인권론을 그대로 일본에 전달하였지만 차차로 그 본연의 모습에서 이탈하여 권도인 국권확장론에 예속된 민권론을 내세웠다. 유길준은 후쿠자와의 『서양사정』에서 천부인권론을 접하고 그 영향도 많이 받았다. 그러나 인권의 구체적 실현은 법 논리에서 자유평등사상과 유교사상의 융합을 시도했다. 특히 법을 수단으로 한 도덕확립 속의 민권보장이라는 독자성을 보였다. 그러나 후쿠자와는 서양인권론 도입에서 유교사상과의 절충이나 고민도 안했으며 오히려 순수 민권론에서 이탈하여 국권위주의 민권제한을 강조하였다.

양자의 국권론을 비교 할 때 먼저 양국이 놓였던 역사적 대외관계의 차이가 있었다. 따라서 유길준은 청국과의 관계 설정에 고민하면서 국권을 지켜야 하는 어려움이 있었지만 후쿠자와에게는 그런 부담이 없었다.

후쿠자와는 일찍이 동양적 유교와 인연을 끊고 근대화=서양화의 도식 아래 철저하게 서양 중심적 근대화를 단행했었다. 따라서 그는 서양근대문명의 이상적인 것을 적극 받아들이는 것과 동시에 현실적 인 것도 처세와 국권을 위한다는 면목으로 아무 저항 없이 받아들이면서 서양열강 대열에 진입하기를 갈망하였다. 그는 서양을 목표로 한 국권확장을 염두에 두었고 그 목적달성의 효과적인 수단으로 약소국 조선을 문명화의 명분하에 침략시하였다. 그가 『민속국권론』에서 '정한론(征韓論)'을 통한 애국심 고취와 국민단합의 사례를 들면서 국민의 의식을 국권확립으로 연결시키는 데는 '대외전쟁론'이 가장 효과적이라는 시각을 가졌다. 그리고 『시사소언(時事小言)』에서는 보다 적극적 자세로 국내는 안정시키고 대아시아에서 열강과 경쟁하자는 '내안외경론(內安外競)'을 펼쳤다. 이 때 이미 후쿠자와의 국권론은 대외침략으로의 방향을 설정했다.

그러나 유길준은 서양문명 앞에서도 전통적 유교가치관을 흔들림 없이 견지했다. 즉 만국공법의 평등지향성을 전통적 유교가치인 '예'를 중심한 만국평등관으로 지양하였다. 또한 청국과의 종속관계의 근절은 물론 서양공법사회의 모순인 서양열강에 예속된 속국을 문제시하며 비판하였다. 서양근대문명의 긍정적 측면을 수용하면서도 현실적인 문제점을 반문하면서 조선의 전통적 유교가치관으로써 수정하려 했다. 따라서 유길준의 국권론은 대외팽창, 혹은 침략주의와는 다르며 오히려 열강의 제국주의적인 침략에 대처하고 그것을 막고자 하는 취지였다.

서양 중심의 모습을 보인 후쿠자와는 조선을 비롯한 아시아에 대해 늘 멸시관으로 일관하였고 그 의식 속에서 확립한 국권론도 오로지 서양제국과 대등한 근대국가건설이라는 목표만 내세웠다. 결국 서양근대화된 일본을 맹주로 한 아시아 식민지화의 길을 여는 결과를 초래하였다. 다시 말해서 후쿠자와는 일찍이 국제사회에서의 공법의 무력함을 인식하여 정도인 본연의 자유민권론보다 권도인 인위적 국권론에 따르는 팽창적인 침략주의의 길을 연 것이다.

그러나 유길준의 국권론은 서양에서 영향 받은 자주독립을 위한 천부국권론을 고수하며 세계평등주의를 주창했었고 전통유교사상에 입각하여 국제사회에 '신의'를 묻는 평화주의를 내세웠다. 그러나 그의 지나친 공법과신은 당시 국제사회에서의 공법 효용성의 한계를 볼 때 너무 비현실적인 측면을 지닌 것도 부정할 수 없다.

정체론(政體論)에서 유길준은 서양의 입헌군주제와 조선의 선왕제도에서 군주의 군림과 세습은 같다고 인식하였다. 따라서 조선의 선왕제(先王制)에 서양 입헌군주제의 균형정치만 도입하면 선왕제도도 이상적 정체가 된다고 확신하였다. 다만 유의할 점은 유길준이 서양입헌군주제의 실상 그대로를 파악 못하고 자의적으로 해석하고 도입하려 했던 점이 있었다. 즉 영국 같은 경우 당시 이미 정치는 내각과 의회가 운영하지 군주는 일체 관여하지 않았다. 이 부분 정확히 파악을 못했던 것이다.

이에 비해 후쿠자와는 영국의 입헌군주제하의 군주권 제한을 실상 그대로 인식하였으나 이 제도 도입에서 군주(일본천황)의 권위와 역할을 유길준이 생각한 군주의 위상보다 훨씬 높이 극대화시켰다. 즉 영국과 같이 단순히 군림만 하는 군주가 아니고 일본천황을 도덕, 정치, 경제, 사회, 군사, 학문 등 모든 영역을 초월한 최고의 자리에 올려놓았다. 다시 말해서 국민을 하나로 통합시킬 수 있는 신성한 정신적 중심 자리에 세워서 강력한 국가정체를 이루려 하였다. 즉 천황을 신격화 한 일군만민체제를 말하는 것이며 천황 중심의 강력한 국가체제를 이루려 한 것이다.

유길준의 입헌군주제론은 군주권의 사적인 면의 제한과 동시에 공적인 군주권의 강화로 집약할 수 있다. 즉 군주권의 제도화에 의해 중앙에서의 왕실과 척족의 전횡을 배제하고 동시에 군주를 향한 권력의 형식적 집중을 통해 지방사족과 향리 층의 전횡을 억제하는데 그 목적이 있었다. 이는 당시의 정치적 과제인 국가에 의한 일원적 지배의 달성이라고 볼 수 있다. 또한 군주권의 강화는 당시 청국과의 종속관계 속에서 청국황제에 대한 조선국왕의 대등성을 주장하는 의미도 있었다.

따라서 유길준과 후쿠자와의 일군만민체제 구상이 외적인 모습은 유사하나 내용은 달랐다. 즉 유길준의 입헌군주제론은 그 정체가 교화에 의한 군주와 국민의 도덕적 수양이 요구되었던 반면 후쿠자와의 경우는 천황을 모든 영역을 초월한 절대적인 자리에 세우려 한 점이다. 그것은 후쿠자와의 목적이 오로지 강력한 국권확립에 있었기 때문이다. 따라서 극단적 집권세력이 천황의 명과 권위를 활용하여 극단적 정책을 감행할 경우 일본국가 자체가 정상궤도에서 벗어나는 위험성을 갖게 된 것이다. 사실 일본은 이후 후쿠자와의 의도대로 강력한 근대천황제국가를 이루었지만 천황 명으로 무모한 한국침략과 아시아 침략전쟁을 감행하였다.

그러나 유길준이 구상한 군권 제도화와 국민교화를 핵심으로 한 입헌군주제론은 서양입헌군주제를 모델로 하여 군권제한적이며 국민덕화를 목표로 한 정체론이었다. 따라서 후쿠자와가 구상한 군권(君權)이 강화된 침략국가와는 다른 형태의 평화지향적인 근대입헌제국가를 지향했다고 볼 수 있다.

3) 경제사상

또 경제사상을 살펴보면 유길준은 농업론에서 실학사상의 영향을 받아 토지평등을 지향한 균전론(均田論이) 천도(天道)와 인정(人情)에도 맞는 제도라고 중시하였지만 현실적으로 당시 조선에서는 실제적 적용이 어렵다고 보았다. 그래서 그 취지를 살린 도조법(賭租法)을 제시하여 점진적 개혁 속에 농업 근대화를 시도하였다. 이에 비해 후쿠자와는 일본에서 전근대시대부터 지속되어 온 토지사유제의 폐단을 지적하면서도 사유제 자체를 없애는 것보다는 국익증가에 초점을 맞추는 방책을 제시하였다. 즉 실질적으로 지주에 들어가는 지세를 가중시켜서 국익을 늘리고자 하였다. 여기서 전통유교사상에 입각하여 농민의 고충을 없애려는 유길준의 애민자세와 일반농민의 처지는 무시하고 보다 국익에만 중점을 둔 후쿠자와와의 차이를 볼 수 있다.

상공업론에서 유길준은 서양경제론의 자유방임주의를 도입하되 국가사정에 따른 간섭의 필요성을 주장하였고 국제무역에서의 정직과 신용을 강조하며 자국생산품 보호를 위한 관세법의 국제협약 체결을 천명하였다.

후쿠자와는 일본인의 산업화에 적합한 순량함과 청결심 등의 천부적 특성을 높이 평가하였다. 그 특성을 살린 일본상공업의 비약적인 발전을 확신하며 해관세의 전폐를 주장하고 보호무역을 부정하였다.

유길준과 후쿠자와의 경제사상의 특색을 볼 때 유길준은 애민정신 등 농업론이나 상공업론에서 유교적 도덕주의를 견지하며 근대 산업화를 모색하였으나 후쿠자와에게는 그 같은 도덕주의가 없었다. 특히 그는 농업론에서 농민처지보다 국익우선을 강조하였고 상공업론에서는 일본국민의 상공업에 적합한 자질에 대한 자신감을 배경으로 보호무역을 부정한 순수 자본주의 경쟁론을 주장하였다.

유길준의 근대 산업화 구상에도 불구하고 조선은 끝내 근대 산업화에 실패하고 일본식민지로 전락하고 말았다. 반면 후쿠자와의 예측대로 일본은 근대 산업화에 성공하였고 그것은 오늘날의 경제대국일본으로 이어졌다. 그러나 후쿠자와가 선도한 일본은 2차 세계대전까지 천황제 국가주의 하에 전쟁에서 승리하여 이익을 챙겨가면서 침략으로 연결되는 자본주의 침략노선이었으며 오늘날의 일본에서 다시 강력한 천황제와 침략적 국가주의 부활 흐름에 영향을 주고 있다.

이 점에서 도덕적 가치관을 결여한 후쿠자와의 경제사상과는 달리 서양의 자본주의논리 도입 속에서도 신·의·지를 핵심으로 한 도덕주의를 끝까지 견지한 유길준의 경제사상을 오늘날 시각에서 다시 재평가할 필요가 있다고 보는 것이다.

4) 대외사상

대외사상을 살펴보면 유길준이 저술한 『국권』과 「방국의 권리」의 핵심내용은 자국의 독립을 지키기 위한 '방국의 권리'를 말하며 자연법적인 천부국권론에 입각한 국가의 기본권을 강조하였다. 따라서 국권확장적 대외진출이나 침략의도는 없었다. 또한 열강 속에서 주권을 지키는 현실적 대응방안이었던 『중립론』의 저술과 외교 사무에 직접 관여한 것은 그의 국가기본권을 지키기 위한 행동이었다. 다만 『중립론』 정치·외교에만 치중했지 주변강국의 경제적 주권침탈에 대해서는 속수무책이었던 점을 지적할 수 있다.

서양지상주의 었던 후쿠자와는 반 유교주의에 입각하여 조선 및 아시아에 대해 멸시론으로 일관한 대외사상을 펼쳤다. 그는 조선에 대해서 겉으로는 문명화를 명분으로 한 '탈아론'을 주창하며 제국주의 침략노선으로 선회하였다. 그것은 일찍이 대외진출과 침략이 국권확립에 최대효과를 본다는 것을 체득했기 때문이다. 그러나 유길준은 후쿠자와의 순수 조선 문명화에만 기대를 걸고 그 침략성은 묵과하였다. 그의 이런 친일적 부분에 대해서는 비판을 면하기가 어려울 것이다.

유길준의 이 같은 일본관은 일부 애국계몽운동가들의 시각에도 반영되었다. 즉 힘이 있는 일본에 전면 대결하는 자살행위보다는 애국계몽운동에 의한 실력양성이 현실적 국권회복의 최선의 수단이라고 판단한 점이다. 이런 사고는 결국 당시 일본과의 타협과 그 침략을 방치한 결과를 초래했다.

한일양국의 근대화과정 시기에 살았던 유길준과 후쿠자와의 사상행보에서 근대화 성패에 대한 기여와 문제점을 정리 해보고자 한다.

유길준은 항상 견지한 시세와 처지를 중시하는 자세로 국민의 정치참여를 주장하면서도 교화된 연후의 정치참여라는 제한성을 두었다. 이 점은 근대화과정에서 민족전체의 역량이 결집되어야 할 결정적 시기에 그 힘을 결집시키는데 미흡했다고 볼 수 있다.

그러나 후쿠자와는 일찍이 국권에 민권을 복속시키는 권도주의의 길을 감으로써 결과적으로 그가 의도한데로 국민을 단합시켜서 국권을 신장하는데 성공하였다. 즉 일본의 근대화과정에서 대내외적으로 국민의 결집이 필요할 때 관민조화, 내안외경을 주창함으로써 국민을 하나로 결집시키는데 앞장섰다. 결국 근대산업화 자체는 성공시켰지만 비틀어진 침략주의 노선으로 인해 천황제 일본제국이 2차 세계대전에서 패전을 맞이하는 비극을 초래하였다.

한편 유길준의 서양근대사상 도입과정에서 전통사상과의 융합시도는 아주 독자적인 것이었다. 그러나 서양열강을 그대로 뒤따라간 후발국 일본 등에 둘러싼 국제환경 속에서 조선이 근대국가로의 급진적 개혁이 요구될 때 그 전통에 대한 집착만큼 근대화 속도를 늦추는 원인이 된 점도 묵과할 수 없다. 이로 인해 유길준의 근대사상은 조선을 독립된 근대국가로 이끌지는 못하였다. 그러나 이후 일제강점기를 거쳐서 오늘날에 이르는 한국 근대사상과 근대학문의 시초의 역할을 하였다. 그리고 특히 서양 문명의 뿌리가 되는 기독교와 전통유교 속에 공통된 도덕성을 발견하여 스스로도 기독교에 귀의하면서 '동서도의 융합'을 시도한 점은 아주 높이 평가할 만하다.

유길준과 후쿠자와의 사상행보는 당시 근대화과정에서의 성패가 갈라졌지만 오늘날 시각에서 볼 때 일본의 근대화를 국권확장 및 침략주의와 병행하여 이끌어 간 후쿠자와는 오늘날 일본에게 과거 역사에 대한 반성과 청산이라는 큰 부담을 안겨주었다. 그러나 근대서양의 부정적 측면을 지양하고 긍정적 측면을 전통 유교적 가치관과 융합시켜서 도입하고자 최선을 다한 유길준은 그 한계성도 있었지만 오늘날 한국이 가야 할 방향성을 놓고 시사하는 바가 아주 크다고 할 수 있다.

2. 한일관계의 어제와 오늘

1) 양국 간 상호인식의 특성

문화에는 중심을 향하는 해바라기적 속성이 있는데 양국 상호인식의 전개과정을 보면 누가 더 문화의 중심부에 가깝게 있느냐 하는 문제로 우위를 다투는 현상을 찾아 볼 수 있다. 우리나라는 일본보다 중국에 더 가까웠던 만큼 '소중화'로서 일본을 문화적으로 변방·야만시하였다. 반면에 일본은 19세기 중반 새로운 서구문명이 밀려오자 주변성에서 탈피하여 과감하게 아시아를 벗어났으며 그 새로운 관점에 서서 조선을 미개·야만시하였다. 문명관과 상호인식에 큰 역전이 이루어진 것이다.

두 나라간 서로에 대한 의식은 우월감 속의 열등, 열등감 속의 우월이라는 분열적 양상을 띠고 있다는 점이다. 근대 이전까지는 한국의 문화선진·전수의식과 일본의 무력우위의식의 대립이라는 양상을 보였다. 이러한 분열적인 복합심리 속에서 양국은 모두 열등감을 부자연스러운 자존자대로 표현하였고 그것을 통해 감정적인 위안을 얻고자 하는 경향을 드러내기도 하였다.

한국과 일본은 지리적으로 가까울 뿐만 아니라 고대 이래 인종과 문화적 요소에 있어서 공통적 요소가 많다. 그러다가 긴 세월의 역사적 경험과 환경적 조건에 의해 이질적인 의식과 가치를 가지게 되었고 접촉과정에서 갈등과 대립이 생기게 되었다. 한편 양국민간의 상호혐오 내지 증오가 지속되고 증폭되는 현상의 요인으로는 '거울효과'라는 측면이 있다. 거울효과란 한 쪽의 적대적 감정과 무시 등의 현상이 다른 쪽에 전달되거나 알려질 경우 그에 대응하는 형태의 반응이 나와 상호인식상의 갈등이 악순환, 증폭되어가는 현상을 말한다.

이 점은 양국 모두 변방문화의식에서 탈피하려는 시도의 일환이라고 보인다. 고대의 대립양상으로는 한국의 일본 이적관과 일본의 조선번국관을 들 수 있다. 한국에서는 고대부터 조선중심의 화이관에 입각해 일본을 오랑캐로 설정하였다. 일본의 조선번국관 또는 서번의식은 신공왕후의 '삼한정벌' 이래 한반도의 국가인 신라·백제·고구려가 일본에 복종·조공하였다고 믿는 인식이다. 이는 이른바 '일본서기적 사관'으로서, 일본인의 한국관의 원형이라고 할 수 있다. 이러한 인식은 고대 이래 뿌리 깊게 각인되어 중세를 거쳐 에도시대에도 연면히 전승되었다. 또 조선후기에 체계화된 조선중화주의와 에도시대에 확립된 '일본형화이관'의 대립양상도 좋은 보기이다. 민족주의는 불가피한 것이지만 대외적 분쟁과 대내적 경직화를 초래한 역사적 사례가 많다. 하물며 독선과 배타성을 지닌 자민족중심주의는 말할 것도 없다

1965년 한일 국교정상화가 체결될 즈음 한국사회는 한일수교조약이 '제 2의 을사조약'이 될 수 있다는 주장마저 제기되면서 국민들의 여론은 들끓었다. 국민들의 광역적인 반대여론에 직면한 박대통령은 이른바 「특별담화」를 통해 「과거만을 따진다면 그들에 대한 우리의 사무친 감정은 어느 모로 보나 불구대천이라 아니할 수 없다. 그러나 국제사회의 경쟁 속에서 지난날의 감정에만 집착할 수 없으며 아무리 어제의 원수라 하더라도 우리의 오늘과 내일을 위해 필요하다면 그들과도 손을 잡아야하는 것이 국리민복을 도모하는 현명한 대처」라고 강조하며 우리 국민들의 냉정을 호소했다.

특히 박대통령은 이례적으로 일본 국민들을 향해서도 「침통한 표정과 착잡한 심정으로 과거의 구원(旧怨)을 억지로 누르고 다시 손을 잡는 한국 국민들의 이 헤아릴 수 없는 심정을 그렇게 단순하게 보아 넘기거나 소홀히 생각해서는 안 된다」라고 경고한 뒤, 앞으로 한일 양국 국민이 참다운 선린과 우방이 될 수 있고 없는 것은 전적으로 일본사회의 한국이나 한국국민에 대한

'성의 여하'에 달려있다는 사실을 강조했다. 박대통령은 특별담화를 통해 국제사회의 파트너로서 일본을 인정하지 않을 수 없는 주변정세의 변화를 우리 국민들에게 인식시키고 또 그 변화의 흐름으로부터 소외되지 않기 위해서도 우리의 현명한 대처가 필요하다는 것을 역설하였다. 그러면서도 다른 한편으로는 다시 손을 잡은 한국인들의 피맺힌 심정을 일본사회가 잘 헤아려 신뢰할 수 있는 우방으로 거듭 태어날 것을 일본 측에 요구한 것이다.

그러나 최근 한국의 학계, 특히 법학계에서는 1965년의 한일기본조약을 기초로 형성된 '1965년체제'의 붕괴를 논하는 주장이 고개를 들고 있다. 한 예로 법학자 김창록은 다음과 같이 말하고 있다.

'1965년 체제'는 매우 불안정한 상태로 출발했다. 과거 청산이라는 관점에서 볼 때 해결해야 할 핵심과제였던 일제의 한반도 지배의 성격에 대해서는 어떤 합의도 도출하지 못했으며, 그 결과 청구권 해결의 성격도 애매한 상태로 남게 되었다. 이러한 애매성이 '1965년 체제'가 36년간에 걸친 일제의 한반도 지배를 어떻게 볼 것인가라는 가장 핵심적인 문제를 얼버무린 어설픈 봉합의 결과였다는 데에 기인하는 것임은 말할 것도 없다.

1965년의 한일국교정상화로 일본에서 얻은 배상금이 당시 한국의 어려운 경제사정을 극복하고 이후 산업화와 고도경제성장 길로 갈 수 있는 밑 자금이 되었다는 것은 주지의 사실이다. 그러나 오늘날 한일관계 갈등의 근본원인이 되는 문제도 이때의 애매한 타협에서 만들어진 것 또한 사실이다.

2) 한국의 대일대응부족

우리나라도 역시 반성해야 할 부분이 적지 않다. 우선 해방이후 지난 70년 동안 정・관・재・학계를 불문코 한국사회가 보여주었던 대일인식의 실상은 한마디로 냉철한 분석결여와 자기성찰부재로 요약할 수 있다. 일본이 50년대 전후 부흥과 60년대 고도경제성장기를 거쳐 80년대 경제・군사・문화대국으로 국제사회에 우뚝 설 때까지 한국사회의 대일행동양식은 오로지 민족주의를 앞세운 반일감정이나 아니면 피상적인 정보와 찰나적 경험에 근거한 맹목적인 친일감정의 표출뿐이었다. 친'일'과 반'일'의 '일'은 분명 '일본'을 겨냥하고 있을지 언데 우리사회에 그 '일본'은 없었던 것이다. (최길성「위험한 한일 관계 친일과 반일」).

일례를 보면 1980년대부터 일본은 경제대국에 걸 맞는 '국제공헌'이라는 미명하에 문화민족주의를 강화하고 정치적 군사적으로도 초 대국에의 의지를 표명하기 시작했다. 헌법개정논의의 물꼬를 튼 것을 비롯해 군비의 GNP 1% 틀의 폐지 주창, 유사시에 대비한 집단자위권 확립, 치안법의 강화와 야스쿠니신사에의 공식참배 강행, 행정개혁과 국가주의 교육의 강화 등, 명실상부한 '대국'에의 길을 치밀하게 전개해 왔다. 한국사회가 국제정세의 변화를 외면한 채 오로지 내부갈등으로 밤낮을 지새우고 있을 때 가장 경계해야 할 우리의 이웃은 이데올로기의 재편을 통한 대국화를 추구하며 다시 한 번 한반도를 위협하는 상황으로까지 성장하고 있었다.

하지만 우리에겐 너무나 먼 나라의 움직임일 뿐이었다. 우리사회의 관심은 한국인들의 민족적 자존심을 건드리는 우익세력의 망언과 그에 대한 규탄에만 집중되었고 그러한 행동양식이 때로는 애국적인 행위로 주목받을 정도로 편향적인 성향만 드러내고 있었다. 서울 올림픽이 끝난 이후 국내·외의 일반적인 예상을 깨고 한국이 아시아의 '네 마리의 용'에서 '한 마리의 지렁이'로 추락하자 이에 대한 자성론과 함께 일본을 배워야 한다는 주장들이 서점가를 뒤엎었지만 일순간에 '일본은 없다' 라는 자아도취적 반론에 묻혀버렸던 기억은 지금도 생생하다.

이런 자기교만과 무지가 빚어낸 중우(衆愚)적 대일관은 90년대 중반 '일본의 시대는 끝났다'는 속단과 함께 극에 달하게 된다. 그 어떤 나라보다도 외교와 안보에 신경을 써야하고 그래야만 민족의 독립과 자존을 지킬 수 있다는 사실을 한반도의 역사가 교훈으로 남기고 있거늘 우리의 모든 가치는 오로지 내부문제나 폐쇄적 민족주의에만 집중되어 이웃이 어떠한 나라로 변모하고 있는가를 모르고 있었다.

즉 일본의 움직임에 대한 한국사회의 대응부족을 지적할 수 있다. 해방 이후 남북분단과 좌우대립의 사상적 혼란, 6.25사변과 극심한 궁핍, 4.19와 5.16, 박대통령시해사건과 신군부의 등장 및 광범위한 민주화운동, IMF와 지역주의정치 등 한시도 안정되지 못했던 한국사회의 정치환경이 대일관계를 냉정하게 분석하고 일관성 있게 대응하는 노력을 거의 '불가능'하게 만들었다.

최근의 20여 년 간만 하더라도 만약 한국정부가 국내상황의 어려움 속에서도 일본사회의 우경화흐름을 제대로 파악하고 대응하기 위한 시스템을 지속적으로 가동하고 그 시스템 속에서 그동안의 한일관계연구성과를 겸손하게 받아들여 적극적으로 정책에 반영하는 지혜로운 대일외교를 펼쳤더라면 적어도 '버르장머리를 고친다'는 발언이나 98년의 섣부른 '한일신시대선언', 그리고 2006년의 '한일관계 특별담화' 2012년 이명박대통령의 천황사과 요구발언 같은 소득 없는 '이벤트'는 나오지 않았을 것이다.

그간 한국정부는 정부의 독선이나 '취향'에 따라 너무나 안이하게 즉흥적으로 일본을 상대한 면이 있었고 이런 정치문화가 정부의 대일정책이나 국민들의 일반적인 대일인식에 상당한 영향을 미쳤다. 그리고 너무나 오랜 기간을 비이성적 대응으로 일관해 왔다는 사실은 부인하기 어렵다. 아직까지도 서울대학교에 일본학 관련학과가 없다는 사실 하나만 보더라도 미루어 짐작할 수 있다. 일본은 어떻게 한국과 아시아를 지배하였고 우리는 왜 지배를 당하게 되었는가, 전후 일본은 어떻게 고도경제성장을 하였으며 그들은 왜 철저하리만큼 친미노선을 추구하고 있는가, 일본은 왜 패권 지향적 가치로부터 벗어나지 못하고 있는가 등과 같은 가장 기본적인 문제조차 한국인들은 이해하고 분석하려는 열의를 보이지 않았다.

그러다보니 한국사회에서의 일본·일본인·일본사회에 대한 기본적인 시각도 정형적인 틀, 즉 정직하고 성실하며 근면한 민족, 모방을 통한 창조적인 능력이 매우 뛰어난 민족 등의 긍정적인 측면도 있지만, 이중적이고 배타적이며 폐쇄적이고 자기중심적인 집단문화주의를 갖고 있는 게다가 국수주의적이며 대외팽창적인 성향을 품고 있는 나라라는 인식에서 크게 벗어나지 못했다.

결국 그동안 우리 국민들의 대일인식은 피상적으로 형성된 고정관념 안에서 만 맴돌고 있었을 뿐, 일본의 저력과 일본사회의 변화과정, 그리고 그에 대한 우리의 대응자세를 포함해 모든 면에서 대등한 관계로 발전해 가기 위해서는 무엇을 어떻게 준비해야 할 것인가 등에 대한 자기성찰의 노력이 너무나 부족했다는 점이다

우리의 '일본상'도 과거와 현재 그리고 미래의 일본적 가치를 면밀히 분석하는 열정과 노력 끝에 설정된 '일본상'을 제시하고 공유하는 지혜를 발휘하지 못한 채, 그저 '선험적 일본관'에 안주하거나 '심정적 차원'에서 이해하고 단정하는데 그친 면이 있다.

이제부터라도 한국사회는 부단한 자기성찰과 함께 지금까지 비교적 등한시 해 왔던 일본에 대한 매우 기본적이고도 본질적인 이해, 예를 들면 근면하고 겸손한 민족이 왜 배타적이고 대외팽창적인 상반된 문화구조를 형성하고 있는가, 경제적인 측면에서 보면 일본은 비서구 사회에서 '근대화'에 성공한 유일한 나라이고 동시에 일본의 '전통적 가치관'을 온존하면서 이를 적극적으로 활용하여 산업화에 성공한 유일무이한 나라인데 그것이 어떻게 가능했는가, 또한 틈만 나면 보통국가로서의 국제공헌과 평화를 외치면서 왜 일본제국주의의 부활을 지속적으로 추구하는가에 대해 국민적 공감대를 형성할 수 있는 의미 있는 분석결과를 착실히 축적해 가야 한다.

3. 한일국교정상화 50년 이후의 과제와 전망

한국은 일본과의 경제 협력을 통해 서비스 무역 및 투자부분에서는 흑자를 내고 상품무역 부분에서는 적자를 내고 있는 것으로 조사됐다. 전국 경제인 연합회가 발표한 '1965년 한일 국교정상화 이후 경제협력 성과와 과제'에 따르면 1965년에 비해 2013년 기준 양국 간 상품 교역규모는 431배 늘어났다. 또 우리나라는 일본과의 상품무역에서 누적기준 5000억 달러에 가까운 적자를 본 반면 서비스 교역과 직접투자에서는 각각 134억 달러, 약 297억 달러 흑자를 거둔 것으로 분석됐다. 한편 전국 경제인 연합회는 앞으로의 한일 경제협력 50년을 위해서는 현지상황에 맞는 수출전략 수립과 소재 국산화, 공동 진출을 중요한 과제로 꼽았다. 먼저 일본 종합상사 및 유통회사와 적극 협력, 일본 시장 상황에 맞춘 수출전략을 수립해 가면서 대일 무역적자 감소를 위해 부품소재를 지속적으로 국산화할 것을 주문했다. 정밀화학 분야의 경우 일본 기업들이 내수 부진으로 해외 진출을 추진하고 있으므로 적극적인 투자유치가 필요하다고 말했다. 시장 확대를 위해서는 한국과 일본 양국의 제3국 공동 진출이 활성화돼야 한다고 밝혔다.

또 일본의 엔화가치 저하의 정책은 현실적으로 우리 경제에 큰 타격을 주고 있다. 우리나라는 일본과 마찬가지로 수출을 해서 먹고 사는 나라다. 아베의 엔저 정책은 일본국내의 고용을 증대시키고 수출을 장려하는 정책이다. 자신들도 희생을 하는 정책이지만 실업자 구제를 위한 고용증대라는 목표는 달성을 하고 있는 것이다. 아베정부의 엔저 정책은 당분간은 성공적일지 모르나 일본의 장기정책으로는 거의 실패작임을 노출시키고 있는 실정이다. 아베의 이러한 정책이 우리나라의 수출에 미치는 영향은 거의 치명적이다. 앞으로 우리가 일본의 엔저 정책과 어떠한 타협을 이루지 못한다면 우리나라의 수출은 어려운 고비를 맞이하게 될지도 모른다.

그리고 독도문제는 충분한 역사적인 고증을 갖고 있으며 우리가 선점을 하고 있지만 일본은 어떻게든 미끼를 삼아 계속해서 분쟁을 야기 시킬 가능성이 다분하다.

아베정부의 신군국주의 이념은 동북아 3국 중 한-일, 중-일간의 불협화음을 초래하였고 북한의 계속적인 핵실험 및 미사일 발사는 극동아시아의 역학관계를 급속히 변화시키고 있는 것이다. 중-일 간의 센카쿠열도 소유권 분쟁, 한-중-일 간의 항공식별구역분쟁, 일본의 집단자위권 선언, 일-미간의 상호방위조약강화 등으로 인한 정치적 변화는 재빠르게 극동아시아를 군사적 분쟁지역으로 몰아가고 있는 것이다.

아베정부가 우경화 세력을 업고 아직도 역사왜곡을 지속하고 있지만 일본 국민들로부터 지지율이 떨어지고 있는 것을 보면 멀지 않아 우리의 뼈아픈 역사부분에서도 큰 변화가 올 듯도 하다.

우선 급변하는 국제조류와 세계적 질서재편의 시기를 맞아 우리나라는 시야를 넓히고 능동적으로 주도해나가야 한다. 상황에 따른 단순한 임기응변이 아니라 철학과 이념을 갖춘 거시적이고 종합적인 국가전략이 필요하다. 이에 바탕을 두며 다양하고 유연한 대일 전략을 갖출 필요가 있다.

무엇보다 중요한 것은 이미 진행되고 있는 동북아시아에서의 중국과 일본 간의 패권경쟁에서 한국이 선택권을 행사할 수 있는 힘을 갖추어야 한다. 그 정도의 힘은 갖추어야 대등한 협력관계가 가능해진다. 동시에 그것은 선린관계의 기본조건이기도 하다. 이를 위해서도 일본과의 교류와 협력을 확대해 나가는 것이 필요하다.

반면에 일본이 한국을 비롯한 아시아와 선린관계를 구축하기 위해서는 과거사에 대한 청산과 확고한 입장표명이 있어야 한다. 이것은 21세기 일본의 새로운 출발을 위해서도 일본의 경제적인 규모에 걸맞은 국제사회에서의 리더십을 위해서도 필요하다. 무엇보다 그러한 입장표명은 일본국민들의 인간으로서의 해방을 위해서도 절실한 일이며 아시아인들끼리의 성숙한 만남을 위해서도 반드시 필요한 일이다.

엄연히 존재하였던 사실을 언제까지 인정하지 않을 것인가? 그것보다는 명확한 인정과 반성 위에 상대방의 이해를 얻어내는 것이 훨씬 떳떳하고 성숙한 태도이다. 한일 간에 가로놓여 있는 과거사라는 멍에를 걷어내고 미래를 향한 선린으로 공생하기 위해 일본인에게 요구되는 자세인 것이다.

참고문헌

遠山茂樹, 『福澤諭吉』, 東京大學出版會, 1970.

G・C・アレン-西山千明,『日本經濟を考える』, 講談社現代新書, 1973

森三樹三郎, 『「名」と「恥」の 文化 』, 講談社現代新書, 1974.

家永三郎, 『日本文化史』, 岩波新書, 1979.

南博, 『日本人の系譜』, 講談社現代新書』, 1980.

大江志及夫,『靖國神社』, 岩波新書, 1984.

존W. 홀 지음, 박영재 옮김, 『일본사』, 역민사. 1986.

강동진, 『일본근대사』, 한길사, 1988.

김용덕, 『일본근대사를 보는 눈』, 지식산업사, 1991.

무라야마 시게요시 外, 최길성 편역, 『일본의 종교』, 1993.

『日本民俗辭典』, 弘文堂, 1994.

『日本のすべて』, 三省堂, 1996.

스즈키 마사유키, 류교열 역,『근대일본의 천황제』, 이산, 1998.

길승흠, 『현대일본정치론』, 서울대학교출판부, 1998.

공의식, 『현대일본의 정치』, 세종출판사, 1998.

박진우 외, 『일본근현대사』, 좋은날, 1999.

공로명 편, 『일본의 갈 길을 생각 한다』, 솔, 2001.

마이클포터, 신동욱 역, 『일본경제위기보고서』, 세종연구원, 2001.

정진성, 『일본경제론』, 한국방송대학교출판부, 2001.

일본지역연구회, 『새로운 일본의 이해』, 다락원, 2005.

하우봉, 『한국과 일본』, 살림출판사, 2005.

루스 베네딕트 지음, 박규태 옮김,『국화와 칼』, 2008.

정형, 『일본, 일본인, 일본문화』, 다락원, 2009.

노다니엘, 『아베 신조의 일본』, 세창미디어, 2014.

이기용, 『한일근대사상사연구』, 국학자료원, 2007.
이기용, 『정한론』-아베 일본 우경화의 뿌리-, ㈜살림출판사, 2015.
이기용, 『오늘날 다시 보는 한일관계사』, 국학자료원, 2016.
스가노 다모쓰 지음, 우상규 옮김, 『일본 우익 설계자들』, ㈜살림출판사, 2017.

현대일본의 사정 (개정판)

2009. 3. 18. 초 판인쇄
2010. 10. 5. 재 판인쇄
2017. 8. 31. 개정판인쇄

지 은 이 **이 기 용**
31477 충청남도 아산시 탕정면 갈산교리 106번지
전화 : 041) 530-2885 팩스 : 041) 530-2969

발 행 인 **황 선 조**

발 행 처 **선문대학교 출판부**
31460 충청남도 아산시 탕정면 선문로 221번길
전화 : 041) 530-2827 팩스 : 041) 530-2979

등 록 번 호 **제9호**

등 록 일 자 **1998년 09월 25일**

인 쇄 **다 해**
04555 서울특별시 중구 충무로 29 703호
아시아미디어타워
전화 : 02) 2266-9247 팩스 : 02) 2266-9248

ISBN 978-89-8423-771-1 93910 값 15,000원